高等职业教育财经商贸类专业基础课系列教材

财政金融基础

崔　奇　竟玉梅　主　编

杨晓东　徐翠萍　焦　喆　副主编

清华大学出版社
北京

内 容 简 介

本书遵循"经世济民,立德树人"的指导思想,以现行财政金融法律、法规为依据,对照人才培养方案和课标,对标岗位需求,遵循认知—能力—实践规律,重构内容体系,共有 10 个项目、38 个任务。各项目互相联系,融会贯通,宽基厚德,分层递进,既充分反映我国财政金融行业改革发展成果,又兼顾我国财政金融现状及发展趋势。

本书内容选择既注重学科基本理论的介绍,又强调学以致用,培养学生以财政学、金融学的视角观察现实社会,运用财政金融的思维方法分析社会问题。本着内容实用、形式新颖、激发兴趣的原则,本书设计"自主探究""知识拓展"栏目,引导学生学习主体意识归位;"数说财金""财政金融与国计民生"特色栏目注重价值观引导,厚植家国情怀;"学以致用"栏目贴近经济师考试和技能大赛要求。

本书以纸质教材为核心,同时以二维码形式呈现"财经史话""财经素养",提供微课视频、教学课件、参考答案等数字化教学资源,方便教学与自学。本书适用于高职院校经管类非财政学、金融学专业学生使用,也可供财政金融业务培训使用,还适用于想要了解财政金融基础知识和基本业务的一般读者。

图书在版编目(CIP)数据

财政金融基础 / 崔奇,竟玉梅主编. --北京:清华大学出版社,2025.2.--(高等职业教育财经商贸类专业基础课系列教材). --ISBN 978-7-302-68242-4

Ⅰ. F8

中国国家版本馆 CIP 数据核字第 20258MJ489 号

责任编辑: 左卫霞
封面设计: 傅瑞学
责任校对: 袁 芳
责任印制: 刘 菲

出版发行: 清华大学出版社
　　网　　址: https://www.tup.com.cn,https://www.wqxuetang.com
　　地　　址: 北京清华大学学研大厦 A 座　　　　**邮　　编:** 100084
　　社 总 机: 010-83470000　　　　　　　　　**邮　　购:** 010-62786544
　　投稿与读者服务: 010-62776969,c-service@tup.tsinghua.edu.cn
　　质量反馈: 010-62772015,zhiliang@tup.tsinghua.edu.cn
　　课件下载: https://www.tup.com.cn,010-83470410
印 装 者: 涿州汇美亿浓印刷有限公司
经　　销: 全国新华书店
开　　本: 185mm×260mm　　　　**印　　张:** 13.75　　　**字　　数:** 317 千字
版　　次: 2025 年 3 月第 1 版　　　　　**印　　次:** 2025 年 3 月第 1 次印刷
定　　价: 49.00 元

产品编号:105891-01

前　言

　　教材乃学校教育教学的重要依据,是立德树人的重要载体和基础工具,对培养担当民族复兴大任的时代新人具有重要的基础性、战略性支撑作用。同时,从某种意义上说,财政金融不仅与国家治理、资源配置等重大财政税收、金融政策联系十分密切,而且与国家重要经济改革发展息息相关。

　　本书主要具有以下特色。

　　1. 政治导向鲜明

　　本书将时事政策与财政金融理论知识结合起来,力求做到知识学习、职业素养和能力培养有机统一。根据教育部《高等学校课程思政建设指导纲要》要求,将党的十八大以来习近平总书记关于经济金融工作的重要讲话精神及社会主义核心价值观,特别是党的二十大精神有机融入教材,在每个项目的学习目标中增加"素养目标",提炼职业素养元素,力求将"价值体系"与"知识体系""能力体系"有机融合,同时将职业素养典型案例以"财政金融与国计民生""数说财金"栏目方式系统展现。

　　2. 内容全面科学

　　本书不仅包括主流财政与金融领域的基本理论、基础知识和能力要求,完全能够满足财经专业,特别是金融、会计等专业全面学习了解我国财政金融概况的需要,而且内容力求反映国家机构改革、财税金融改革的最新发展成果,融入国家最新财政金融法律、法规、政策制度等内容,以及数字人民币、绿色金融等新理念与创新理论。同时,以最新经济数据反映经济社会发展面貌。这对于培养新时代大学生运用财政与金融基本理论知识,去正确认识、思考我国经济社会改革发展,去处理业务、创新思维、创业实践,特别是与时代同步、与社会进步同向同行,意义重大。

　　3. 体例合理新颖

　　本书的目标读者群是高职院校财经商贸大类专业学生,因此,在内容选择上理论以必需、够用为度,重视学以致用、理实一体。紧扣高职教育高素质技术技能型人才的培养目标定位,坚持突出应用性、实践性的原则,以项目统领、任务驱动,开篇明确知识、能力、素养三维培养目标,以引导案例和知识导图开启学习任务;以"自主探究""知识拓展"等栏目唤醒学生学习主体意识归位,以扫描二维码形式增加其动手探索趣味;以"数说财金""财政金融与国计民生"等栏目反映财政金融对经济社会发展的促进作用,帮助学生理解财政金融基础知识,增强学生认识财政金融对经济发展、社会进步、民生幸福的重大作用,厚植家国情怀，激励青年学子不负韶华、不负时代，珍惜时光，好好学习，实现专业课程的职业素养教育；把初级经济师、银行从业资格考试等真题引入课后"学以致用"，课证融通，巩固学习效果，增加学习的现实感、获得感和成就感。貌似平淡的做法，却是我们常年在一线教学工作中总结出来的有效教学体会和实践经验。

本书以纸质教材为核心，以二维码呈现"财经史话""财经素养"栏目，同时提供微课视频、教学课件、参考答案等类型丰富的数字化教学资源，充分发挥纸质教材体系完整、数字化资源呈现多样的特点。

本书由河南经贸职业学院崔奇、竞玉梅担任主编，洛阳职业技术学院杨晓东、郑州工商学院徐翠萍、河南经贸职业学院焦喆担任副主编，广发银行龙子湖支行靳全涛参与编写。具体分工如下：崔奇编写项目一、项目九，竞玉梅编写项目二、项目五、项目十，杨晓东编写项目三、项目四，焦喆编写项目六、项目八的任务三和任务四，徐翠萍编写项目七、项目八的任务一和任务二，靳全涛负责本书实践操作素材的搜集与审核。全书由崔奇、竞玉梅总纂、修改与定稿。本书特邀河南经贸职业学院副校长侯丽平教授审稿。

本书在编写过程中，借鉴和引用了国内外有关文献资料，并吸收了相关领域专家和从业者的宝贵建议，在此一并表示由衷的感谢！由于编者水平有限，书中难免存在不足之处，诚请广大专家、读者批评、指正，以使本书日臻完善。

编　者

2024 年 10 月

目 录

项目一
理财之政——认识财政

【知识目标】

1. 掌握财政的含义和基本特征。
2. 理解公共产品和公共财政。
3. 掌握市场失灵的主要表现及政府干预经济的主要手段。
4. 理解并掌握公共财政职能。

【能力目标】

1. 运用"市场失灵"理论分析现实生活中的经济现象和经济问题。
2. 运用财政职能知识分析财政税收政策。

【素养目标】

1. 财政是国家治理的基础和重要支柱,财政与国家制度和政策紧密相连,重视政治认同,树立"四个自信"。
2. 注意观察身边的财政现象,并能用所学财政知识做出合理解释,提升经济学素养,厚植家国情怀。
3. 公共财政重在"公共",经世济民,以人民为中心,其最终目的是实现共同富裕,学习中应彰显胸怀天下、兼济苍生的精神。

【引导案例】

坚持以人民为中心,让改革发展成果惠及全体人民

习近平总书记高度重视财政工作,明确提出财政是国家治理的基础和重要支柱,对积极的财政政策作出部署,指引积极的财政政策积极有为、精准有效、更可持续。10年间,财政收入从2012年的11.7万亿元增加到2021年的20.3万亿元,接近翻了一番;支出规模从2012年的12.6万亿元增加到2021年的24.6万亿元,2022年进一步达到26.3万亿元。财政实力更加雄厚,跨周期和逆周期调节有力有效,为实现第一个百年奋斗目标提供坚实支撑,教育科技、农业农村、生态环保、基本民生等重点领域支出得到有力保障。

中国式现代化是人口规模巨大的现代化,是全体人民共同富裕的现代化,实现共同富裕是一个长期的历史过程。这些年来,以习近平同志为核心的党中央把人民放在心中最高位置,出台一项项惠民政策,办好一件件民生实事,历史性解决绝对贫困问题,如期全面

建成小康社会。我们优先保障脱贫攻坚资金投入，各级财政专项扶贫资金累计投入近1.6万亿元。我们坚持党政机关过紧日子、让老百姓过好日子，全国财政支出70%以上用于民生，国家财政性教育经费支出占国内生产总值比重保持在4%以上，连续提高退休人员基本养老金和城乡居民基础养老金最低标准，启动实施企业职工基本养老保险全国统筹，支持改造棚户区住房4 200多万套、农村危房2 400多万户，我国建成世界上规模最大的教育体系、社会保障体系、医疗卫生体系，人民生活全方位改善，为共同富裕奠定了坚实物质基础。

资料来源：https://www.mof.gov.cn/zhengwuxinxi/caizhengxinwen/202212/t20221220_3858820.htm.

【知识导图】

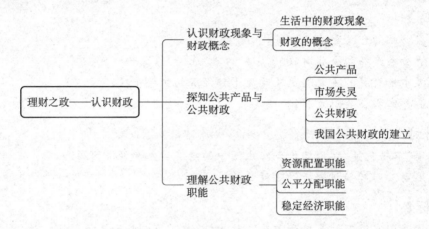

任务一　认识财政现象与财政概念

一、生活中的财政现象

在现实社会生活中，每个人都与财政有着各种各样的联系，每天通过各种渠道、各种方式与"财政"打着交道。从衣食住行到国家的政治活动和经济建设，财政与每个人的生活密切相关，人们随时都会遇到财政问题和财政现象。

身边的财政现象比比皆是。例如，家中铺的木地板和吃饭用的一次性筷子要负担消费税；月收入超过5 000元的人要缴纳个人所得税；企业盈利要缴纳企业所得税；去政府职能部门办理证件要交一定的手续费；车辆违章要交罚款等。这些都是财政现象，上缴税费属于财政收入。

身边的路灯、公园、绿地、供水、供气、供暖、博物馆、图书馆、国家的安全、良好的社会秩序等公共设施，都是国家提供的；行政事业单位发放的人员工资、福利费及相关办公经费；国家出资修建的高铁、公路、机场、水利工程等基础设施；国家在教育、医疗、文化、气象等公共服务方面的开支，这些也都是财政现象，属于财政支出的范畴。

就个人和家庭而言，每个人的生老病死、入学就业、衣食住行都与财政密切相关。人要接受教育,需要有幼儿园、小学、中学、大学;人要保持健康,需要有医院、防疫等部门;没有劳动能力的人,要享受最低生活保障;人老后要有养老保险等,这一切都需要政府来提供。

近年来,义务教育阶段的学费全免、普通高中阶段建立了助学金制度、中等职业学校学费全免、高等院校学生享受国家助学金等,这些都是国家在教育方面出台的优惠政策,国家财政为3亿多名大中小学生的学习付出了"真金白银"。还有,农民种粮补贴、农机购置补贴、良种补贴、农村扶贫资金的投入等各种惠农政策在持续发挥作用,财政为提高农业生产能力,改善农民生活水平等方面投入了大量资金,这也都是财政现象。

链接:2024年国家助学贷款免息

一方面,社会发展需要投入大量资金,农业、教育、医疗卫生、文化、社会保障等硬性任务都需要配套资金;另一方面,如果税收负担过重,企业又会怨声载道。目前,基层乱收费、土地财政等问题依然比较突出,这些财政问题困扰着地方政府。其背后的原因究竟是什么? 财政又是什么? 财政能干什么,不能干什么? 这些是政府的职责范围问题,即政府与市场的界限问题。

【自主探究】联系实际,列举自己遇到过的财政现象。

二、财政的概念

财政是政府凭借政治权力为满足社会公共需要,对一部分社会产品进行集中性的分配。由于财政与政府活动密不可分,所以通常又称国家财政或政府财政。可以从以下几方面来理解财政的含义。

1. 财政分配的主体是国家

财政是一种非市场行为,是一种对收入的再分配。财政分配必须依托国家的公共权力,由国家来组织。这使得财政分配与国民收入的其他分配,如企业财务分配、个人收入分配、价格分配、银行信用分配等有着根本区别。

财经史话:"财政"一词的演变

财政分配活动中,国家的主体地位主要体现在以下方面:一是财政分配以国家为前提,国家决定着财政分配的范围。二是财政分配中,国家处于主动的支配地位。国家是财政分配活动的决定者与组织者。财政分配的各项活动都取决于国家意志,参与分配的另一方总是处于被动的、从属的地位,是按照国家意志行事的具体执行者。三是财政分配是以国家制定的法律制度为依据进行的。当国家参与社会产品分配时,必然会与各类社会经济组织和社会公民个人在物质利益上产生矛盾。为协调和处理这些矛盾,国家依据法律或行政权力对社会经济关系进行强制处理,这就使财政分配具有强制性。从局部来看,这种强制性是违背社会经济组织和公民意愿的,但从全局来看,这种强制性却是符合社会经济组织和全体公民利益的。

2. 财政分配的对象是社会产品

财政分配的对象是一部分社会产品,主要是剩余产品。从财政的实际运行情况来看,财政收入中既包含剩余产品价值(M)部分,也包含劳动者个人收入(V)部分。

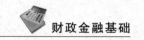

3. 财政分配的目的是满足社会公共需要

财政分配的目的是满足社会公共需要。社会公共需要是指社会公众在生产、生活和工作中的共同需要,它区别于私人个别需要,不是由个别社会成员或单个经济主体提出来的需要,而是社会全体成员作为一个整体所提出来的需要。就整个社会而言,社会公共需要的目的是维持一定社会经济生活和社会再生产的正常运行,必须由政府集中提供社会公共需要。社会公共需要可以分为不同的层次,不同层次的社会公共需要的性质有所不同。社会公共需要类别与满足各层次公共需要的经费承担主体见表1-1。

表1-1 社会公共需要类别、层次与经费承担主体

社会公共需要类别	社会公共需要的层次	政府服务的项目	经费承担主体
完全的社会公共需要	第一(最高)层次	国防、外交、司法、基础科研、环境保护、卫生保健等	国家财政
准社会公共需要	第二层次	高等教育、医疗机构、社会保险基金等	国家财政、单位、个人
视同社会公共需要	第三层次	邮政、电信、民航、铁路、供水、供电、江河治理等	国家财政、单位

4. 财政是一种集中性的分配

财政分配是宏观经济问题,是以社会总体的发展为目标,在全社会范围内进行的集中性分配。财政收入与支出涉及社会生产与生活的各个领域,在一个国家内,任何微观经济组织与个人都囊括在财政分配范围之内。财政活动的主体是政府,政府作为整个社会代表的身份及其履行的社会职能,决定了财政活动要在全社会范围内集中进行。

5. 财政分配是无偿性的分配

财政分配是为了满足国家行使其职能的需要而进行的,而任何社会形态下的国家都是非生产性的,这就需要财政分配无偿地进行。无偿性表现为财政所筹集使用的资金不需要偿还,财政收入与支出都是价值的单方面转移。这与银行信用的有偿分配有着根本区别。当然,随着财政收支范畴的不断扩大,除无偿的基本形式之外,国家也会运用信用方式来有偿筹集资金(如发行国债),从而形成财政分配的调剂形式,但这种形式只是财政分配的一种补充,并不影响财政分配在整体和本质上的无偿性特征。

知识拓展

财政的产生与发展

财政是一个分配问题,属于经济范畴,同时它又是人类社会生产力发展到一定历史阶段的产物,属于历史范畴。财政产生有两个前提条件:一个是社会经济条件,即剩余产品的出现;另一个是政治条件,即国家的出现。马克思认为,物质资料的生产是人类社会存在和发展的基础,当社会生产的产品超过了劳动者直接的个人消费需要而形成剩余产品的时候,出现了国家参与剩余产品分配,便产生了财政。

原始社会初期,社会生产力水平极其低下,由此决定了原始社会生产关系的基础是生产资料的原始氏族公有制。在原始社会里,没有剩余产品,没有私有财产,没有阶级、国家,也就没有财政。随着生产力的提高,出现了剩余产品,产生了私有制,社会分化出阶级,从而产生国家。国家为了维持其正常运转,就需要一定的物质基础,国家所需要的物质基础只能依靠其公共权力强制地、无偿地取得。这样,在整个社会产品分配领域中,就出现了一种由国家直接参与的社会产品的分配,这就是财政分配。财政是随着国家的出现而产生的,并随着国家的发展而发展,也将会随着国家的消亡而消亡。

财政产生以后经历了自然经济社会时期的财政,这个时期的财政主要是满足实现政府政治职能的需要;后来发展到市场经济时期,财政除满足实现政府政治职能的需要外,还要满足实现政府经济职能和社会职能的需要,即满足社会公共需要。所以,市场经济条件下的财政也被称为"公共财政"。

任务二　探知公共产品与公共财政

一、公共产品

(一)公共产品的概念

在现实生活中,人们需要丰富多样的商品和服务。这些商品和服务可以分为私人产品和公共产品两大类。

私人产品是可以在市场上购买到的,如食品、服装、旅游等。私人产品有明确的排他性和竞争性特征。例如,一栋房子,张三购买并使用了,其他消费者就不能再购买和使用该房屋了,这就是排他性;当然,张三购买并使用了这栋房子,其他消费者在市场上买房时,市场上可供选择的房子就少了一栋,这就是竞争性。

显然,城市道路、路灯、公共广场与绿地,不具有上述的排他性和竞争性。例如,路灯照亮了张三回家的路,并不妨碍它照亮其他人回家的路,张三享受了路灯的好处,也并没有减少其他人得到相同益处的机会,这就是公共产品,它具有非竞争性和非排他性。

公共产品是指私人不能提供或不愿提供,而由政府提供的、用来满足社会公共需要、可供社会成员共同消费的产品,如国防、治安、环境保护、天气预报、基础教育、基础设施等。这些公共产品在被每一个社会成员消费时,不会导致其他社会成员对该产品消费的减少,可以同时被众多社会成员享用。

【自主探究】电视节目是公共产品吗?为什么?

(二)公共产品的特征

相对于私人产品而言,公共产品具有以下基本特征。

1. 消费的非排他性

某个人或集团对公共产品的消费,并不能排除其他个人或集团同时消费该公共产品。不可排除的原因,或是技术上不可行,或是排除的成本高昂到不可接受,如国防、环境保

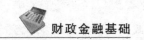

护、社会治安等,都无法从技术上阻止不付费的人消费。

2. 取得方式的非竞争性

消费者的增加不引起生产成本的增加,即增加一个消费者引起的边际成本增加值为零,因而价格也为零,意味着获得公共产品的消费者无须通过市场采用出价竞争的方式来获得。

3. 效用的不可分割性

公共产品是向整个社会提供的,其效用为整个社会的成员所共同享有,不能将其分为若干部分,分别归某些个人或社会集团享有。

4. 提供目的的非营利性

提供公共产品不以营利为目的,而是追求社会效益和社会福利的最大化。

公共产品的上述四个特征是密切联系的,其中核心特征是非排他性和非竞争性。公共产品的这些特征也决定了市场在提供公共产品方面是失灵的,公共产品的生产和供应必须由政府来组织和提供。

公共产品具有消费或使用上的非竞争性和受益上的非排他性,这决定着它的需要或消费是公共的,若由市场来提供,每一个人都不愿掏钱去购买,而是等他人去购买,自己则顺便享用,这就是"搭便车"现象。由于"免费搭车"现象的存在,公共产品通常由政府来提供。

知识拓展

免费搭车

"免费搭车"是指在公共产品的消费过程中,某些个人虽然参与消费,但是却不愿意支付公共产品生产成本的现象。大卫·休谟早在1740年提出的"公共的悲剧"中形容的就是这种状况:在一个经济社会中,如果有公共产品或劳务存在,"免费搭车"者的出现就不可避免,但如果所有的社会成员都成为"免费搭车"者,最后的结果则是没有一个人能享受公共产品或劳务的好处。中国的"一个和尚挑水吃,两个和尚抬水吃,三个和尚没水吃"的故事,其实也形容了"免费搭车"这样的"公共的悲剧"。同样,以国防为例,国家一旦形成国防体系,提供国防服务,那么要想排除任何一个生活在该国的人享受国防保护几乎是不可能的。即使拒绝为国防费用纳税的人,也依然处在国家安全保障的范围之内。因此,在自愿纳税的条件下,人们就会不愿意为国防纳税。大家都试图在公共产品消费上做名"免费搭车"者,尤其是在公共产品消费者为数众多的情况下,更是如此。

(三)公共产品的种类

根据是否具备非排他性和非竞争性两个特征,公共产品可以分为以下两类。

1. 纯公共产品

纯公共产品是指完全具备非排他性和非竞争性的公共产品,如国防、社会治安、环境保护、外交和行政管理、义务教育等,一般由政府提供。

2. 准公共产品

准公共产品是指具有有限的非竞争性或有限的非排他性的公共产品，这些产品由于拥挤效应，随着使用的人数增加，个人从该公共产品获取的收益会随之减少，如非义务教育、政府兴建的公园、拥挤的公路等都属于准公共产品。对于准公共产品，可以一部分由政府提供，另一部分由市场提供。一般情况下，那些影响较大或由政府提供更为有利的产品由政府财政出资，或由政府财政提供补贴，如基础设施、公共工程、公共事业、社会保障等。

财经素养：
公共产品生产
和供给方式

二、市场失灵

在市场经济条件下，社会资源配置主要通过市场进行，但市场的逐利性，决定了它在许多方面存在缺陷，不可能完全达到帕累托最优的效率条件。市场失灵是指在市场充分发挥对资源配置作用的基础上，由于其内在功能性缺陷和外部条件缺陷，在某些领域失去效率，无法有效配置资源。

（一）市场失灵的主要表现

具体来讲，市场失灵表现在以下几个方面。

1. 公共产品供应

从本质上讲，生产公共产品与市场机制的作用是矛盾的，生产者是不会主动生产公共产品的。而公共产品是全社会成员所必须消费的产品，它的满足状况也反映了一个国家的福利水平。

财经素养：
帕累托最优

2. 垄断

垄断是指由于各种原因，某些行业或产品受规模报酬递增的影响，从而使市场可能为少数企业所控制的现象。垄断必然破坏市场均衡和竞争，降低市场对资源的配置效率，垄断厂商常常通过抬高价格等手段获取额外利润。对此，市场机制本身是无能为力的，必须通过政府干预来纠正。如国家可以向垄断企业征收超额税收，实行公共管制，制定反垄断法等。

3. 外部效应

外部效应是指某一个体的经济活动对其他个体产生了消极或积极的影响，却没有为此承担相应的成本费用或没有获得相应的报酬。从外部效应带来的结果看，存在正外部效应和负外部效应。例如，南水北调工程使沿途各地受益；长江上游植树造林，下游可以受益。这些正外部效应，生产者的成本大于自己的受益，利益外溢，却得不到应有的效益补偿。再如，造纸厂的"三废"不做任何处理直接对外排放，此时企业成本最低，但会造成环境污染。这些负外部效应，对他人或公共利益带来了危害或消极影响，生产者却没有承担相应成本。

对于外部效应，政府有责任进行干预，以实现对经济主体外溢的补偿和外部成本的内在化。例如，政府对造成负外部效应的企业增税，加大其私人成本；对带来正外部效应的企业采取补贴政策，以补偿经济主体外溢的收益。

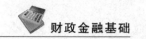
【自主探究】卷烟厂生产的香烟具有负外部效应吗？

4. 信息不充分

市场有效运行的一个前提条件是所有当事人都具有充分信息，但现实生活中往往是有些当事人信息较多，另一些当事人信息较少，这就是信息不充分。竞争性市场的生产者和消费者都要求有充分的信息，生产者要了解消费者需要什么，需要多少；消费者要知道产品的品种、性能、规格和质量等。但与生产者相比，消费者往往掌握的信息较少，对市场行情的了解也很肤浅，生产者就会利用这种信息不充分在生产和交易过程中偷工减料、以次充好、提供假冒伪劣等。由于信息不对称是一个社会问题，需要政府提供充分信息，并通过一些公共管制办法弥补市场缺陷。

【自主探究】俗话说"北京到南京，买的没有卖的精"，此话有道理吗？为什么？

5. 收入分配不公平

在市场经济条件下，分配主要由市场机制来完成。市场机制是按要素进行分配的，而人们占有要素的状况不同，其收入也会不同。由于社会、政治、经济体制的限制与影响，人们出生时就在社会地位和自然禀赋方面存在差异，后天的环境条件、教育程度、劳动技能、劳动能力等也各不相同，导致社会贫富差距较大。这会给社会带来不稳定因素，从而需要政府与市场有效配合，协调收入分配的公平与效率。

6. 经济周期性波动

在市场经济条件下，生产和消费主要由市场机制自发调节。但市场机制自发调节带有一定的盲目性，会不可避免地出现波动和不平衡，出现失业、通货膨胀、经济危机周期性地反复出现等问题。失业就意味着部分经济资源的闲置，通货膨胀则会扭曲价格信号。这些都需要政府进行干预和调节，维持经济健康有序发展。

7. 个人偏好不合理

市场合理竞争的前提是每个人的偏好是合理的，然而这只是理想情况，现实中个人偏好往往有不合理的方面，如吸烟、酗酒等。这种由于个人偏好不合理所带来的市场运行结果是不完善的，政府有必要进行干预。

【自主探究】市场经济条件下为什么需要财政？

（二）政府弥补市场缺陷的对策

由于市场的固有缺陷，市场运行结果会偏离资源配置与收入分配的理想状态，需要政府介入，以非市场机制的方式去解决市场失灵的问题。从一定意义上说，为了弥补市场缺陷和纠正市场失灵，政府在社会经济生活中扮演着公共产品和市场信息的提供者、负外部效应的消除者、收入和财富的再分配者、市场秩序的维护者和宏观经济的调控者等角色。市场失灵的范围就是政府职能发挥作用的领域。政府一般通过财政手段来弥补市场失灵，主要采用以下方法。

财经素养：
政府是"看得见的手"，更是"灵巧的手"

1. 提供行政管理和健全法律制度

政府的重要工作就是制定市场法规、发展战略和中长期规划，以便维护竞争秩序。例如通过价格公共管制或制定反垄断法解决垄断造成的市场竞争失效；通过公开信息服务减少信息不对称造成的市场配置资源的失效或低效。

2. 组织公共生产,调节经济运行

政府通过对公共产品和劳务的投入,使市场失灵的生产领域,重新通过规章制度、税收、补贴等经济行为,对经济运行总量和结构进行调节,以解决失业、通货膨胀等问题。

3. 调节外部效应

一方面通过行政、法律手段等对负外部效应进行管理,减少其造成的社会损害,限制市场上有害物品的流通,以维护经济资源的有效使用。如由政府进行环境治理,或由政府通过征税和相应政策控制污染。另一方面提供具有正外部效应的物品和劳务,如公共基础设施、基础研究及其他公共服务设施的投资。

4. 调节收入和财富分配

政府在这方面的职能就是通过经济、法律、行政等手段对市场中所形成的个人收入和财富的分配进行调整,减轻收入和财富分配不公的程度,缓解社会矛盾和冲突,为以效率为中心的市场经济活动提供安全的社会环境。

5. 稳定宏观经济

市场经济的自发性不能使宏观经济达到自动稳定,政府的作用就是运用经济政策调节社会总需求和总供给的关系,实现充分就业、相对稳定的物价水平、适度的经济增长目标和国际收支平衡。

三、公共财政

公共财政是与市场经济相适应的一种财政模式,是为弥补市场缺陷和为公众提供公共产品与公共服务而进行的政府收支活动模式或财政运行机制。公共财政的核心是公共性,并据此规范政府的财政活动,以适应市场经济的要求。公共财政具有以下基本特征。

1. 公共财政是弥补市场失灵的财政

解决市场失灵现象,必须依靠政府这只"看得见的手"。政府通过制定财政政策等手段进行宏观调控,以弥补市场的缺陷和不足,这是市场经济中需要财政的根本原因。由于政府对市场失灵的弥补,满足了社会公共需要,也就具有了鲜明的"公共性"。

财经史话:
我国古代
公共财政思想

2. 公共财政必须为市场活动提供无差别的、一视同仁的服务

政府在财政活动中必须坚持一视同仁的公平原则,平等地对待所有的市场活动主体。对于同样的经济行为,不管其行为主体的身份如何,政府都应当按照同样的标准和规格,以同样的态度和方式对待。一视同仁的财政活动有利于为市场主体构建公平竞争的外部条件,体现财政活动的公共性。

3. 公共财政具有非营利性

市场经济中的政府及公共财政,其存在的目的是满足社会公共需要,在市场失效领域内,不能直接进入市场追逐盈利,而应当以社会利益最大化为目标,从事非营利性活动。

4. 公共财政是法治化的财政

市场经济是法治化的经济,公共财政作为与市场经济相适应的财政模式,必然要求其

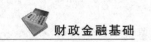

分配活动建立在法制之上,依法进行。无论是组织财政收入还是安排财政支出,都要严格按照预算法等法律、法规进行,并自觉接受全社会的监督。

四、我国公共财政的建立

自 1978 年改革开放以来,尤其是 1992 年社会主义市场经济体制确立和 1994 年财税体制改革以来,我国一直在探索和构建适应社会主义市场经济体制的财政模式,虽没有明确提出建立"公共财政"的目标模式,但已经对财政的"公共性"进行了有益探索和实践。1998 年,全国财政工作会议首次提出要建立公共财政体制,一系列改革随即展开,如改革部门预算、实行单一账户的国库集中收付制度、政府集中采购等。这一系列改革措施,意在改善财政收支管理的法制化、规范化和透明度,是为实施公共财政所做的准备。

2000 年 10 月,党的十五届五中全会通过的《中共中央关于制定国民经济和社会发展第十个五年计划的建议》进一步明确,要"加快公共财政体系"建设,将建立公共财政框架作为"十五"时期财政改革的重要目标。至此我国已在理论和实践两方面就公共财政目标达成共识。

2013 年 11 月,党的十八届三中全会召开,财政改革目标更加明确为建立现代财政制度。从此,中国按照国家治理体系和治理能力现代化的要求,深化财税体制改革,重点对预算管理制度、税收制度以及中央和地方财政关系改革做了积极探索。

2017 年 10 月,党的十九大报告指出,要加快完善社会主义市场经济体制,加快建立现代财政制度,建立权责清晰、财力协调、区域均衡的中央和地方财政关系。建立全面规范透明、标准科学、约束有力的预算制度,全面实施绩效管理。深化税收制度改革,健全地方税收体系。

党的二十大报告指出:在经济治理体系方面,要"加强财政政策和货币政策协调配合,着力扩大内需,增强消费对经济发展的基础性作用和投资对优化供给结构的关键作用。健全现代预算制度,优化税制结构,完善财政转移支付体系"。在财政体制方面,要"健全现代预算制度,优化税制结构,完善财政转移支付体系"。在绿色发展方面,要"完善支持绿色发展的财税、金融、投资、价格政策和标准体系,发展绿色低碳产业,健全资源环境要素市场化配置体系,加快节能降碳先进技术研发和推广应用,倡导绿色消费,推动形成绿色低碳的生产方式和生活方式"。在共同富裕方面,要"加大税收、社会保障、转移支付等的调节力度。完善个人所得税制度,规范收入分配秩序,规范财富积累机制,保护合法收入,调节过高收入,取缔非法收入。引导、支持有意愿有能力的企业、社会组织和个人积极参与公益慈善事业"。这为我国公共财政的不断完善指明了方向、提供了遵循。

任务三　理解公共财政职能

财政职能是财政在社会经济生活中所具有的职责与功能。它是由财政本质所决定的,是财政固有的功能和职责。它回答的问题是"财政能干什么",或是"财政应当干什么"。市场经济下财政的职能主要有资源配置职能、公平分配职能和稳定经济职能三种。

一、资源配置职能

链接：中央财政推动豫鲁实施新一轮黄河流域横向生态保护补偿

在市场经济条件下，市场在资源配置中起基础性作用，但由于存在市场失灵或缺陷，市场配置资源有一定的盲目性，不可能实现最优的资源配置结构。这就需要政府从全社会的整体利益出发，由财政承担部分资源配置的职能。财政资源配置职能是指运用财政机制，通过各种财政手段直接或间接引导社会经济资源的流量、流向，达到资源最优分配，以实现社会经济效益和社会效益的最大化。

1. 调节资源在公共需要之间的配置

财政的首要职能是为政府满足社会公共需要提供必要的财力保证。由于社会公共需要无限性与可分配资源有限性之间的矛盾，财政必须根据不同时期政府公共服务的重点，调节资源在公共需要之间的配置，力求实现公共资源最优化配置。

2. 调节资源在地区之间的配置

我国区域经济发展不平衡、城乡二元制经济结构等问题突出，这不利于经济整体健康协调地发展，而靠市场机制解决此类问题往往存在缺陷，这就需要财政利用税收、财政投资、财政补贴及转移支付等手段，引导社会资源由经济发达地区向不发达地区转移，以促进不发达地区的经济发展。

数说财金

西部大开发税收政策红利释放

西部大开发政策是国家为推动西部大开发实施的特殊区域发展政策，主要包括财税、金融、产业、用地、人才、帮扶等支持政策，其中西部大开发税收优惠政策是含金量最高的政策之一。赣州市自 2012 年起比照西部地区执行西部大开发税收政策。2012—2020 年，赣州市执行西部大开发税收优惠政策累计为 2 812 户（次）企业减免企业所得税 55.43 亿元。2021 年上半年预缴申报，赣州全市 173 户企业享受西部大开发税收优惠政策，减免税额 3.07 亿元，有效减轻了企业税负。

赣州作为华东地区唯一实施西部大开发税收优惠政策的地市，政策减负增利效应有利于承接沿海产业转移和促进产业转型升级。企业所得税 15% 的低税率成为赣州招商引资的核心竞争力之一。"十三五"以来，赣州企业纳税人从 2016 年的 2.85 万户快速增长至 2020 年的 8.47 万户，实际利用外资由 2016 年 15.15 亿美元增长至 2020 年的 21.66 亿美元。

西部大开发税收优惠政策主要惠及制造业、服务业和电力等 43 个行业，其中 2020 年以通用设备、专用设备、电气机械和器材为代表的高新产业共享受企业所得税减免 7 747 万元，较 2012 年增长 81.3%。政策红利一定程度上带来了高新产业聚集效应，助力了全市产业优化升级。2020 年,赣州全市高新技术产业企业达 1 094 户,较 2012 年增长近 58 倍。西部大开发企业所得税优惠政策的实施,促进了赣州稀土、钨等资源类金属加工特色产业的发展壮大。2020 年,赣州市稀土、钨等特色产业减免企业所得税 5 164.66 万元,较 2012 年增长 25.9%。

资料来源:https://jiangxi.chinatax.gov.cn/art/2021/9/24/art_31119_1468215.html.

3. 调节资源在产业部门之间的配置

合理的产业结构是我国经济建设的基础。调整产业结构的途径:一是调整政府投资结构,促进或限制某些产业的发展;二是利用税收、补贴等财政手段引导企业投资方向,促使产业结构合理化。

二、公平分配职能

(一)公平分配职能的含义

财政的公平分配职能是指国家通过税收和转移性支出等财政手段改变市场初次分配和再分配格局,以改变国民收入在各分配主体之间的比例关系,使之符合社会公认的公平或公正分配状态的功能。一般来说,衡量社会收入分配是否公平的基本标准有两点:①个人收入方面,主要从社会稳定角度看人们能够接受的收入分配差距的大小;②企业收入方面,主要看企业取得收入是否在公平竞争的基础上反映其主观努力的结果。当然,对公平的理解会因人们价值观念的不同而有所不同。

国家收入分配的目标是实现公平分配,而公平分配包括经济公平和社会公平两个层次。经济公平是市场经济的内在要求,强调的是要素投入和要素收入相对称,它在平等竞争的条件下由等价交换来实现;而社会公平则很难用某个指标来衡量,通常是指收入差距维持在现阶段各阶层的居民所能接受的合理范围内。一些国家通过规定最低工资收入和确定贫困线的办法,关注社会中的低收入阶层。在我国现阶段,实现收入的公平分配,就是运用包括市场在内的各种调节手段,既要鼓励先进,促进效率,合理拉开收入差距,又要防止两极分化,以逐步实现共同富裕。为了实现公平分配目标,通过公共财政分配进行调节是非常必要的。

知识拓展

基 尼 系 数

基尼系数由 20 世纪初意大利经济学家基尼首次提出,它是衡量一个国家或地区居民收入差距的常用指标,包括收入基尼系数和财富基尼系数。基尼系数最大为"1",最小为"0"。基尼系数为"1"时,表示居民之间的收入分配绝对不平均,即 100% 的收入被一个单位的人全部占有了;基尼系数为"0"时,则表示居民之间的收入分配绝对平均,没有任何差异。这两种情况只是在理论上的绝对化形式,在实际中一般不会出现。因此,基尼系数的实际数值介于 0~1,基尼系数越小,收入分配越平均,基尼系数越大,则收入分配越不平均。国际上通常把 0.4 作为贫富差距的警戒线,大于这一数值,容易出现社会动荡。

(二) 财政收入分配职能的主要内容

1. 调节企业利润水平

政府运用税收、财政补贴等手段,剔除或减少客观因素对企业利润水平的影响,使企业的利润水平能够反映企业的生产经营管理水平和主观努力状况,使企业在大致相同的条件下获得大致相同的利润。

财经素养:财政政策与共同富裕

2. 调节居民个人收入水平

在坚持以按劳分配为主体、多种分配形式并存的制度,坚持效率优先、兼顾公平的前提下,贯彻执行现行收入分配制度,既要合理拉开收入差距,又要防止两极分化,逐步实现共同富裕。这主要是通过两个方面来进行调节:一是通过征收个人所得税、房产税等调节个人收入差距和个人财产的分布状况;二是通过转移性支出,如社会保障支出、救济支出、财政补贴等,维持居民最低生活水平和福利水平。

财政金融与国计民生

分配要公平,财政有妙招

1. 制定公平的财政制度

这是消除分配不公平的基本手段,财政部门可针对社会收入和财富分配的不同状况,制定多层次、多环节、多税种的税收调节体系,尤其是要建立流转税、财产税同所得税相结合的财政制度,以保证政府对收入分配强有力的调控能力。

2. 个人所得税实行超额累进税率

仅有公平的财政制度,还不能自动地实现社会公平分配,例如,由于能力、背景等不同,个人收入差别偏大,如何对个人收入进行调节是财政要考虑的问题。当前世界上许多国家都把个人所得税作为调节收入分配的强有力手段,通过累进个人所得税对高收入者多征税,有利于缩小收入差距,实现公平分配。

3. 通过转移支付调节居民的实际生活水平

根据人们的收入状况,对低收入者或无收入能力者实行补助金制度或救济金制度,把资金转移给那些低收入者或无收入者。主要是通过财政补贴支出、社会保障支出、社会救济支出等,维护居民最低生活水平和福利水平。

4. 通过税收剔除影响企业利润的不公平因素

税务部门通过征收消费税剔除或减少价格的影响;征收资源税、房产税、城镇土地使用税等可以剔除或减少由于资源、房产、土地不同而形成的级差收入的影响等;征收企业所得税可调节不同行业的利润水平等,从而实现企业之间的公平竞争,避免行业、企业和个人之间收入差距过大。

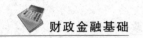

三、稳定经济职能

稳定经济职能是指通过实施特定的财政政策,促进社会物价稳定、充分就业、经济稳定增长、国际收支平衡的实现。通过财政政策调控经济的具体途径如下。

1. 通过财政预算政策进行调节

所谓预算政策调节,就是改变预算结构或规模以影响宏观经济水平,达到经济稳定和增长的目标。这种政策是政府根据现实条件,利用经济形势,采取不同财政措施,以消除通货膨胀或通货紧缩或滞胀,是国家财政干预经济运行的行为。

在经济运行不景气时,总需求小于总供给,财政可以实行适当放松的财政政策,实行国家预算支出大于收入的赤字政策进行调节,通过增加支出或减少税收,或两者并举,由此扩大总需求,增加投资和就业;在经济繁荣时期,总需求大于总供给,财政可以实行紧缩政策,通过实行国家预算收入大于支出的结余政策进行调节,减少支出或增加税收,或两者并举,由此减少总需求,紧缩投资,抑制通货膨胀。当总供给和总需求基本平衡,但结构性矛盾比较突出时,实行趋于中性的财政政策。

2. 通过制度性安排发挥财政"内在稳定器"的作用

内在稳定器是指财政收支制度设计具有对经济总量自动调节的功能。内在稳定器调节的最大特点在于不用政府采取政策干预就可以直接产生调控的效果。

内在稳定器调节主要表现在财政收入和财政支出两方面。在财政收入方面,主要是实行累进所得税,在财政支出方面,主要是实行社会保障、社会救济和福利支出等转移支付制度。当经济过热时,社会总需求大于总供给,出现通货膨胀,企业和居民名义收入水平提高,累进税制度可以自动多征税,转移支付制度可以自动减少转移支付,这有利于抑制总需求,从而达到抑制经济过热的目的。反之,当经济萧条时,社会总需求小于总供给而出现通货紧缩时,企业和居民收入水平下降,累进税制度可以自动减少征税,转移支付制度可以自动增加转移支付,这有利于刺激总需求,从而达到刺激经济复苏的目的。

上述作用是以所得税特别是个人所得税在整个税收体系中有相当大的比重为前提的。目前,在我国无论是企业所得税,还是个人所得税,在全部税收中占有的比重都比较低,况且企业所得税还实行比例税率,因此,这种作用比较小。但从长远来看,作为一种制度安排,仍然具有借鉴意义。

3. 通过财政政策和其他政策配合进行调节

财政政策和其他政策配合的调节,主要是与货币政策、产业政策、投资政策、国际收支政策等配合调节。财政政策与货币政策的配合主要是松紧搭配的政策,如松的财政政策与紧的货币政策、紧的财政政策与松的货币政策等。财政政策的松紧主要是以预算规模的扩张与收缩来衡量和判断的。货币政策的松紧则主要是以利率的下降与上升及信贷规模的扩张与收缩等来衡量和判断的。

财政政策与产业政策、投资政策的配合,主要是财政政策如何协助产业政策与投资政策、国际收支政策的实施,当然,财政政策与产业政策和投资政策、国际收支政策等也不是截然分开的,各自之间相互渗透和交叉。财政政策、货币政策、产业政策、国际收支政策都是政府的宏观调控政策,但在宏观调控中,财政政策处于基础的地位。

学以致用

项目一即测即评

项目一问答题

项目二
取之于民——财政收入

【知识目标】

1. 理解财政收入的含义和主要分类。
2. 掌握财政收入规模的衡量指标与制约因素,理解财政的结构。
3. 理解税收的含义、特征,以及我国现行税种的分类。
4. 掌握税收制度的构成要素,熟悉流转税、所得税的纳税人、征税范围等。
5. 理解非税收入的管理要求。
6. 理解国债的概念、作用,掌握国债的类别、发行方法等。

【能力目标】

1. 描述财政收入的价值构成。
2. 明确财政收入规模的影响因素。
3. 描述我国财政收入规模的现状和实现最优财政收入规模的对策。
4. 准确把握增值税、消费税、所得税等税种的纳税人、征税范围等。
5. 准确判断纳税人的何种业务需要缴纳流转税,并能熟练准确计算流转税的应纳税额。
6. 准确归类非税收入。
7. 能运用国债制度理论分析我国有关国债发行政策的走向。

【素养目标】

1. 理解我国财政收入取之于民,用之于民,体现以人民为中心的治国理念。
2. 了解财政收入政策对国计民生的重要影响,激发爱祖国、爱人民、爱社会主义的思想感情。
3. 依法纳税光荣,偷税漏税可耻。体会依法诚信纳税对国家、社会和个人的影响,树立正确的纳税观念,做诚实守信的好公民。
4. 国无德不兴,人无德不立。在财政收入学习中融合历史、经济社会发展、时事政治等因素,认识和理解税收收入、非税收入对社会主义建设的重要意义。

【引导案例】

2023年我国财政收入情况

1. 一般公共预算收入情况

2023年,全国一般公共预算收入216 784亿元,同比增长6.4%。其中,税收收入181 129亿元,同比增长8.7%;非税收入35 655亿元,同比下降3.7%。分中央和地方看,中央一般公共预算收入 99 566 亿元,同比增长 4.9%;地方一般公共预算本级收入 117 218 亿元,同比增长 7.8%。

主要税收收入项目情况如下:国内增值税 69 332 亿元,同比增长 42.3%。国内消费税 16 118 亿元,同比下降 3.5%。企业所得税 41 098 亿元,同比下降 5.9%。个人所得税 14 775 亿元,同比下降 1%。进口货物增值税、消费税 19 485 亿元,同比下降 2.6%。关税 2 591 亿元,同比下降 9.4%。出口退税 17 122 亿元,同比增长 5.3%。城市维护建设税 5 223 亿元,同比增长 2.9%。车辆购置税 2 681 亿元,同比增长 11.8%。印花税 3 784 亿元,同比下降 13.8%,其中,证券交易印花税 1 801 亿元,同比下降 34.7%。资源税 3 070 亿元,同比下降 9.4%。土地和房地产相关税收中,契税 5 910 亿元,同比增长 2%;房产税 3 994 亿元,同比增长 11.2%;城镇土地使用税 2 213 亿元,同比下降 0.6%;土地增值税 5 294 亿元,同比下降 16.6%;耕地占用税 1 127 亿元,同比下降 10.4%。环境保护税 205 亿元,同比下降 2.9%。车船税、船舶吨税、烟叶税等其他各项税收收入合计 1 351 亿元,同比增长 3.2%。

2. 政府性基金预算收入情况

2023 年,全国政府性基金预算收入 70 705 亿元,同比下降 9.2%。分中央和地方看,中央政府性基金预算收入 4 418 亿元,同比增长 7.1%;地方政府性基金预算本级收入 66 287 亿元,同比下降 10.1%。其中,国有土地使用权出让收入 57 996 亿元,同比下降 13.2%。

3. 国有资本经营预算收入情况

2023 年,全国国有资本经营预算收入 6 744 亿元,同比增长 18.4%。分中央和地方看,中央国有资本经营预算收入 2 264 亿元,同比下降 3.4%;地方国有资本经营预算本级收入 4 480 亿元,同比增长 33.6%。

资料来源:https://www.gov.cn/lianbo/bumen/202402/content_6929621.htm.

【知识导图】

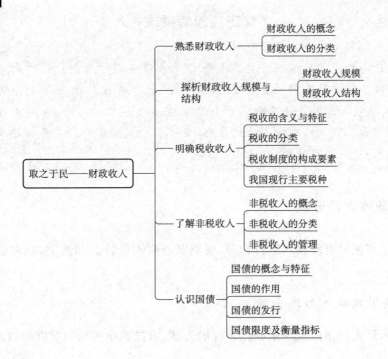

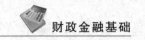

任务一 熟悉财政收入

对老百姓来说,家家都有一本账,上面写了衣食住行,还有投资消费。对国家这本"大账"来说,上面的项目更多、更全面,这就是财政收支。政府为了满足社会公共需要,优化资源配置,促进社会经济协调稳定的发展,会通过财政分配活动为社会提供公共物品和服务。这种分配活动包括组织财政收入和安排财政支出两个阶段。财政收入是财政分配的第一阶段、财政支出的前提、衡量一国政府财力的重要指标,无论哪个国家都把保证财政收入持续稳定增长作为政府的主要财政目标。

一、财政收入的概念

财政收入是国家为实现其职能,满足其实施公共政策及提供公共服务的需求,凭借一定的权力,由政府集中起来的一部分社会产品。财政收入既表现为静态角度上政府通过一定的形式和渠道集中起来的货币资金;又表现为动态角度上政府筹集这部分货币资金的过程。政府组织财政收入的过程,是处理国家与各方面物质利益关系的过程。财政收入是国家进行宏观调控的重要杠杆,同时也是贯彻政府意图的重要手段,它对发展社会经济和社会文教、科学、卫生事业,以及国防建设都具有重要的意义。

知识拓展

如何正确理解财政收入

财政收入作为财政分配的重要环节,可以从以下两个层面去理解其含义:一方面,财政收入是政府运用国家强制力在参与社会总价值分配过程中所形成的,由政府掌握的一定量的资金。它是政府维持自身正常运转、从事各种社会公共服务的物质保障。另一方面,财政收入反映了资金筹集的过程。在这个过程中,必须解决怎样筹资(运用什么手段获得财政收入),以什么方式筹集(财政收入从哪里来),能筹集多少(财政收入的规模有多大)等一系列问题。

二、财政收入的分类

政府为了方便对财政收入进行管理,明确财政收入的特点和性质,通常会对财政收入进行分类。

(一)按财政收入形式分类

财政收入形式是指国家要采取什么样的方式、方法或途径来组织财政收入。

1. 税收收入

税收是国家凭借政治权力，依其行政管理的身份，按照国家法律程序，向居民和经济组织强制无偿地取得财政收入的一种形式。由于具有无偿性、强制性和固定性的特点，税收是征收面最广、最稳定可靠的财政收入方式，也是国家进行宏观调控的重要手段之一，在调节收入分配、投资方向、产业结构等方面发挥着重要作用。

2. 债务收入

债务收入是政府以债务人的身份，依据借贷原则，运用信用形式向国内外取得的借款收入。它是国家财政收入的一种辅助形式，坚持有偿、自愿的原则，包括在国内发行的各种公债（国库券、财政债券、保值公债、特种国债等），向外国政府、国际金融组织、国外商业银行借款以及发行国际债券等取得的收入。目前，我国债务收入是弥补财政赤字的重要手段。

3. 非税收入

财经素养：
国有资产收入和
政府收费收入

非税收入是指除税收收入和政府债务收入以外的财政收入，是由各级政府、国家机关事业单位、代理行使政府职能的社会团体及其他组织，依法利用政府权力、政府信誉、国家资源、国有资产或提供特定公共服务和准公共服务取得的财政资金，是政府财政收入的重要组成部分。非税收入是政府参与国民收入初次分配和再分配的一种形式，属于财政资金范畴。

非税收入主要包括行政事业性收费、政府性基金、国有资源有偿使用收入、国有资产有偿使用收入、国有资本经营收益、彩票公益金、罚没收入、以政府名义接受的捐赠收入、主管部门集中收入、政府财政资金产生的利息收入等。

数说财金

我国税收收入与非税收入情况

在我国，税收收入占全部财政收入的 90% 左右，是财政收入最主要的形式。2013—2022 年我国税收收入与非税收入对比如图 2-1 所示。

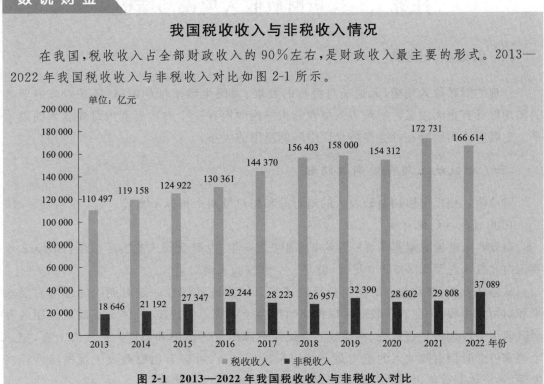

图 2-1　2013—2022 年我国税收收入与非税收入对比

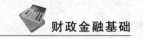

4. 其他收入

其他收入是指除以上收入外的零星杂项收入,它在财政收入中所占比重较小,包括的具体项目较多,主要有规费收入、事业收入、捐赠收入、罚没收入、彩票公益金收入等。

【自主探究】列举身边能形成财政收入的经济事项。

(二) 按政府预算收入科目分类

政府预算收入科目是政府在编制预算、决算,办理预算缴款和拨款时,方便进行会计核算所设立的科目。自 2007 年起,根据政府收入构成情况,结合国际通行的分类方法,我国对政府收支分类进行改革。这种财政收入分类方法将财政收入分类范围进一步扩大,并按收入性质进行划分,设置相应科目。我国的政府收入被划分为类、款、项、目四级,具体包括六大类、48 款、354 项、750 个目级科目。政府预算收入类级科目分别为税收收入、社会保险基金收入、非税收入、贷款转贷回收本金收入、债务收入、转移性收入六大类。其中,税收收入大类按不同税种设置 20 款;社会保险基金收入大类设基本养老、失业、基本医疗、工伤、生育和其他六款;非税收入大类下设八款,分别为政府性基金收入、专项收入、彩票资金收入、行政事业性收费收入、罚没收入、国有资本经营收入、国有资产有偿使用收入、其他收入;转移性收入大类分为返还性收入、财力性转移支付、专项转移支付等九款。

任务二　探析财政收入规模与结构

一、财政收入规模

合理的财政收入规模,无论是对经济的发展、人民生活水平的提高,还是对政府职能的实现都具有重大意义。财政收入规模是指一国政府在一个财政年度内财政收入的总水平。它表明该国政府在社会经济生活中职能范围的大小。

(一) 财政收入规模的衡量指标

财政收入规模可以用财政收入的绝对量和相对量两个指标来衡量。

1. 财政收入的绝对量

财政收入的绝对量是指在一定时期(通常是一年)内财政收入的实际数量,如 2022 年我国财政收入总额为 203 703 亿元,就是一个财政收入绝对量。

从静态上看,财政收入的绝对量反映了一个国家或地区在一定时期内的经济发展水平和财力集中程度,反映了政府可以控制的社会经济资源的规模,并体现了政府运用各种财政收入手段调控经济运行、参与收入分配及资源配置的范围和力度。从动态上看,把一个国家各个时期财政收入的绝对量连续起来进行分析,可以看出财政收入规模随着经济发展、经济体制改革以及政府职能变化而增减变化的情况和趋势。

我国近十年财政收入情况

我国财政收入的绝对量随着经济的不断发展而增长,1950 年我国财政收入为65.19 亿元,经过改革开放的发展,至 2011 年我国财政收入达到 10.39 万亿元,财政收入规模出现巨额增长。图 2-2 是 2013—2022 年我国财政收入(主要是一般公共预算收入)情况,除 2020 年受新冠疫情影响财政收入处于下降趋势外,我国财政收入的绝对规模呈现出不断增长的趋势,为国家建设和各项事业提供了资金保障,但是随着经济下行压力加大,近年来财政收入增速放缓。

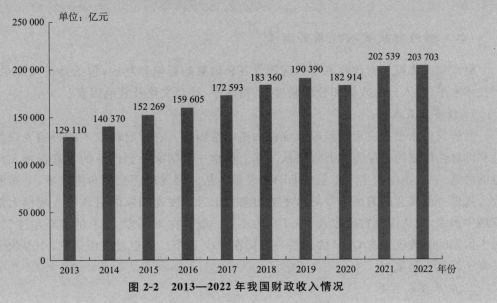

图 2-2　2013—2022 年我国财政收入情况

2. 财政收入的相对量

财政收入的相对量是指一定时期(通常为一年)内财政收入与有关经济指标或社会指标的比率。这是反映财政收入规模的相对数指标。一般来说,财政收入相对量指标包括财政收入占国民生产总值的比重、财政收入占国内生产总值的比重及人均财政收入等。其中财政收入占国内生产总值(GDP)的比重,又称财政依存度,是衡量一个国家或地区经济运行质量的重要指标,在一定程度上反映 GDP 分配中,国家(或地方)所得占的比重。

财经素养:最优
财政收入规模

财政收入占 GDP 的比重越高,表明社会经济资源由政府集中配置的数量越多,企业和居民可支配的收入相应越少。也就是说,在整个社会经济资源的配置中,政府配置的份额越大,市场配置的份额就越小;反之则越大。

我国财政收入占 GDP 比重情况

我国 2017—2022 年财政收入(主要是一般公共预算收入)占 GDP 比重见表 2-1。

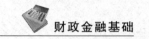

2017 年,我国财政收入占 GDP 的比重为 20.74％,2022 年占 16.83％,呈现下降趋势。

表 2-1　我国 2017—2022 年财政收入占 GDP 比重

年份	财政收入/亿元	国内生产总值/亿元	财政收入规模相对数/％
2017	172 592.77	832 035.9	20.74
2018	183 359.84	919 281.1	19.95
2019	190 390.08	986 515.2	19.30
2020	182 913.88	1 013 567.0	18.05
2021	202 539.00	1 143 669.7	17.71
2022	203 703.00	1 210 207.9	16.83

（二）制约财政收入规模的因素

财政收入规模和财政收入增长速度受各种因素的影响和制约,包括经济发展水平、生产技术水平、收入分配政策和分配制度、价格水平、社会文化及其他因素。

1. 经济发展水平

经济发展水平是决定财政收入规模的基础性因素。它对财政收入的影响表现为基础性和综合性的制约。经济发展水平从总体上反映一个国家社会产品的丰富程度和经济效益的高低,一般用国内生产总值(GDP)来表示。从各国发展历史的角度来看,一国的财政收入规模一般都会随着经济发展水平的提高而上升。发达国家的财政收入规模大都高于发展中国家,发达国家财政收入占 GDP 的比重一般都在 30％以上,有的甚至超过 50％,发展中国家的财政收入占 GDP 的比重一般都在 30％以下。而在发展中国家,中等收入国家又高于低收入国家。

2. 生产技术水平

生产技术水平是指生产中采取先进技术的程度,是增加财政收入首要的有效途径。它对财政收入规模的影响可以从两方面进行分析。

(1) 技术进步能加快生产速度、提高生产质量,推动经济持续增长,扩大财源,促进财政收入规模不断扩大,反之亦然。

(2) 技术进步必然带来物耗比例的降低,经济效益提高,产品附加值所占的比例扩大。由于财政收入主要来自产品的附加值,所以技术进步直接影响财政收入规模的大小。

3. 收入分配政策和分配制度

收入分配政策和分配制度是国家对政府、企业和居民个人进行分配和再分配所采取的政策措施和制度措施,包括税收制度、工资制度、国有企业利润分配制度等。它决定国内生产总值在政府、企业和居民个人之间的分配比例,是影响财政收入规模最直接的因素,其中又以税收制度对财政收入的影响最大。

如果一国税制是以累进所得税为主体的,当出现通货膨胀时,纳税人名义收入会增长,财政在价格再分配中所得的份额会随之有所增加。如果一国实行的是以比例税率为主的流转税税制,财政税收的增长率等于物价上涨率,财政收入只有名义增加;实行定额税的国家,其税收收入的增长率要低于物价上涨率,所以即使有名义增长,其财政的实际收入仍然是下降的。

4. 价格水平

财政收入通常是按一定时点的现价计算,以一定货币量来表现,是在一定的价格体系下形成的。因此,由价格变动引起的 GDP 分配必然影响财政收入的增减变化。价格因素对财政收入的影响主要体现在两个方面。

价格总水平升降对财政收入的影响。在现实生活中,价格对财政收入的影响可以归纳为以下三种情况:①物价上涨率高于财政收入增长率,则财政收入名义上正增长,而实际上负增长;②物价上涨率低于财政收入增长率,则财政收入名义上和实际上都是增长的;③财政收入增长率与物价增长率大体一致,财政收入只有名义增长,而实际财政收入不增不减。

5. 社会文化及其他因素

一般情况下,社会文化环境通过影响和改变人的行为方式来影响财政收入。现实生活中,不同地域的文化氛围下存在不同的管理理念,而这种理念差异影响着财政收入的规模,特别是人民赋税意识的高低。如果一个国家的人民赋税观念较低,没有意识到"纳税"的必要性,则容易造成该国的税收流失,不利于财政规模的扩大。

除上述因素外,一个国家的政治经济制度、经济管理体制、战争、自然灾害等特殊因素也会影响财政收入规模。

二、财政收入结构

财政收入结构是指财政收入的项目组成及各项目收入在财政收入总体中的比重,它反映通过国家预算集中财政资金的不同来源、规模和所采取的不同形式,以及各类财政收入占财政总收入的比重和增加财政收入的途径。

(一) 财政收入的价值构成

无论财政收入以何种形式获得,最终表现为政府部门所支配的社会总产品的货币价值。按照马克思的产品价值构成理论,社会总产品由 C、V、M 三部分组成,其中,C 是补偿在生产过程中消耗的生产资料价值;V 是创造的价值中归劳动者个人的报酬;M 是新创造的价值中归社会支配的剩余产品价值部分,是财政收入主要的来源,但不是唯一的来源。C 和 V 的一部分也可以构成财政收入的来源。

1. C 间接影响财政收入

C 是补偿社会产品消耗掉的生产资料的价值。它可以分为两个部分:一部分是补偿在生产中消耗掉的原材料(如材料、燃料、辅助材料等)的价值,这部分价值一次性全部转移到新产品中,从产品销售收入中得到足额补偿,是进行简单再生产的物质条件,一般不可能也不需要通过财政分配。另一部分是补偿在生产中消耗的固定资产价值,即折旧基金。国有企业折旧基金归企业掌握,不再上缴财政。因此,C 不能作为财政收入的来源。但这并不意味着 C 不对财政收入的数量产生影响。由于实行国民生产总值型的增值税,仍有

一部分 C 通过增值税间接成为财政收入。另外,在产品市场价格一定的情况下,C 的增减变化,必然对 V 和 M 产生重要影响。一般情况下,如果 C 增加,则 V 和 M 减少;如果 C 减少,则 V 和 M 增加。

2. V 是财政收入的补充

目前我国来自 V 的财政收入主要有以下两个方面:①直接向个人征收的税(如个人所得税等),直接向个人收取的规费收入和罚没收入等;②政府通过高税率消费品的销售所获得的收入,如消费税、居民购买的政府债券、服务行业和文化娱乐业等企事业单位上缴的税收,其中一部分是通过对 V 的再分配转化而来的。

V 是新创造的价值中以薪金报酬形式归劳动者个人支配的部分。在市场经济条件下,劳动者由于受劳动能力、教育水平和就业机会等差别的影响,个人支配收入有较大差异。为了实现社会公平目标,促进社会稳定,政府应以社会管理者的身份,凭借政治权力对高收入者征税,对低收入者包括无收入者给予补贴,进行收入分配的再调节。

我国来自 V 的财政收入主要有以下几种。

(1) 直接向个人征收的税收(如个人所得税、房产税、车船税等)。

(2) 直接向个人收取的规费收入、社会保障费收入和罚没收入。

(3) 国家出售高税率的消费品(如烟、酒、化妆品等)所获得的一部分收入,这部分收入实质上也是由 V 转化而来的。

(4) 服务性行业和文化娱乐业等企事业单位上缴的税收和利润,其中一部分是通过对 V 的再分配转化而来的。

(5) 居民购买的国债。

V 是财政收入的一个构成部分,西方国家普遍实行高工资政策和以个人所得税为主体的财税制度,财政收入主要来源于 V。但我国长期实行低工资、低消费的制度,劳动者收入普遍偏低,财政收入中来源于 V 的比例并不高。随着我国社会主义市场经济体制的不断完善和国民经济的全面发展,分配结构也将发生巨大变化,个人收入水平将不断提高,财政收入来源于 V 的部分将会逐步扩大。

3. M 是财政收入的主要来源

M 是新创造的归社会支配的剩余产品价值,是财政收入的主要来源和财政分配的主要对象,包括税金、企业利润和用新创造价值所支付的费用(如利息)。在经济运行中,影响 M 增减变化的因素主要有生产成本和价格。因此,降低生产成本,提高劳动生产率,增加盈利,是增加 M 和增加财政收入的重要途径。

(二) 财政收入的所有制构成

财政收入的所有制构成,也称财政收入的经济成分构成,是指来自不同经济成分的财政收入所占的比重。这种结构分析的意义,在于说明国民经济所有制构成对财政收入规模和结构的影响及变化趋势,从而采取相应地增加财政收入的有效措施。财政收入按经济成分分类,包括来自国有经济成分的收入和来自非国有经济成分的收入。

我国经济以公有制为主体,国有经济居支配地位,同时允许并鼓励发展集体经济、个体经济、私营经济、中外合资经营企业和外商独资企业等非国有经济。在计划经济体制下，国有经济处于绝对主导地位，财政收入主要来自国有经济。改革开放以来，国有企业上交的收入占全部财政收入的比重在70%～80%，仍然占据主导地位。近年来，集体经济及其他非国有经济发展迅速，成为我国财政收入新的增长源泉，国有经济上缴的收入占整个财政收入的比重也随之发生了一些变化，但国有经济作为财政收入的支柱地位基本不会改变。

随着经济体制的改革，非国有经济得到了较快发展，提供的财政收入也在逐年增加。政府应当适时地调整财政分配制度，使财政收入结构与国民经济结构相适应，进一步优化财政收入的所有制结构、加强对非国有经济的税收征管、保持各项经济成分对财政收入的适当比重，是促进我国经济稳定、快速、可持续发展的客观需要。

（三）财政收入的部门结构

财政收入的部门构成是指国民经济中各部门对财政收入的贡献程度，即财政收入是从哪些部门集中的，集中的比例有多大。

1. 传统部门结构

（1）农业与财政收入。农业是国民经济的基础，是国民经济其他各部门赖以生存和发展的条件。我国是一个农业大国，农业的发展和丰歉对人民生活和国民经济发展都有着重要影响。财政从农业取得收入的形式主要有两种：第一，农业直接以农业税和农村其他税收形式（如耕地占用税等）向国家提供一部分财政资金。2006年起，我国全面取消农业税、牧业税、屠宰税、农林特产税，农业对财政的直接贡献变得很少。第二，间接为财政收入提供收入来源。由于历史原因，我国工农业产品价格长期存在"剪刀差"，使得农业部门创造的一部分价值转移到工业部门，农业部门等于为工业部门承担了一部分税负。这种从农业部门取得财政收入的形式俗称"暗税"。农业的发展不仅能够直接促进财政收入的提高，还能为轻工业等其他行业提供更多的原料，带动加工业和第三产业的发展，使其创造更多的税收。

（2）工业与财政收入。工业是国民经济的主导部门，我国工业GDP的比重最大，工业是财政收入的重要支柱，对财政收入的增长起决定性作用。改革开放以来，国家向企业放权让利，加上国有企业经济效益下滑，工业部门提供的财政收入占财政总收入的比重有所下降。但是无论从绝对额还是相对额来看，工业部门目前乃至今后仍是我国财政收入的重要支柱。因此，加速工业的技术改造，努力实现工业现代化，提高工业经济效益，是我国增加财政收入的重要途径。

数 说 财 金

我国国内生产总值的行业结构情况

工业是国民经济的主导，2022年工业占GDP比重为33.2%，工业、建筑业等属于第二产业，在GDP中合计超过40%，是财政收入的主要来源。2020—2022年国内生产总值的行业结构见表2-2。

表 2-2　2020—2022 年国内生产总值的行业结构

指　标	2020 年		2021 年		2022 年	
	金额/亿元	比重/%	金额/亿元	比重/%	金额/亿元	比重/%
国内生产总值	1 013 567	100	1 143 670	100	1 210 207	100
农林牧渔业增加值	81 397	8.0	86 775	7.6	88 345	7.3
工业增加值	312 903	30.9	372 575	32.6	401 644	33.2
建筑业增加值	72 445	7.2	80 139	7.0	83 383	6.9
批发和零售业增加值	96 086	9.5	110 493	9.7	114 518	9.5
交通运输、仓储和邮政业增加值	40 583	4.0	47 061	4.1	49 674	4.1
住宿和餐饮业增加值	15 285	1.5	17 853	1.6	17 855	1.5
金融业增加值	83 618	8.3	91 2056	8.0	96 811	8.0
房地产业增加值	73 425	7.2	77 561	6.8	73 821	6.1
其他行业增加值	23 825	23.5	260 008	22.7	284 156	23.5

2. 现代产业结构

现代意义上的产业结构分为第一产业、第二产业和第三产业。第一产业是指农、林、牧、渔业(不含农、林、牧、渔服务业);第二产业是指采矿业(不含开采辅助活动),制造业(不含金属制品、机械和设备修理业),电力、热力、燃气及水生产和供应业,建筑业;第三产业即服务业,是指除第一产业和第二产业以外的其他行业。随着我国第三产业的全面完善与发展,其创造的价值在国民生产总值中的比重越来越大,来自第三产业的财政收入也呈逐渐增长的趋势。

(四)财政收入的地区构成

1. 财政收入在中央和地方之间的分布

中央支配的财政收入比例称为中央财政集中度,不但制约中央财政的宏观调控能力,而且直接影响地方积极性的发挥。集中度的高低影响着经济发展、产业选择、公共服务均等化等方面,中央财政一般倾向于提高集中度,而地方财政则希望提高自身的财权和自主权。我国中央财政收入的集中度基本维持在 45%~55%。

2. 财政收入在各地区之间的分布

财政收入的多少与经济发展程度密切相关,经济发达地区的财政总收入和人均财政收入都高于经济不发达地区。我国各地区的经济发展很不平衡,按经济发展水平、交通运输条件、经济地理位置等方面的差别,可分为东部、中部、西部三大经济地带。东部沿海地区财政总收入和人均财政收入都相对较高,西部地区特别是"老、少、边、山、穷"地区,财政收入的自给率低,需要中央财政通过转移支付予以补助。因此,应该充分利用东部地区的发展优势,把东部的资金、技术优势和中西部的资源优势结合起来,使地区之间优势互补、协调发展、利益兼顾、共同富裕。

任务三　明确税收收入

一、税收的含义与特征

(一)税收的含义

税收是一个古老的经济范畴,在历史上又称赋税、租税或捐税,它是伴随着国家产生并由国家实施征收的。税是由"禾"和"兑"组成,基本含义是社会成员向国家缴纳部分农产品。随着社会的发展,税收的含义也发生了变化。税收是国家为了实现其职能,凭借政治权力,按照法律规定的标准,强制、无偿地参与社会剩余产品分配,取得财政收入的一种形式。税收体现了国家与纳税人在征税、纳税等利益分配上的一种特殊关系,是财政收入的主要形式和调节经济的重要杠杆。

(二)税收的特征

税收作为一种特定的分配形式,有着自身固有的形式特征,即强制性、无偿性和固定性,这三个特征是税收区别于其他财政收入的基本标志。

1. 强制性

强制性是指国家以社会管理者的身份,凭借政治权力,通过颁布法律或法规,按一定的标准强制性征收的。法律一经确定征税,负有纳税义务的单位和个人均有依法纳税的义务;对拒不纳税或逃避纳税者,国家依法给予强制征收或进行法律制裁。

2. 无偿性

无偿性是指国家对具体纳税人征税不需要直接偿还,也不需要付出任何形式的报酬。税收的无偿性是区别于其他财政收入形式的最本质特征。

3. 固定性

固定性是指国家征税必须通过法律形式,事先规定征税对象、征收范围和征收比率。税收的固定性特征,使税收与社会上一些部门、单位随意罚款、摊派严格区别开来。

二、税收的分类

我国对税种的分类,依据不同的标准,通常有以下几种分类方法。

财经史话:
贡赋租税捐

(一)按征税对象分类

按征税对象分类,可将全部税种划分为流转税类、所得税类、资源税类、财产税类、行为税类五大类型。这是最基本的一种税收分类方法。

1. 流转税类

流转税是指以货物或劳务的流转额为课税对象的一类税收。增值税、消费税、关税都属于流转税类。流转税是我国税制体系中的主体税种,其中又以增值税为主。

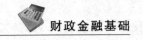

2. 所得税类

所得税类也称收益税类，是指以纳税人的各种所得额为课税对象的一类税收。所得税是直接税，税负不能转嫁。主要包括企业所得税和个人所得税。

3. 资源税类

资源税是为促进合理开发利用资源，调节资源级差收入而对资源产品征收的各个税种的统称。资源税、土地增值税和城镇土地使用税等属于资源税类。

4. 财产税类

财产税是以纳税人拥有或可支配的特定财产为课税对象的一类税收。房产税、契税、车船税等属于财产税类。

5. 行为税类

行为税是国家为了实现某种特定目的，以纳税人的某些特定行为为课税对象的一类税收。城市维护建设税、印花税、车辆购置税等都属于行为税类。

（二）按税收征收权限和收入支配权限分类

按税收征收权限和收入分配权限分类，可分为中央税、地方税和中央地方共享税。

1. 中央税

中央税是指由中央政府征收和管理使用或者地方政府征税后全部划解中央，由中央所有和支配的税收。属于中央税的税种有关税、消费税（含进口环节由海关代征的部分）、海关代征的进口环节增值税、车辆购置税等。中央税收入规模大，调节功能强，由国家税务总局负责征收管理。

2. 地方税

地方税是指由地方政府征收、管理和支配的一类税收。属于地方税的税种主要有城镇土地使用税、耕地占用税、土地增值税、房产税、车船税、契税等。地方税的税源具有地域性，由地方税务局负责征收管理。

3. 中央地方共享税

中央地方共享税是指税收收入由中央和地方政府按比例分享的税收。中央地方共享税主要税种包括增值税、资源税、证券（股票）交易税、企业所得税、个人所得税等。

（三）按计税标准分类

按计税标准不同分类，可分为从价税、从量税和复合税。

1. 从价税

从价税是指以课税对象的价格为依据征收的税种，一般实行比例税率和累进税率，税收负担比较合理，更适应商品经济的要求，同时也有利于贯彻国家税收政策。我国现行的增值税、企业所得税、个人所得税等都采用从价计税的方法。

2. 从量税

从量税是指以课税对象的实物量作为计税依据征收的一种税，一般采用定额税率。其课税数额只与课税对象的数量相关，与价格无关。我国现行的城镇土地使用税、车船税、耕地占用税、消费税中的啤酒、黄酒及成品油等采用从量计税的方法。

3. 复合税

复合税是指对课税对象采用从价和从量相结合的计税方法征收的一种税,如我国现行的消费税中对卷烟、白酒征收的消费税。

（四）按税收与价格的关系分类

财政素养:
税收负担

税收按其与价格的关系,可分为价内税和价外税。税金构成商品价格组成部分的称为价内税,如消费税。税金作为商品价格之外附加的称为价外税,如增值税。价内税比价外税更容易转嫁。

与价内税、价外税相对应,价内税的计税依据称为含税价格,价外税的计税依据称为不含税价格。

（五）按税负能否转嫁为标准分类

税负转嫁是指纳税人在税收分配过程中,将自己的税收负担全部或部分转移给其他人的过程。按税负能否转嫁为标准,税收分为直接税和间接税。纳税人与负税人一致,税负不能转嫁的税种是直接税,如所得税、财产税;纳税人与负税人不一致,税负可以转嫁的税种是间接税,如增值税、消费税。

知识拓展

税负转嫁与税收归宿

最典型和最普遍的税负转嫁形式是前转,即纳税人通过提高产品的销售价格,将税收负担向前转嫁给产品购买者的税负转嫁形式。当税负前转无法实现时,纳税人采用后转方式,即采用压低购货价格或降低工资、延长工时等办法,把税收负担转嫁给生产要素的供应者。也可以前转和后转兼而有之,纳税人将税收负担的一部分向前转嫁给商品和劳务的购买者,另一部分向后转嫁给要素供应者的税负转嫁形式,就是混转。

税收负担在运动过程中,可能经过一次或数次转嫁。由于经济交易往往经过多个环节,税负转嫁也完全有可能在这些环节多次发生,但无论税负转嫁的方式、过程和次数如何,它都必定要有一个不能再转移的最终负担者,也即税负归宿。税负归宿是指税负经过转嫁的最终落脚点。税负归宿是一种理论抽象,如果分析具体经济主体间的税负转嫁过程,税负归宿是负税人。

税负转嫁可能会改变国家预定税负格局,抵销税收的经济调节作用或造成税负的不公平。因此,在制定税收政策和设计税收制度时,必须充分考虑各类商品的供求状况和价格趋势,并合理选择税种、税率及课征范围。

三、税收制度的构成要素

税收制度的构成要素也称税法的构成要素,是指组成税收法律制度的共同要素,主要

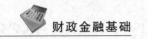

由以下几种要素构成。

（一）纳税义务人

纳税义务人简称纳税人，是税法上规定的直接负有纳税义务的单位和个人，既可以是自然人，也可以是法人。纳税人主要解决对谁征税的问题，是税收制度中区别不同税种的重要标志之一。

（二）征税对象

征税对象又称课税对象，在实际工作中也笼统地称为征税范围，是纳税的客体，即对什么征税。征税对象决定着一种税的基本征税范围，是一种税区别于另一种税的重要标志，也决定了各个不同税种的名称。

与征税对象有关的概念有税目、计税依据和税源。

1. 税目

税目是征税对象的具体项目，它规定了一个税种的具体征税范围，反映了征税的广度。有些税种的征税对象简单、明确，其本身就是税目，如房产税等。但大多数税种课税对象比较复杂，且不同征税对象之间又需要采取不同税率档次进行调节，需要对课税对象做进一步的划分，做出具体的界限规定，这个规定的界限范围就是税目。

知 识 拓 展

税目的作用

规定税目的作用有两个：一是进一步明确具体的征税范围，列入税目的就是应税商品，没有列入税目的就不是应税商品。例如，我国现行消费税的税目包括烟、酒及酒精、高档化妆品等 15 个税目，有的税目还进一步划分若干子目，如烟的税目分为卷烟、雪茄烟、烟丝三个子目。二是解决征税对象的归类问题，并根据归类确定高低不同的税率，从而体现国家的税收政策。

2. 计税依据

计税依据又称税基，是指计算应纳税额的直接数量依据，即税务机关根据什么来计算纳税人应缴纳的税额，是征税对象在数量上的具体化。不同税种的计税依据是不同的，如我国增值税的计税依据一般是销售货物、无形资产、不动产和应税劳务的增值额；企业所得税的计税依据是企业的利润所得。计税依据可分为从价计征、从量计征和复合计征三种类型。

3. 税源

税源是指税款的最终来源。每种税都有其各自的经济来源，如企业所得税的税源是企业的经营利润，个人所得税的税源是个人取得的各种收入等。有的税种的征税对象与税源是一致的，如企业所得税的征税对象和税源都是纳税人的利润所得。有的税种的征税对象与税源是不一致的，如财产税的征税对象是纳税人的财产，而税源往往是纳税人拥有的财产或进行财产转让所带来的收入。征税对象解决对什么征税的问题，税源则表明了税收收入的来源,税源大小体现着纳税人的负担能力。

【自主探究】税源与课税对象的区别。

(三)税率

税率是对征税对象的征收比例或征收额度。税率是计算税额的尺度,反映征税的深度,是衡量税负轻重与否的重要标志。税率是税收制度的核心要素,与纳税义务人、征税对象构成税收制度的三个基本要素。我国现行的税率分为比例税率、定额税率和累进税率三大类。

1. 比例税率

比例税率是指对同一征税对象,不论其数额大小,均按同一个征收比例的税率。比例税率一般适用于从价计征的税种,在具体运用上,分为统一比例税率、差别比例税率、幅度比例税率。

2. 定额税率

定额税率又称固定税率,是按征税对象的一定计量单位直接规定一个固定的税额。定额税率下,课税对象的计量单位可以是重量、数量、面积、体积等自然单位,也可以是专门规定的复合单位。例如,在现行税制的资源税中,盐以吨数作为计量单位,天然气以千立方米为计量单位。定额税率适用于从量计征的税种。采用定额税率征税,税额的多少同征税对象的数量成正比,不受价格变动的影响。

3. 累进税率

累进税率是按照征税对象的数额大小或比率高低划分为若干等级,每个等级由低到高规定相应的税率。征税对象的数额越大或比率越高,税率就越高,相反就越低。这种税率制度可以有效地调节纳税人的收益水平,正确处理税负纵向公平问题。累进税率分为全额累进税率、超额累进税率、全率累进税率、超率累进税率四种。

(1)全额累进税率。全额累进税率是把课税对象的全部数额按照与之相对应的税率征税。全额累进税率计算简便,但在两个累进级距的临界点附近,会出现税额增加超过所得额增加的情况,累进程度较为急促,不利于税负公平。

$$全额累进税额 = 应纳税所得额 \times 适用税率$$

(2)超额累进税率。超额累进税率是把课税对象按数额大小划分为不同等级,每个等级由低到高分别规定税率,各级分别计算税额,一定数额的课税对象同时适用几个税率。超额累进税率的"超"字,是指课税对象数额超过某一等级时,仅就超过部分,按高一级税率计算征税。其优点是使纳税人负担趋于合理,累进的程度较为缓和。目前,我国个人所得税采用的是超额累进税率。

$$超额累进税额 = 应纳税所得额 \times 适用税率 - 速算扣除数$$
$$速算扣除数 = 全额累进税额 - 超额累进税额$$

知识拓展

我国个人所得税税率

我国现行个人所得税对综合所得部分适用的是七级超额税率,经营所得部分适用五级超额税率,见表2-3、表2-4。

表 2-3　个人所得税税率表一（综合所得适用）

级数	全年应纳税所得额	税率/%	速算扣除数
1	不超过 36 000 元	3	0
2	超过 36 000 元至 144 000 元的部分	10	2 520
3	超过 144 000 至 300 000 元的部分	20	16 920
4	超过 300 000 至 420 000 元的部分	25	31 920
5	超过 420 000 元至 660 000 元的部分	30	52 920
6	超过 660 000 元至 960 000 元的部分	35	85 920
7	超过 960 000 元的部分	45	181 920

注：本表所称全年应纳税所得额是指居民个人取得综合所得以每一纳税年度收入额减除费用 6 万元以及专项扣除、专项附加扣除和依法确定的其他扣除后的余额。

表 2-4　个人所得税税率表二（经营所得适用）

级数	全年应纳税所得额	税率/%
1	不超过 30 000 元	5
2	超过 30 000 元至 90 000 元的部分	10
3	超过 90 000 至 300 000 元的部分	20
4	超过 300 000 至 500 000 元的部分	30
5	超过 500 000 元的部分	35

（四）纳税环节

纳税环节是指税法规定的课税对象在流转过程中应当缴纳税款的环节。商品从生产到消费经过许多环节，在税收上只选择其中一个环节规定为应缴纳税款的环节。如果同一种税只在某一个环节征税，称为单一环节征税，如我国现行的消费税、资源税；如果同一种税在多个环节征税，称为多环节征税，如我国现行的增值税。

（五）纳税期限

纳税期限是指税法规定纳税义务发生后纳税单位和个人缴纳税款的期限。规定纳税期限是为了保证国家财政收入的及时实现，也是税收强制性和固定性的体现。

（六）纳税地点

纳税地点是指根据纳税对象的纳税环节和有利于税源控制而规定的纳税人（包括代征、代扣、代缴义务人）的具体申报纳税地点。纳税地点主要包括：①机构所在地；②劳务提供地；③进口货物报送地海关。

（七）附加、加成与减免

附加、加成与减免都是调节纳税人税收负担的政策措施，是税收的统一性和灵活性相结合的具体体现，发挥了税收的杠杆作用。附加和加成属于加重纳税人负担的措施，减免属于减轻纳税人负担的措施。

1. 附加

附加是地方附加的简称,是地方政府在正税以外,附加征收的一部分税款,如教育费附加,城市维护建设税本质上也属于附加。

2. 加成

加成是加成征税的简称,是为了实现某种限制政策或调节措施,对特定的纳税人实行一种加税措施。一般来说,加成的基础是正税税额,加一成等于加正税税额的10%,加两成等于加正税税额的20%,以此类推。

3. 减免

减税就是减征部分税款,免税就是免缴全部税款。减税和免税是根据国家政策,对某些纳税人给予鼓励和照顾的一种特殊规定。例如,为支持和鼓励某些行业、产品和经营项目的发展,可以在税收上给予减免税的照顾。一般来说,除税法规定的免征项目外,减税和免税都属于定期减免性质,到期后应恢复全额征税。

财政金融与国计民生

起征点和免征额

起征点是税法规定的征税对象开始征税时应达到的一定数额。征税对象的数额未达到起征点的不征税;达到或超过起征点的,按征税对象的全部数额征税,而不是仅就超过起征点的部分征税。免征额是指税法规定的课税对象的全部数额中免予纳税的数额,全部纳税人不论收入高低,同等享受免征额待遇。起征点和免征额存在明显的差别,不得混同。在税法中规定起征点和免征额是对纳税人的一种照顾措施,但两者照顾的侧重点不同,前者照顾的是低收入者,后者则是对所有纳税人的普惠照顾。

我国税法实行免征额制度。现行个人所得税法中对个人工资、薪金所得,规定每月可扣除费用5 000元就是免征额制度。为了减轻低收入者的纳税负担,近年曾多次提高个人所得税的免征额。当采取提高免征额的措施时,高收入者不仅同时享受提高免征额的好处,而且得到超额收入纳税累进度减弱的好处。显然,采取提高免征额的措施,有利于减轻低收入者的税负,而不利于调节收入差距,因此必须权衡利弊,审慎取舍。

(八)违章处理

违章处理是指对违反税法规定的行为人采取的处罚措施,它是税收的强制性的具体体现。

纳税人违反税法的行为通常包括逃税、抗税、欠税、骗税。逃税(即逃避缴纳税款的简称,俗称"偷税")是纳税人采取欺骗、隐瞒手段进行虚假纳税申报或者不申报,逃避缴纳税款的行为;抗税是指纳税人对抗国家税法,拒绝履行纳税义务的违法行为;欠税即拖欠税款,是指纳税人不按规定期限缴纳税款的违法行为;骗税是指纳税人利用假报出口等欺骗手段,骗取国家出口退税款的违法行为。

财经素养:违反
税法如何处罚

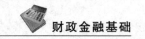

对纳税人的违章行为,可以根据情节轻重的不同分别采取批评教育、强行扣款、加收滞纳金、罚款等处罚措施,直至追究刑事责任。

四、我国现行主要税种

我国现行的税收制度是在1994年全面税制改革的基础上确立的。1994年税制改革后,我国的税种由37个缩减到23个。后又经过增、减及合并,取消了农业税,增加了烟叶税,统一了内外资企业所得税等,到目前,形成了以流转税和所得税为主体,其他税种同时并存的税收体系。我国现行税种有增值税、消费税、关税、企业所得税、个人所得税、资源税、环境保护税、城市维护建设税、土地增值税、城镇土地使用税、耕地占用税、房产税、车辆购置税、车船税、船舶吨税、印花税、契税、烟叶税等。其中,关税和船舶吨税由海关征收,其他税种由税务部门征收。

(一)增值税

增值税是指在我国境内从事销售货物,提供加工、修理修配劳务以及销售服务、无形资产或者不动产的单位和个人,对其应纳税货物和应税劳务的增值额征收的一种流转税。增值税具有价外计税、多环节不重复征税的特点,是我国税收收入中占比最大的税种。

链接:AI观税

1. 纳税人

增值税纳税人是指在我国境内销售货物或者提供加工、修理修配劳务、销售服务、无形资产或者不动产以及进出口货物的单位和个人。

增值税的纳税人按其经营规模大小及会计核算健全与否分为一般纳税人和小规模纳税人。

(1)一般纳税人。一般纳税人是指年应税销售额超过财政部和国家税务总局规定标准的纳税人。年应税销售额超过规定标准但不经常发生应税行为的单位和个体工商户可选择按照小规模纳税人纳税。除国家税务总局另有规定外,纳税人一经认定为一般纳税人后,不得转为小规模纳税人。

(2)小规模纳税人。小规模纳税人是指年应征增值税销售额(以下简称"应税销售额")在规定标准以下,并且会计核算不健全,不能按规定报送有关税务资料的增值税纳税人。

2. 增值税税率与征收率

(1)基本税率。增值税基本税率为13%,适用于制造业等大多数行业增值税纳税人。

(2)低税率。低税率有9%和6%两档。其中,适用于9%税率的有交通运输服务、邮政服务、基础电信服务、建筑服务、不动产租赁服务、销售不动产、转让土地使用权,销售或进口粮食等农产品、食用植物油、食用盐;自来水、暖气、煤气、石油液化气、天然气、居民用煤炭制品;图书、报纸、杂志、音像制品、电子出版物;饲料、化肥、农药、农机、农膜。适用税率6%的主要是现代服务业和生活服务业,增值电信服务、金融服务、销售无形资产(转让土地使用权除外)等。

(3)零税率。纳税人出口货物,一般适用零税率,即出口商品不用缴税,在报关出口时退还已缴纳的税款。

(4)征收率。增值税对小规模纳税人采用简易征收办法,适用的征收率为3%,国家另有规定的除外。

3.增值税应纳税额的计算

(1)一般纳税人应纳税额的计算。我国一般纳税人应纳增值税额一般采取税款抵扣的方法,间接计算增值税应纳税额。其计算公式为

$$应纳税额＝当期销项税额－当期进项税额$$

① 公式中的"销项税额"是指纳税人销售货物或者应税劳务,按照销售额和适用税率计算并向购买方收取的增值税税额。其计算公式为

$$销项税额＝销售额×适用税率$$

销售额是指纳税人销售货物或者应税劳务向购买方收取的全部价款和价外费用,但不包括向购买方收取的销项税额。如果销售货物是消费税应税产品或进口产品,则全部价款中包括消费税或关税。在实际工作中,一般纳税人销售货物或应税劳务时,有可能采用销售额和销项税额合并定价的方法。因此,还必须将其换算为不含税销售额。其换算公式为

$$不含税销售额＝\frac{含税销售额}{1＋增值税税率}$$

【例2-1】 新创公司2024年5月销售产品取得含税销售额为226万元,企业适用增值税税率为13%,计算其应税销售额和销项税额。

解: 不含税销售额＝226÷(1＋13%)＝200(万元)

销项税额＝200×13%＝26(万元)

② 公式中的"进项税额"是指纳税人购进货物或接受应税劳务所支付或负担的增值税额,是与销项税额对应的一个概念,即销售方收取的销项税额就是购货方支付的进项税额。每一个一般纳税人,都会有收取的销项税额和支付的进项税额。增值税的核心就是用纳税人收取的销项税额抵扣其支付的进项税额,其余额为纳税人实际应缴纳的增值税税额。

(2)小规模纳税人应纳税额的计算。小规模纳税人销售货物或应税劳务不实行税款抵扣制度,而是按照销售额和规定的征收率,实行简易办法计算应纳税额。其计算公式为

$$应纳税额＝销售额×征收率$$

财政金融与国计民生

我国增值税的税收优惠

1.起征点

(1)对个人销售额未达到财政部规定的增值税起征点的,免征增值税。

(2)按期纳税的,起征点为月销售额5 000～20 000元(含本数)。

(3)按次纳税的,起征点为每次(日)销售额300～500元(含本数)。

2021年4月1日——2022年12月31日,对月销售额15万元以下的个人免征增值税。

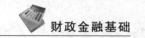

2. 增值税的免征项目

(1) 农业生产者销售的自产农产品。

(2) 避孕药品和用具。

(3) 古旧图书。

(4) 直接用于科学研究、科学实验和教学的进口仪器、设备。

(5) 外国政府、国际组织无偿援助的进口物资和设备。

(6) 由残疾人组织直接进口供残疾人专用的物品。

(7) 销售自己使用过的物品。

纳税人兼营减税、免税项目的,应当分别核算减税、免税项目的销售额;未分别核算销售额的,不得减税、免税。

(二) 消费税

1. 消费税的概念

消费税是对在我国境内生产、委托加工、零售和进口应税消费品的单位和个人,就其销售额、销售数量在特定环节征收的一种流转税。消费税是在对货物普遍征收增值税的基础上,选择特定的消费品为课税对象再次征税,目的在于调节消费结构,引导消费方向,增加国家财政收入。

2. 纳税人和纳税环节

消费税的纳税人是在我国境内生产、委托加工和进口应税消费品的单位和个人,以及国务院确定的销售应税消费品的其他单位和个人。

消费税实行价内税,除有特殊规定外(如卷烟在批发环节),只在应税消费品的生产、委托加工和进口环节征收,在后续的批发、零售等环节,因为价款中已包含消费税,因此不再征收。

3. 消费税征税范围和税率

消费税的征税范围包括烟、酒、高档化妆品、贵重首饰及珠宝玉石、鞭炮焰火、成品油、摩托车、小汽车、高尔夫球及球具、高档手表、游艇、木制一次性筷子、实木地板、电池、涂料共 15 个税目。

【自主探究】列举日常生活中的应税消费品?你缴纳过消费税吗?

消费税采取产品差别比例税率、定额税率、复合税率三种不同的税率形式。

$$应税消费品的销售额 = \frac{含增值税的销售额}{1 + 增值税税率或征收率}$$

【例 2-2】 甲公司为增值税一般纳税人,本月取得不含增值税销售额 60 万元,含增值税销售额 33.9 万元,适用消费税税率 36%。计算该公司本月应缴纳的消费税税额。

解:应税销售额 = 60 + 33.9 ÷ (1 + 13%) = 90(万元)

应纳消费税税额 = 90 × 36% = 32.4(万元)

【例 2-3】 某卷烟企业 6 月生产、销售 A 类卷烟 200 标准箱,取得收入 20 万元,A 类卷烟适用定额税率 150 元/箱,同时还适用比例税率 56%。计算该月应纳消费税税额。

解:应纳消费税税额 = 应税销售数量 × 定额税率 + 应税销售额 × 比例税率

= 200 × 150 + 200 000 × 56% = 142 000(元)

4. 消费税应纳税额的计算

消费税实行从价定率、从量定额和复合计税三种不同的计税方法计算应纳税额。计算公式为

实行从价定率方法计算的应纳税额＝销售额×适用税率

实行从量定额方法计算的应纳税额＝销售数量×定额税率

实行从价定率和从量定额相结合
的复合计税方法计算的应纳税额　＝销售数量×定额税率＋销售额×比例税率

其中,计税依据中的价格包含消费税,但不含增值税税额。如果纳税人应税消费品的销售额中未扣除增值税税额,应当换算为不含增值税的销售额。其换算公式为

$$应税消费品的销售额＝\frac{含增值税的销售额}{1＋增值税税率或征收率}$$

（三）企业所得税

企业所得税是以企业取得的生产经营所得和其他所得为课税对象的一种税。

1. 纳税人

在我国境内的企业和其他取得收入的组织都属于企业所得税的纳税人。企业所得税的纳税人分为居民企业和非居民企业。个人独资企业、合伙企业不适用企业所得税法。

2. 税率

企业所得税基本税率为 25%,适用于居民企业和在中国境内设有机构、场所,且所得与机构、场所有关联的非居民企业,应当就其来源于中国境内外的所得缴纳企业所得税。对于符合条件的小型微利企业,减按 20% 的税率征收企业所得税。对国家需要重点扶持的高新技术企业和经认定的技术先进型服务企业,减按 15% 的税率征收企业所得税。

链接：认识
企业所得税

3. 应纳税额

企业所得税的计税依据为应纳税所得额,即企业第一纳税年度的收入总额,减去不征税收入、免税收入、各项扣除以及允许弥补的以前年度亏损后的余额。应纳税所得额的计算公式为

应纳税所得额＝收入总额－不征税收入－免税收入－准予扣除项目金额
　　　　　　－允许弥补的以前年度亏损

【自主探究】企业应纳税所得额与企业会计利润是一回事吗?

企业所得税应纳税额的基本计算公式为

应纳税额＝应纳税所得额×适用税率－依税法规定的减免和抵免税额

数说财金

税费优惠扶持中小微企业

近年来,我国高度重视小微企业、个体工商户发展,持续加大减税降费力度,助力小微企业和个体工商户降低经营成本,缓解融资难题。从 2021 年起主要出台了以下税费优惠政策：①2021 年 7 月 29 日,国家税务总局发布《小微企业、个体工商户税费优惠政

策指引》,从减免税费负担、推动普惠金融发展、重点群体创业税收优惠三个方面,梳理汇集了27项针对小微企业和个体工商户的税费优惠政策内容。②从2021年1月1日起对小微企业和个体工商户年应纳税所得额不到100万元的部分,在现行优惠政策基础上,再减半征收所得税;从2021年4月1日起,将小规模纳税人增值税起征点从月销售额10万元提高到15万元。③为进一步支持小微企业发展,2022年3月24日,财政部、税务总局联合发布《关于对增值税小规模纳税人免征增值税的公告》,规定自2022年4月1日至2022年12月31日,小规模纳税人适用3%征收率的应税销售收入免征增值税;适用3%预征率的预缴增值税项目,暂停预缴增值税。④2023年8月1日,财政部、税务总局发布公告,延续小规模纳税人增值税减免政策至2027年12月31日。对月销售额10万元以下(含本数)的增值税小规模纳税人,免征增值税;增值税小规模纳税人适用3%征收率的应税销售收入,减按1%征收率征收增值税,适用3%预征率的预缴增值税项目,减按1%预征率预缴增值税。

(四)个人所得税

个人所得税是对个人(即自然人)取得的各项应税所得征收的一种所得税。其征税对象不仅包括个人,还包括具有自然人性质的企业。我国个人所得税采用综合与分类课征制。

1. 纳税人

个人所得税的纳税人分为居民纳税人和非居民纳税人。居民纳税人是指在中国境内有住所,或者无住所但一个纳税年度内在境内居住累计满183天的个人;非居民个人是指在中国境内无住所又不居住,或者无住所而一个纳税年度内在中国境内居住累计不满183天的个人。对居民纳税人来说,其不论来自国内还是国外所得,都要依法缴纳个人所得税;对非居民来说,仅就境内所得缴税。

财经素养:个人所得税的预扣预缴方法

2. 课税对象

个人所得税的课税对象是个人取得的应纳税所得额。具体包括:工资、薪金所得;劳务报酬所得;稿酬所得;特许权使用费所得;经营所得;利息、股息红利所得;财产租赁所得;财产转让所得;偶然所得。其中前四项为综合所得。

3. 税率

个人所得税根据具体项目不同适用超额累进税率和比例税率两种。现行个人所得税九项应税所得计税方法各不相同,限于篇幅,这里不再一一详细介绍。

知识拓展

专项附加扣除

个人所得税专项附加扣除体现了民生为本。中国个税专项附加扣除制度的实施也使得个税改革在社会上得到了普遍认可。2018年12月,国务院印发《个人所得税专项附加扣除暂行办法》,规定子女教育、继续教育、大病医疗、住房贷款利息或者住房租金、赡养老人 6 项专项附加扣除,自 2019 年 1 月 1 日起施行。2022 年 3 月,《国务院关于设立 3 岁以下婴幼儿照护个人所得税专项附加扣除的通知》印发,新增了 3 岁以下婴幼儿照护个人所得税专项附加扣除,自 2022 年 1 月 1 日起实施。2023 年 8 月,国务院印发《关于提高个人所得税有关专项附加扣除标准的通知》,决定提高 3 岁以下婴幼儿照护、子女教育、赡养老人个人所得税专项附加扣除标准,自 2023 年 1 月 1 日起实施。

(1) 子女教育。纳税人的子女接受全日制学历教育的相关支出,按照每个子女每月 2 000 元的标准定额扣除。年满 3 岁至小学入学前处于学前教育阶段的子女,按照每个子女每月 2 000 元的标准定额扣除。父母可以选择由其中一方按扣除标准的 100% 扣除,也可以选择由双方分别按扣除标准的 50% 扣除,具体扣除方式在一个纳税年度内不能变更。

(2) 继续教育。纳税人在中国境内接受学历(学位)继续教育的支出,在学历(学位)教育期间按照每月 400 元定额扣除。同一学历(学位)继续教育的扣除期限不能超过 48 个月。

(3) 大病医疗。在一个纳税年度内,纳税人发生的与基本医保相关的医药费用支出,扣除医保报销后个人负担(指医保目录范围内的自付部分)累计超过 15 000 元的部分,由纳税人在办理年度汇算清缴时,在 80 000 元限额内据实扣除。

(4) 住房贷款利息。纳税人本人或者配偶单独或者共同使用商业银行或者住房公积金个人住房贷款为本人或者其配偶购买中国境内住房,发生的首套住房贷款利息支出,在实际发生贷款利息的年度,按照每月 1 000 元的标准定额扣除,扣除期限最长不超过 240 个月。

(5) 住房租金。纳税人在主要工作城市没有自有住房而发生的住房租金支出,可以按照以下标准定额扣除:直辖市、省会(首府)城市、计划单列市以及国务院确定的其他城市,扣除标准为每月 1 500 元;除前述所列城市以外,市辖区户籍人口超过 100 万的城市,扣除标准为每月 1 100 元;市辖区户籍人口不超过 100 万的城市,扣除标准为每月 800 元。

(6) 赡养老人。纳税人赡养一位及以上被赡养人的赡养支出,纳税人为独生子女的,按照每月 3 000 元的标准定额扣除;纳税人为非独生子女的,由其与兄弟姐妹分摊每月 3 000 元的扣除额度,每人分摊的额度不能超过每月 1 500 元。

(7) 3 岁以下婴幼儿照护。纳税人照护 3 岁以下婴幼儿子女的相关支出,按照每个婴幼儿每月 2 000 元的标准定额扣除。父母可以选择由其中一方按扣除标准的 100% 扣除,也可以选择由双方分别按扣除标准的 50% 扣除,具体扣除方式在一个纳税年度内不能变更。

(五)其他税类

除流转税和所得税类外,我国现行税制还包括财产税、资源税和行为税。

1. 财产税

财产税是以纳税人拥有或支配的财产为征税对象的税类。

财产税具有如下特征:①征税不普遍、具有选择性;②税负不易转嫁、征税较公平;

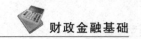

③税收弹性差、税源有限。

（1）房产税。房产税是以房屋为征税对象，以房屋的计税余值或租金收入为计税依据，向产权所有人征收的一种财产税。房产税征税范围限于城镇的经营性房屋。

房产税以征税范围内的房屋产权所有人为纳税人。产权属于国家所有的，由经营管理单位缴纳；产权出典的，由承典人缴纳；产权所有人、承典人不在房屋所在地的，由房产代管人或使用人缴纳。

链接："六税两费"
减半征收政策

（2）契税。契税是以在我国境内转移土地、房屋权属为征税对象，向产权承受人征收的一种财产税。契税在不动产买卖、典当、赠与或交换而订立契约时，由承受方缴纳。具体包括以下几种：国有土地使用权出让；土地使用权转让（不包括取得的农村集体土地承包经营权）；房屋买卖、赠与和交换。

2. 资源税

资源税是对在我国领域及管辖海域开采应税资源的矿产品或者生产盐的单位和个人课征的一种税。我国开征的属于资源税的税种有资源税、土地增值税等。

财经素养：
资源税税目

3. 行为税

（1）城市维护建设税。城市维护建设税是国家对从事工商经营，缴纳增值税、消费税的单位和个人，就其实际缴纳的税额为计税依据而征收的一种税。

城市维护建设税的纳税人是指负有缴纳增值税、消费税纳税义务的单位和个人，包括国有企业、集体企业、私营企业、股份制企业、其他企业和行政单位、军事单位，社会团体、其他单位，以及个体工商户和其他个人。城市维护建设税按纳税人所在地的不同，设置了7％、5％、1％三档地区差别比例税率。

城市维护建设税随着增值税和消费税的征收而征收，但如果免征或者减征了增值税和消费税，也要同时免征或者减征城市维护建设税。

（2）印花税。凡在我国境内书立应税凭证、进行证券交易的单位和个人，都是印花税的纳税人。在我国境外书立并在境内使用应税凭证的单位和个人，也应当依照规定缴纳印花税。因纳税人通过在应税凭证上粘贴印花税票的方式完成纳税义务，所以称为"印花税"。

印花税的征税范围包括应税凭证（合同、产权转移书据和营业账簿）和证券交易。证券交易印花税对证券交易的出让方征收，不对受让方征收。

任务四　了解非税收入

一、非税收入的概念

政府非税收入简称非税收入，是指除税收以外，由各级国家机关、事业单位、代行政府职能的社会团体及其他组织依法利用国家权力、政府信誉、国有资源所有者权益等取得的各项收入。非税收入是用于满足社会公共需要或准公共需要的财政资金,是财政收入的重要组成部分,也是政府参与国民收入分配和再分配的一种形式。

二、非税收入的分类

目前,我国非税收入主要包括以下几种。

1. 行政事业性收费

行政事业性收费是指国家机关、事业单位、代行政府职能的社会团体及其他组织根据国家法律、行政法规、地方性法规等有关规定,依照国务院规定程序批准,在向公民、法人提供特定服务的过程中,按照成本补偿和非营利原则向特定服务对象收取的费用。

2. 政府性基金

政府性基金是指政府为支持特定事业的发展,向自然人、法人和其他组织依法征收的具有专门用途的财政资金。

3. 彩票公益金

彩票公益金是指政府为了支持社会事业发展,通过发行彩票筹集的专项财政资金。

4. 国家资源和国有资产有偿使用收入

国家资源和国有资产有偿使用收入是指利用国有资源或资产进行投资、经营、出让、转让、出租等,依据法律、法规、规章、国务院和省级人民政府有关规定收取的收入。

国家资产有偿使用收入包括国家机关、事业单位、代行政府职能的社会团体和其他组织的固定资产和无形资产出租、出售、出让、转让等取得的收入,世界文化遗产保护范围内实行特许经营项目的有偿出让收入和世界文化遗产的门票收入,利用政府投资建设的城市道路和公共场地设置停车泊位取得的收入,以及利用其他国有资产取得的收入。

国有资源有偿使用收入包括土地出让金收入,新增建设用地土地有偿使用费,探矿权和采矿权使用费及价格收入,场地和矿区使用费收入,出租汽车经营权、公共交通线路经营权,汽车号牌使用权等有偿出让取得的收入,政府举办的广播电视机占用国家无线电频率取得的广告收入,以及利用其他国有资源取得的收入。

5. 国有资本经营收益

国有资本经营收益是指国有资本分享的企业税后利润、国有股股利、红利、股息、企业国有产权(股权)出售、拍卖、转让收益和依法拥有国有资本享有的其他收益。

6. 罚没收入

罚没收入是指国家行政机关、司法机关和法律授权的机构依据法律、法规,对公民、法人和其他组织实施处罚所取得的罚没款,以及没收赃物的折价收入。

7. 其他非税收入

其他非税收入主要包括主管部门集中收入、以政府名义接受的捐赠收入、政府财政资金产生的利息收入、国有财产收入,以及依法收取的其他非税收入。

三、非税收入的管理

1. 非税收入的分类管理

非税收入的分类管理主要包括以下内容：①从严审批管理收费基金,要规范收费基金征收行为,合理控制收费基金规模；②完善国有资源(资产)有偿使用收入管理政策,防止国有资源(资产)收入流失；③加强国有资本经营收益管理,维护国有资本权益；④加强彩票公益金管理,及时足额上缴财政专户,不得拖欠和截留；⑤规范其他政府非税收入管理,确保政府非税收入应收尽收。

2. 非税收入的分级管理

各级财政部门是非税收入的主管部门。财政部负责制定全国非税收入管理制度和政策,按管理权限审批设立非税收入,征缴、管理和监督中央非税收入,指导地方非税收入管理工作。县级以上地方财政部门负责制定本行政区域非税收入管理制度和政策。

3. 非税收入的分成管理

非税收入实行分成的,要按照事权与支出责任相适应的原则确认分成比例。

4. 政府非税收入的收缴管理

我国各级财政部门是政府非税收入征收主管机关。政府非税收入征收的方式包括直接征收和委托征收两种。

5. 非税收入的票据管理

财政部门是政府非税收入票据的管理机关。非税收入票据有以下三种：①非税收入的通用票据,即执收单位征收非税收入时开具的通用凭证；②非税收入的专用票据,即特定执收单位征收特定的非税收入时开具的专用凭证,包括行政事业性收费票据、政府性基金票据、国有资产(资源)收入票据、罚没票据等；③非税收入的一般缴款书,即实施非税收入收缴管理制度改革的执收单位收缴非税收入时开具的通用凭证。

各级财政部门要将政府非税收入票据纳入财政票据管理体系,按照管理权限负责政府非税收入票据的印制、发放、核销、检查及其他监督管理工作。

执收单位收取政府非税收入,必须严格按照财务隶属关系分别使用财政部或省、自治区、直辖市财政部门统一印制的票据。

政府非税收入票据存根的保存期限一般为五年。保存期满需要销毁的,报经原核发票据的财政部门查验后方可销毁。

任务五　认识国债

当今社会信用发达,为某种需要举债已是十分普遍的社会现象。政府举借的债务称为公债,公债包括国债和地方债。中央政府的债务称为中央债,即国债；地方政府的债务称为地方债。

一、国债的概念与特征

(一) 国债的概念

国债是指国家依据借贷原则,运用信用形式,以债务人的身份,通过向国内外发行债券或向外国政府和银行借款所形成的国家债务。

正确理解国债的概念需要把握好以下几点:①国债是国家财政收入的一种特殊形式。通过国债所筹集的资金是财政资金,必须纳入国家预算,再经过分配成为经济建设资金,这是它与货币信用资金的区别。②国债是一个特殊的债务范畴,它是一种以国家或政府为主体的信用形式。国债与企业和居民的私债不同,其担保物不像私债那样是财产或收益,而是政府信誉。③国债是宏观调控经济的重要工具。国债不仅是政府筹措财政资金、对社会经济进行宏观调控的财政政策工具,而且也是政府或中央银行借以进行公开市场业务最主要、最经常化的金融政策工具。

(二) 国债的特征

国债是通过信用形式筹集的财政资金,与其他财政收入形式(如税收)有着显著区别,主要体现以下特征。

1. 自愿性

自愿性是指国债的发行或认购建立在认购者自愿承受的基础上。公众在是否认购、认购多少等方面,拥有完全自主的权利。这一特征使国债与税收有着明显的区别。税收是以国家权力为依托,而国债是以国家信用为依托。

2. 有偿性

有偿性是指通过发行国债筹集的财政资金,政府必须按期偿还,并按事先规定的条件向认购者支付一定数额的暂时让渡资金使用权的报酬,即利息。有偿性是国债区别于税收的重要特征。

3. 灵活性

灵活性是国债所具有的一个突出特征,是指国债发行与否、发行多少,一般完全由政府根据财政资金的具体情况加以确定,不需要通过法律形式规定。也就是说,国债既不具有发行时间上的连续性,也不具有发行数额上的固定性,其发行是随着财政状况而变化的。

二、国债的作用

1. 弥补财政赤字,平衡财政收支

国债是与财政赤字相联系的财政收入形式,它是作为弥补财政收支差额的来源而产生的,弥补财政赤字是国债最基本的功能。

2. 筹集建设资金

在工业化初期,建设资金短缺是各国普遍存在的问题。为了追求经济增长,政府举债以筹集建设资金,就成为必然的、理想的选择。我国 1987 年开始发行的重点建设债券和

重点企业建设债券(其中包括电力债券、钢铁债券、石油化工债券和有色金属债券),就具有明显的生产建设性。政府通过适量发行债券,增加公共投资支出,可直接形成社会有效需求,并带动民间投资,从而维持和刺激经济稳定增长。同时,结合产业结构调整,将债务收入投资于国民经济薄弱环节,如能源、交通、基础设施等,可以改善产业结构。

财经素养:
为何用国债
弥补财政赤字

3. 调节宏观经济

国债是对社会资源的重新配置,也是财政调节经济的重要手段。政府发行国债不但会改变民间和政府部门占有资源的规模,影响社会资源在两部门原有的配置格局,而且资金用于不同方向,又会对经济产生诸多影响。例如,国债资金用于基础设施投资,扩大社会的积累规模,实际上是将消费基金变为积累基金,改变了资金的用途。同时,通过发行国债,可以扩大财政支出,刺激投资需求与消费需求,调节社会总供给与总需求的平衡。

【自主探究】查阅相关资料,分析我国政府是如何通过发行国债来调节经济的。

三、国债的发行

国债的发行机关是政府或者财政部门。国债的推销机构包括金融机构、邮政储蓄系统、中央银行。

国债有三种发行价格:一是平价发行,即国债的发行价格与国债的票面价格相等;二是溢价发行,即国债的发行价格高于国债的票面价格;三是折价发行,即国债的发行价格低于国债的票面价格。在国债发行时,市场利率如果与国债利率一致,则国债就按面额发行;如果市场利率下降,低于国债利率,则国债可以按高于面额的价格发行;如果市场利率上升,高于国债利率,为保护投资者利益,则国债必须按低于面额的价格发行。

财经素养:国债
的发行方法

四、国债限额及衡量指标

国债限额一般是指国债规模的最高额度或国债适度规模问题。

1. 国债绝对规模的衡量指标

国债绝对规模的衡量指标主要有三个:①历年累积债务的总规模;②当年发行的国债总额;③当年到期需还本付息的债务总额。对国债总规模的控制是防止发生债务危机的重要环节,而控制当年发行额和到期需偿还额往往更重要。

2. 国债相对规模的衡量指标

国债相对规模的衡量指标主要包括:①国债负担率,是指国债余额与国内生产总值的比率,它是衡量经济总规模对国债承受能力的重要指标。国际公认的国债负担率的警戒线为发达国家不超过60%,发展中国家不超过45%。②国债依存度,是指年度国债发行额与当年财政支出的比率。反映当年财政支出对国债的依赖程度,是控制国债规模的重要指标。国际通用的控制指标,国债依存度一般以15%~20%为宜。③国债偿债率,是指当年国债还本付息额与当年财政收入的比率。一般认为财政偿债率应小于 20%。④国民经济偿债率,是指当年国债还本付息总额与当年国内生产总值的比率。通常情况下,这一指标以 5%~6%为宜。

学以致用

项目二即测即评

项目二问答题

项目三
用之于民——财政支出

【知识目标】

1. 理解财政支出的含义,掌握财政支出的分类构成。
2. 理解影响财政支出规模和结构的主要因素。
3. 掌握购买性支出的含义、性质、内容和经济意义。
4. 掌握转移性支出的含义、性质、内容和经济意义。
5. 理解几种常见的财政支出效益分析方法。

【能力目标】

1. 分清财政支出的种类。
2. 能分析判断不同因素对财政支出规模和结构的影响。
3. 能运用购买性支出和转移性支出对经济发展的不同作用,分析我国财政支出对社会经济生活的影响,评判我国财政支出政策的合理性及执行效果。
4. 明确转移性支出的内涵,理解把握社会保障、财政补贴等概念。

【素养目标】

1. 感悟百姓和财政支出的密切关系,关心和支持国家财政工作。
2. 体会财政支出是以国家利益为重,是用之于民的支出,体现了以人民为中心的思想。
3. 增强公共意识,维护公共利益,理解财政支出就是"理公共之财,管公共之事",财政的公共属性契合了人类命运共同体理念。
4. 我国的社会保障支出充分体现了民生关怀,反映了社会主义制度的优越性。

【引导案例】

国家把钱花哪儿了

2023年是全面贯彻党的二十大精神的开局之年,整体来看,我国财政支出持续加力,重点领域保障有力。具体情况如下。

1. 一般公共预算支出情况

2023年,全国一般公共预算支出 274 574 亿元,同比增长 5.4%。分中央和地方看,中央一般公共预算本级支出 38 219 亿元,同比增长 7.4%;地方一般公共预算支出 236 355 亿元,同比增长 5.1%。

主要支出科目情况如下。

（1）教育支出 41 242 亿元，同比增长 4.5%。

（2）科学技术支出 10 823 亿元，同比增长 7.9%。

（3）文化旅游体育与传媒支出 3 960 亿元，同比增长 1.2%。

（4）社会保障和就业支出 39 883 亿元，同比增长 8.9%。

（5）卫生健康支出 22 393 亿元，同比下降 0.6%。

（6）节能环保支出 5 633 亿元，同比增长 4.1%。

（7）城乡社区支出 20 530 亿元，同比增长 5.7%。

（8）农林水支出 23 967 亿元，同比增长 6.5%。

（9）交通运输支出 12 206 亿元，同比增长 1.3%。

（10）债务付息支出 11 829 亿元，同比增长 4.2%。

2. 政府性基金预算支出情况

2023 年，全国政府性基金预算支出 101 339 亿元，同比下降 8.4%。分中央和地方看，中央政府性基金预算本级支出 4 851 亿元，同比下降 12.5%；地方政府性基金预算支出 96 488 亿元，同比下降 8.2%，其中，国有土地使用权出让收入相关支出 55 407 亿元，同比下降 13.2%。

3. 国有资本经营预算支出情况

2023 年，全国国有资本经营预算支出 3 345 亿元，同比下降 1.5%。分中央和地方看，中央国有资本经营预算本级支出 1 451 亿元，同比下降 12.7%；地方国有资本经营预算支出 1 894 亿元，同比增长 9.2%。

资料来源：https://www.gov.cn/lianbo/bumen/202402/content_6929621.htm.

【知识导图】

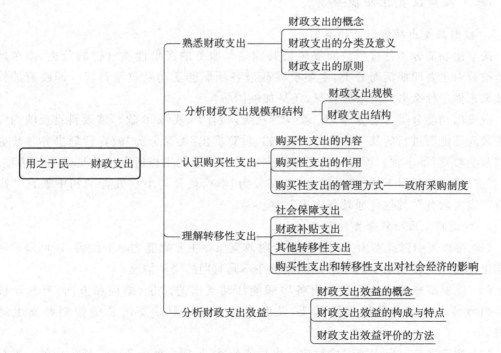

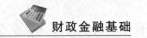

任务一　熟悉财政支出

一、财政支出的概念

政府作为社会的组织者和管理者,在为市场提供公共服务的过程中,必然直接或间接地发生各种费用,这些费用就表现为财政支出。财政支出是政府为提供公共产品和服务,满足社会共同需要而进行的财政资金的支付。财政支出作为满足社会共同需要的资源配置活动,是针对社会单位或私人部门资源配置不足而实施的,具有公共性的特征。财政支出反映国家的政策,能够调节和引导市场对资源的合理配置和有效利用,调控经济运行的规模和结构,促进国民经济持续、协调、稳定增长。

财政支出与财政收入一起构成财政分配的完整体系,财政支出是财政收入的归宿,它反映了政府政策的选择,体现了政府活动的方向和范围。所以,它是财政分配活动的重要环节。

二、财政支出的分类及意义

根据《2024年政府收支分类科目》,财政支出有按功能分类和按经济性质分类两种方法,另外,财政支出还可以按照财政交易的经济性质、财政支出的形式、财政支出的管理权限、财政支出与国家职能的关系进行分类。

财经素养:
《2024年政府收支分类科目》简介

(一) 按财政支出功能分类

1. 按财政支出功能划分的类别

按支出功能分类是按照政府提供公共物品与服务的产出性质进行的分类,简单地讲就是按政府主要职能活动分类,主要反映政府各项职能活动及政策目标。即政府的钱到底被拿来做了什么事? 用来办教育,还是加强国防?

按支出功能分类一般分为"类、款、项"三级,共有27类、208款。款级科目反映为完成某项政府职能所进行的某一方面的工作,如"教育支出"类又分为"教育管理事务""普通教育""职业教育"等十款。项级科目反映为完成某一方面的工作所发生的具体支出事项,如"教育支出"类级科目下的"普通教育"款又分为"学前教育""小学教育""初中教育""高中教育""高等教育""其他普通教育支出"六项。

2. 按财政支出功能分类的意义

(1)可以表明财政支出的用途及整个财政支出在主要职能之间的配置,还可以表明各类支出在整个财政支出中的相对地位以及在不同时期的变动情况。

(2)能够清晰准确地反映政府各项职能活动支出的总量、结构和方向,有利于按照公共财政要求和宏观调控实际需要,及时有效地进行财政支出总量控制和支出结构调整。

(3)便于进行国际比较。按财政支出功能分类,是现今世界各国广泛采用的一种分类方法。采用这种分类,便于对同一时期的支出结构与其他国家做横向对比分析,以反映各国国家职能的差别。

(4)按支出功能分类与按支出经济分类相结合,可以形成一个相对稳定的、既反映政府职能活动又反映支出性质、既有总括反映又有明细反映的支出分类框架,从而为全方位的政府支出分析创造了有利条件。

(二)按财政支出的经济性质分类

财政支出按支出的经济性质进行分类,主要反映政府支出的经济性质和具体用途,显示的是"钱花到哪儿去了"。根据《2024年政府收支分类科目》,我国财政支出经济分类科目包括政府预算支出经济分类科目和部门预算支出经济分类科目两大类,每一类都设类、款两级科目。

财经素养:我国政府收支分类改革

(1)政府预算支出经济分类,主要包括15个类级科目:机关工资福利支出、机关商品和服务支出、机关资本性支出、机关资本性支出(基本建设)、对事业单位经常性补助、对事业单位资本性补助、对企业补助、对企业资本性支出、对个人和家庭的补助、对社会保障基金补助、债务利息及费用支出、债券还本支出、转移性支出、预备费及预留、其他支出。

(2)部门预算支出经济分类,主要包括10个类级科目:工资福利支出、商品和服务支出、对个人和家庭的补助、债务利息及费用支出、资本性支出(基本建设)、资本性支出、对企业补贴(基本建设)、对企业补贴、对社会保障基金补助、其他支出。类级科目下设相应的款级科目,类、款依次逐级细化。

款级科目是对类级科目的细化,主要体现部门预算编制和预算单位财政管理等有关方面的具体要求,如部门预算支出经济分类科目中"工资福利支出"类级科目又分为"基本工资""津贴补贴""奖金"等款级科目。

财政支出按经济性质分类将各类支出充分细化,能明确反映政府的钱究竟是怎么花出去的,有利于增强财政支出预算的透明度,加强政府对预算的管理。

(三)按财政交易的经济性质分类

按财政交易的经济性质即以财政支出是否与商品和服务相交换为标准,将全部财政支出分为购买性支出和转移性支出两类。按交易的经济性质进行分类,比较容易分析政府对经济运行资源配置及分配调节的方向、力度和作用。

(1)购买性支出是政府为了履行职责,从私人部门购买商品和劳务而发生的支出。这些支出项目的具体用途不同,但有一个共同点:在市场上遵循等价交换的原则,政府付出资金,得到相应的商品与劳务,具有有偿性和直接性的特征。它体现的是政府市场性再分配活动,对社会生产和就业的直接影响较大,执行资源配置的能力较强。这类支出主要有行政管理支出、国防支出、公共事业支出、公共投资支出等。

(2)转移性支出是指政府依法将一部分财政资金无偿地、单方面转移给公民和其他受益者。其特点是不涉及与私人部分的等价交换,政府单方面的、无偿的资金支付,不要求获得相应的商品和劳务,具有无偿性和间接性的特征。它是政府的非市场性再分配活动,

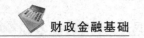

对收入分配的直接影响较大,执行收入分配的职能较强。这类支出主要有社会保障支出、财政补贴支出、债务利息支出、捐赠和援助支出等。

转移性支出和购买性支出对经济的影响是不同的。购买性支出对经济的影响是通过政府直接以购买者身份参与商品和劳务的交换来实现的,因而对资源配置有直接影响,对国民收入分配的影响则是间接的。而转移性支出只是资金使用权的转移,对分配产生直接影响,对资源配置的影响是间接的。因此在财政支出总额中,购买性支出所占的比重越大,财政对资源配置的直接影响就越大;反之,转移性支出所占的比重越大,财政活动对收入分配的直接影响就越大。这也说明,财政支出的不同支出方式对国民经济的影响是有差异的。

【自主探究】同学们获得的国家励志奖学金,从财政支出角度看,是购买性支出还是转移性支出?为什么?

(四)按财政支出形式分类

根据财政支出安排后是否偿还,可以将财政支出分为无偿支出和有偿支出。无偿支出即财政拨款,通过政府预算把财政资金以无偿的方式拨付给用款单位,用款单位不需要偿还。这是财政支出的主要方式,适用于不直接从事生产经营活动的一些公共支出。有偿支出即财政信用支出,通过政府预算把财政资金以有偿的方式借给用款单位,用款单位按期偿还,适用于直接从事生产经营活动、有偿还能力的生产经营单位的一些支出。在实践中,政府有必要根据具体情况考虑财政支出形式的选择,为政府职能的实现服务。

(五)按财政支出的管理权限分类

按管理权限不同,可以把财政支出分为中央财政支出和地方财政支出。中央财政支出是按照财政体制的规定,由中央预算安排和管理的各项财政支出,主要用于国家安全和外交等全国性的支出、协调各地区经济发展的支出、中央直接管理的行政事业发展支出等。地方财政支出是按照财政体制的规定,由地方预算安排和管理的各项财政支出,主要用于本地区行政管理、经济发展、事业建设等方面的支出。这种分类对正确处理中央与地方的财政分配关系有积极的作用。

(六)按财政支出与国家职能关系分类

财政支出按照与国家职能的关系,一般可分为经济建设支出、文教科卫支出、行政管理支出、国防支出、债务支出和其他支出。

(1)经济建设支出。主要包括基本建设支出、地质勘探支出、科学技术三项费用(新产品试制费、中间试验费、重要科研补贴费)、国家物资储备支出、工业交通部门基金支出、商贸部门基金支出、支援农村生产支出等。

(2)文教科卫支出。主要包括政府用于文化、教育、科学、卫生、出版、通信、广播、文物、体育、地震、海洋等方面的经费、研究费和补助费。

(3)行政管理支出。主要包括用于国家行政机关、事业单位、公安机关、驻外机构的各种经费、业务费、干部培训费等。

链接:2023 年我国财政收支情况

（4）国防支出。主要包括各种武器和军事设备支出，军事人员给养支出，有关军事的科研支出，对外军事援助支出，民兵建设事业支出，用于实际兵役制的公安、边防、武警部队和消防队伍的各种经费。

（5）债务支出和其他支出。债务支出包括由政府借入的国内外资金、发行的各类债券的本金和利息支出。

数 说 财 金

"党政机关过紧日子"意味着什么

2024年3月6日，党的十四届全国人大二次会议举行经济主题记者会，财政部部长蓝佛安出席记者会并回答记者提问。中国日报记者向财政部部长蓝佛安提问："党政机关过紧日子"是不是意味着政府要捂紧钱包不花钱了？

蓝佛安部长说，党政机关过紧日子，是党中央的明确要求，各级政府都要带头落实，勤俭办一切事业。俗话说，精打细算，才能油盐不断，党政机关少花一分钱，民生事业就可以多安排一分钱。当然，党政机关过紧日子，不是捂紧钱包不花钱，而是该花的花，该省的省，做到"大钱大方、小钱小气"，集中财力办大事。

近年来，财政部门严格落实过紧日子的要求，总结起来主要是以下三个方面。

一是努力降低行政运行成本，加大民生保障力度。2023年中央本级"三公"经费支出预算，比2019年下降了20%。同期，财政民生支出保持较快增长。2023年，各级财政用于教育等重点民生领域的支出，比2019年增长了25.5%。

二是合理安排中央部门支出，增加对地方转移支付。在切实保障部门履职的基础上，中央部门带头过紧日子，2020—2022年中央部门支出连续负增长，2023年也只略增了0.8%，把节约下来的钱用于支持地方保障民生、促进发展。2019—2023年，中央对地方的转移支付从7.44万亿元，增加到10.29万亿元，首次超过10万亿元，增长了约38%。

三是严格控制一般性支出，保障国家重大战略任务实施。例如，2018—2023年，全国财政科技支出从8327亿元增长到10823亿元，增长了近30%。2024年中央本级科技支出继续加力，增幅达到10%，更好支持科技自立自强。

2024年的政府工作报告再次强调，各级政府要习惯过紧日子，进一步突显了这不是一时之需，而是长久之计。

资料来源：https://www.mof.gov.cn/zhengwuxinxi/caizhengxinwen/202403/t20240307_3930221.htm.

三、财政支出的原则

财政支出的内容涉及各方面的利益，在安排财政支出的过程中会遇到各种复杂的矛盾。如财政支出与财政收入的矛盾，财政支出中各项目支出之间的矛盾，以及如何提高财政支出效益的问题。为了正确地分配、使用和管理财政资金，保证国民经济有序地持续稳定发展，必须遵循一定的准则即财政支出的原则。在我国财政支出中必须坚持以下三个原则：量入为出原则，统筹兼顾优化支出结构原则，厉行节约、讲求效益原则。

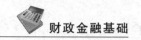

1. 量入为出原则

所谓量入为出原则,即以收定支,是指在合理组织财政收入的基础上,根据收入规模来安排支出,支出总量不能超过收入总量。

在实践中,财政收入与财政支出是一对矛盾。财政收入过少,不能保证财政支出的最低需要,影响社会经济、政治活动的正常进行。而财政收入过高,又会影响企业和劳动者个人物质利益的正常增长。其实,财政收入和财政支出之间是可以相互促进的,财政支出的增加可以扩大财政收入来源,财政收入来源的扩大又可以带动财政支出规模的扩大。

2. 统筹兼顾优化支出结构原则

统筹兼顾优化支出结构原则是指正确安排财政支出各个项目之间的比例关系,使之实现结构的最优组合,以促进经济协调稳定发展。

在财政支出总量既定的前提下,各项支出之间、各部门之间,客观上存在着此增彼减的矛盾。这就要求政府在安排财政支出结构时,必须从全局出发,通盘规划,区分轻重缓急与主次先后,正确处理好购买性支出和转移性支出之间的关系、投资性支出与公共消费性支出之间的关系、公共预算支出和投资性建设支出之间的比例关系、经济建设支出和经常性支出之间的比例关系、国民经济各部门之间的比例关系等。

3. 厉行节约、讲求效益原则

厉行节约、讲求效益原则就是要求将财政收入安排在最合适的财政支出项目中,用尽可能少的劳动耗费和劳动占用取得尽可能多的有用劳动成果,使有限的财政资金产生最大的效益。提高财政资金支出效益,是财政支出的核心问题。

财经史话:我国古代民利为先的思想

财政金融与国计民生

财政部门将如何支持保障兜牢民生底线
——访财政部部长刘昆

增进民生福祉是发展的根本目的。财政部门必须始终坚持以人民为中心的发展思想,把每一分钱都用到国计民生的关键处,切实保障和改善民生。

党的十八大以来,财政民生投入逐年增加。2012—2021年,国家财政性教育经费累计投入约33万亿元,全国一般公共预算卫生健康支出13.6万亿元、住房保障支出6万亿元,改革发展成果更多、更公平地惠及人民群众。

2023年,财政收支矛盾依然突出,但我们不会在民生支出上退步,将保持适当支出强度,持续增进民生福祉,努力让人民群众有更多的获得感、幸福感、安全感。

一是支持建设高质量教育体系。继续增加对地方教育转移支付规模。研究完善义务教育经费保障机制。支持地方加大普惠性学前教育资源供给,改善普通高中办学条件,落实学生资助政策。

二是提高医疗卫生服务能力。加大力度支持健全公共卫生体系,保障好新冠疫情防控所需资金。适当提高居民医保财政补助标准。深化以公益性为导向的公立医院改革。

三是健全社会保障体系。深入实施企业职工基本养老保险全国统筹,积极推进多层次、多支柱养老保险体系建设,保障好因疫因灾遇困群众、老弱病残等特殊群体的基本生活。

四是持续改善生态环境质量。加快实施山水林田湖草沙一体化保护和修复工程,积极推进国家公园建设。继续支持打好蓝天、碧水、净土保卫战,推动发展方式绿色转型,涵养绿水青山。

五是坚决兜住基层"三保"底线。加大对地方转移支付,向中西部地区倾斜、向县乡基层倾斜。督促地方强化预算管理,腾出资金优先保障"三保"支出,促进基层财政平稳运行。

资料来源:https://www.mof.gov.cn/zhengwuxinxi/caizhengxinwen/202301/t20230104_3861905.htm。

任务二 分析财政支出规模和结构

一、财政支出规模

(一)财政支出规模的衡量指标

财政支出规模是指在一个财政年度内所安排的财政支出数量,它可用绝对量表示,也可用相对量反映。

1. 财政支出的绝对量

财政支出的绝对量就是一个财政年度内安排的财政支出的实际数量。它可以按照不同的要求或目的加以细分,如中央财政支出总量、地方财政支出总量等。财政支出规模,尤其是财政支出的绝对规模带有规律性的历史增长趋势,在不同国家和不同时期里,尽管财政支出水平的变化幅度不尽相同,但从一个较长的历史时期分析,财政支出绝对规模的不断增长,则是几乎所有国家一个带有规律性的历史趋势。

2. 财政支出的相对量

财政支出的相对量是指一个财政年度内财政支出总量与国民生产总值(GNP)或国内生产总值(GDP)的比率。这反映在一个财政年度中全部 GNP 或 GDP 中由政府支配的份额,也就反映了社会经济资源在政府配置和市场配置之间的比例关系,体现了政府在国民经济运行中的地位及重要程度。

财政支出相对规模更能反映一国的财政支出规模的状况。不同国家,其财政支出相对规模有所不同,即使在同一国家的不同发展时期,其财政支出相对规模也有较大的变化。但是,从较长时期看,几乎所有国家的财政支出相对规模都有比较明显的不断增长。

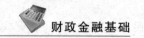

（二）影响财政支出规模的主要因素

1. 经济性因素

经济性因素主要是指经济发展水平、经济体制以及中长期发展战略和当前的经济政策等。经济性因素是影响财政支出规模的主要因素,甚至是决定性因素。经济发展水平决定财政支出规模的明显例证,是经济发达国家的财政支出规模一般大于发展中国家的财政支出规模。随着我国经济体制改革的深入和经济稳定增长,财政收入增长加快,但是为了构建和谐社会,完成建设新农村、大力发展教育和卫生事业、扩大就业和完善社会保障制度、推进产业结构优化升级、保护生态环境等任务,在一段时间内仍需适度提高或维持财政支出占 GDP 的比重。

2. 政治性因素

政治性因素对财政支出规模的影响主要体现在三个方面:一是政局是否稳定;二是政体结构和行政效率;三是政府职能范围的大小。例如,一国出现政局动荡或战争威胁就要增加财政支出;一国行政机构臃肿,人浮于事,效率低下,其经费支出必然增大;政府包揽的事务多、职能多,必然要增加财政支出。与此同时,财政支出规模与结构将对社会经济各个层面产生相应的影响,并导致利益的调整,运用不当可能会给国家和社会造成损失。因此,现代国家通常会规定一定的政治程序来规范财政支出规模与结构。

3. 社会性因素

人口、就业、医疗卫生、社会救济、社会保障以及城镇化等因素,都会在很大程度上影响财政支出规模。目前,我国仍是一个发展中国家,人口基数大,相应的义务教育、卫生保健、社会保障、失业和贫困救济、生态环境保护以及城镇化等支出的增长压力较大。例如,我国人口老龄化已经来临,农村富余劳动力的增加迫切要求加快城镇化速度,加快经济建设与生态环境保护的矛盾日益突出,诸如此类的社会问题会对财政支出不断提出新需求,成为扩大财政支出规模的重要因素。

4. 经济体制制度因素

经济体制不同,政府职能也不相同,使得财政支出的范围和规模存在差异。计划经济体制下政府对经济建设领域干预过多,政府的职能范围也比市场经济体制下更宽泛,财政支出占 GDP 的比重相应较高。在经济体制相同时,不同福利制度的差异也会影响财政支出规模。例如,实行高福利政策的瑞典,其财政支出占 GDP 的比重就远远高于同为市场经济体制的美国。

二、财政支出结构

（一）财政支出结构的变化

财政支出结构即财政支出的去向、金额及构成的百分比。例如,一国财政用于国防支出的是多少数额,占整个财政支出的百分比是多少。根据需要,财政支出结构可从多个角度去分析。

财政支出结构的变化具有一定的规律性。一般来说,一国在经济发展初期,政府要为经济发展提供公共设施,如道路、运输等,一些基础产业、新兴产业,以及经济结构的调整等,都需要政府的介入和投入。所以,这一阶段政府财政投资性支出占财政支出的比重,以及政府投资占社会总投资的比重较大,社会性支出比重相对较低。随着社会经济尤其是市场经济的不断发展,财政支出中的投资性支出比重逐步下降,社会性支出则呈急剧增长的趋势。在经济发展有了一定基础以后,政府投资虽然在继续,但凡能由市场经济解决的投资问题,政府不再进行投资,以财政政策引导为主或少量参与投资。经济发展到了成熟期,一国经济发展目标由注重经济增长转向注重社会经济的全面协调发展,注重提高生活质量,政府财政支出开始强化社会经济稳定功能,教育、卫生健康、环境保护,尤其是社会福利和社会保障等方面的支出会急剧增长。我国从计划经济转向市场经济的发展过程中,财政支出也越来越明显地反映出上述规律性的特征。

数说财金

2022 年我国财政支出结构

　　2022 年全国一般公共预算支出为 26 万亿元,从支出结构来看,比例较高的集中在民生领域(图 3-1)。教育支出占 15.1%,体现了始终坚持把教育作为支撑国家长远发展的基础性、战略性投资,优先发展教育事业、优先保障教育投入的决心;社会保障和就业支出 14.1%,反映出近几年来国家一直在优化财政支出结构,完善社会保障体系;卫生健康支出 8.7%,反映出随着我国经济发展,用于提高生活质量的支出在逐步增加;农林水支出 8.6%,其中扶贫占比较大,与我国脱贫攻坚取得巨大成果有较大关系;一般公共服务支出 8.1%,城乡社区支出 7.4%。

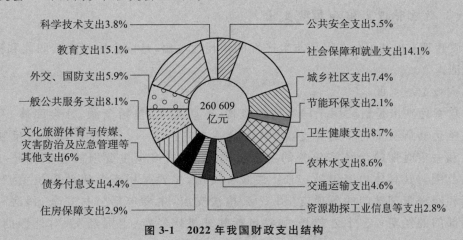

图 3-1　2022 年我国财政支出结构

资料来源:https://baijiahao.baidu.com/s?id=1759612966669099883&wfr=spider&for=pc。

(二)影响财政支出结构的主要因素

1. 国家职能

如果国家职能侧重于社会管理,则政府活动也主要在社会活动领域,那么财政支出中

的社会公益事业支出、社会保障支出等所占的比重就会提高；如果国家的经济职能较强，则财政支出中用于经济建设支出的比重将提高。

2. 政府工作重点

财政支出的重点必须围绕政府工作重点展开。同一个国家在不同历史发展阶段，工作重点有所不同，因而财政支出结构也会随着政府工作重点的变化而变化。

3. 资源配置方式

如果资源配置以政府集中配置为主，则财政支出中的经济建设支出所占比重会较大，公益事业支出和社会保障支出的比重较低，我国在传统的计划经济体制下便是如此。如果资源配置以市场配置为主，则政府财政支出中的社会公益事业支出、社会保障支出等就会增长。

任务三 认识购买性支出

购买性支出主要包括两部分：一是政府购买日常行政管理所需商品和劳务的支出，被称为消费性支出，如行政管理、教育、卫生、国防等。二是政府用于各种公共投资的支出，被称为投资性支出，如中国政府修建三峡工程、南水北调等支出。购买性支出大多通过政府采购完成，基本上反映了社会资源和要素中由政府直接配置与消耗的份额，因而是公共财政履行效率、公平和稳定三大职能的直接体现。

一、购买性支出的内容

（一）行政管理支出和国防支出

行政管理支出和国防支出是非生产性的消耗性支出，是国家执行政治职能和社会职能的保证。

1. 行政管理支出

行政管理支出是财政用于国家政权机构、行政机关（包括党派、社会团体）和外事机构正常运转所必不可少的开支，是财政最基本支出之一。行政管理支出反映着国家性质和一定时期政治经济任务的主要方向，其支出多少主要取决于国家政权结构及职能范围。其具体内容包括：①公共服务支出，主要是用于各级政府机关、行政管理部门和经济管理部门的各项支出；②公检法支出，主要包括公共安全、司法、法院、检察等部门的经费；③外交支出，主要包括驻外机构经费、出国经费、对外援助、对外合作交流等。

行政管理费是由人员经费和公用经费两部分组成的，政府职能范围的大小、机构设置的多少，以及由此而决定的机关工作人员的多少，是决定行政管理费规模的关键因素。我国社会主义市场经济改革的目标之一就是要转变政府职能，削减政府机构，改革开放以来，本着"精简、统一、高效"的原则，我国对政府机构先后进行了六次改革，为控制行政管理费的增长提供了条件。

财政金融与国计民生

政府支出问绩问效　"三公"经费越管越严

中央按照"八项规定""六项禁令"及《党政机关厉行节约反对浪费条例》的精神,加强了行政管理费用的管理,特别加强了"三公"经费(出国出境经费、车辆购置及运行费、公务接待费)的整顿力度,近几年我国"三公"经费缩减明显。

中央本级"三公"经费预算由 2011 年的 94.28 亿元下降到 2018 年的 58.8 亿元。2018 年机构改革后,将税务等部门原列地方的"三公"经费纳入中央部门管理,基数相应调整,2019 年中央本级"三公"经费预算 81.07 亿元。2020 年以来,在严格控制的基础上,叠加新冠疫情等因素影响,中央本级"三公"经费预算进一步下降到 2022 年的 53 亿元。2023 年中央本级"三公"经费预算 64.96 亿元,比 2022 年有所增长,主要是前几年受新冠疫情影响,因公出国(境)费用预算压减较多、基数较低,2023 年恢复性增加,主要用于支持中国特色大国外交,保障中央部门开展对外交往、参加重要双边多边会议等,同时继续严控一般性出国团组。

2023 年,公务用车购置及运行费、公务接待费从严控制,均不超过 2022 年水平。与2019 年相比,2023 年中央本级"三公"经费预算减少约 16 亿元。

"三公"经费"做减法",民生保障"做加法",在宽严有别的财政支出安排下,使有限的资金发挥出了最大的社会效益。2023 年中央决算报告显示,积极的财政政策更加积极有为,在助力保就业、推动教育公平发展和质量提升、强化卫生健康投入、提高社会保障水平、保障困难群众基本生活等方面持续发力。

资料来源:曲哲涵. 政府支出问绩问效　"三公"经费越管越严[N]. 人民日报,2023-03-30第002版.

2. 国防支出

国防支出是财政用于国防建设、国防科研事业、军队正规化建设以及民兵建设方面的费用支出。从公共产品理论看,国防属于纯公共产品的范畴,这是一国政府对外执行政治职能的必然结果,所以这项支出也是财政必须保证的支出之一。国防支出主要是用于陆、海、空各军种、兵种的经常性费用、各项国防建设和国防科研费用等支出。

数 说 财 金

我国的国防支出

2016—2020 年我国年度国防预算连续五年保持个位数增长,增长幅度维持在合理适度的 6.6%~8.1%,分别为 7.6%、7%、8.1%、7.5% 和 6.6%。2021 年 3 月,中华人民共和国第十三届全国人民代表大会第四次会议提交的 2021 年的国防支出预算为13 795.44 亿元,比 2020 年增长 6.8%,折合为 2 100 多亿美元,而美国 2021 财年国防支出为 7 405 亿美元,中国国防支出预算约为美国的 1/4。与其他国家相比,不论是国防开支总量还是增长幅度,中国作为一个人口大国和世界第二大经济体,其国防开支始终

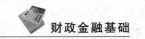

处于一个合理适度区间。

资料来源:倪成伟,王敏.财政与金融[M].5版.北京:高等教育出版社,2022.

（二）公共事业支出

公共事业支出是指政府财政用于文化、教育、科学、卫生、体育等事业部门的经费支出。这些单位是为社会提供公共服务的非权力机构,但承担某些政府职能,它们是介于政府机关和企业之间的公共部门,它们提供的是纯公共产品和准公共产品。

公共事业支出的主要内容有两种分类方式:①按支出的部门划分,包括文化事业费、教育事业费、科学事业费、卫生事业费、中医事业费、体育事业费、通信事业费、广播电影电视事业费、出版事业费、文物事业费、药品监督管理事业费、地震事业费、海洋事业费、计划生育事业费等;②按支出用途划分,包括人员经费支出、公共经费支出(如公务费、零星设备购置费、修缮费、业务费等)。

文教科卫等部门是非物质生产部门,它们不生产物质产品,也不提供生产性劳务。但它们是社会发展、人类进步所不可缺少的。文教科卫事业的发展与社会经济发展和城乡居民生活息息相关,服务效益外溢十分明显,所以开展这些事业所需经费应由财政和社会公众共同承担。作为一种"社会公益性事业",文教支出具有多重性:①文教支出属于社会消费支出;②文教支出属于非生产性支出;③文教支出是一种社会性的共同需要;④文教支出的许多内容会形成对经济发展的强大推动力。如科技、教育等方面的支出。正是由于文教事业的这些性质和对国民经济发展的重要意义,各国政府都投入大量资金支持其发展。

知识拓展

文教事业姓"公"? 姓"私"?

文教事业作为准公共产品,没有必要由国家统包,而应当由国家、社会、企业共同承担。文教事业的提供一般都具有排他性,如一人入学排斥了其他人入学,这表明文教事业具有"私人产品"属性,应由私人提供,通过市场竞争实现配置。但文教事业具有很大的社会效益,属于社会公益事业。公益事业存在较大的外部性,使提供者不能实现成本与效益的对应计算,私人提供存在一定困难。文教事业的社会属性、福利属性使得国家在其提供中承担着很大的责任,但这并不是说必须、全部由国家来提供各种事业。

对各项事业支出,应按其公共产品属性的"纯度"来决定政府提供的范围。即要对各项事业进行分类,公共产品属性较强的应由政府提供,私人产品属性强的则由市场提供,或交给社会和企业来办,逐步形成一个以政府提供为龙头或主导的事业体系。因此,文教支出的选择在实践中存在许多实际困难,常常面临公平与效率的两难境地。

（三）政府投资性支出

政府投资性支出又称公共投资支出,简称财政投资,它是政府财政用于各种公共性质项目的资金支出。投资与经济增长关系密切,政府为促进经济增长往往利用财政投资来拉动,以调节经济运行。财政投资在全社会投资中所占比重不大,但并不意味着财政投资不重要,它能弥补市场调节的不足,还可以通过财政投资引导和制约社会投资的投资总量和投资结构。

1. 政府投资性支出的特点

社会总投资可以分为公共投资和私人投资两个部分,政府投资性支出是社会总投资的重要组成部分,具有以下特点。

(1)政府投资性支出的主体是政府,投资能力和承担风险的能力都较强。

(2)政府投资性支出的目的在于提高社会效益。政府居于宏观调控的主体地位,公共投资一般不单纯从经济效益角度来安排,公共投资可以是微利甚至是无利的,但建成后的项目可以极大地提高国民经济的整体效益。

(3)政府投资性支出的宏观调控性。政府投资性支出是政府调控经济运行的重要手段,它可以配合国家调控经济运行,确保国民经济协调、稳定健康发展。

(4)政府投资项目一般是大型项目和长期项目。政府财力雄厚,且资金来源大多数是无偿的,可以投资于大型项目和长期项目,这是非政府部门的投资力量所不能及的。

2. 政府投资的重点领域

政府投资作为一种非市场的投资行为,虽然可以弥补市场缺陷,促进资源有效配置,但不可过分夸大公共投资的作用。否则会造成政府对市场的过度干预,甚至会窒息市场活力,可见公共投资必须有确定的范围。由于政府在国民经济中居于特殊地位,可以从事社会效益好而经济效益一般的投资,主要集中在"外部效应"较大的关系国计民生的产业和领域。换言之,在投资主体多元化的经济社会中,如果政府不承担这些方面的投资或投资不足,就会导致经济结构失衡,经济发展速度就会遇到"瓶颈"制约。

(1)基础设施投资。基础设施投资是指政府用于基础设施和基础工业方面最终形成资产的支出,是经济发展的外部环境所必需的。基础设施主要包括交通运输、通信、供电、机场、港口、城市供排水、供气等设施,基础工业主要是指能源、原材料(如建筑材料、钢材、石油等)。基础设施投资项目具有建设周期长、投资多、收益低、风险高等特点,因此主要由政府集中财力投资。

(2)公益事业投资。公益事业投资是指政府用于国防、行政、文教科卫等社会公共部门有形资产的支出,公益性投资项目属于非生产性支出,一般建成后无盈利或盈利很少,因而主要靠政府投资。公益性投资项目支出除特别重要的项目和必须由中央政府安排的项目以外,绝大部分项目按受益范围由所在地方政府承担投资。

(3)农业投资。农业投资是指财政直接用于支援农业的各项支出,主要包括农业基础设施建设、大江大河治理、农业科研开发与推广、生态环境保护、防治自然灾害等涉及广泛的基础性农业投入。我国农业基础设施薄弱,自身积累率低,这部分支出主要由财政拨款解决。

二、购买性支出的作用

(1)购买性支出直接形成社会资源和要素的配置,因而其规模和结构等大致体现了政

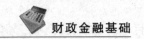

府直接介入资源配置的范围和力度,是公共财政对于效率职能的直接履行。这样,购买性支出能否符合市场效率准则的根本要求,是公共财政活动是否具有效率性的直接标志。

（2）购买性支出中的投资性支出,将对社会福利分布状态产生直接影响,因而是公共财政履行公平职能的一个重要内容。

（3）购买性支出直接引起市场供需对比状态的变化,直接影响经济周期的运行状况,因而是政府财政政策的相机抉择运作的基本手段之一,是公共财政履行稳定职能的直接表现。为此,必须正确把握财政的购买性支出对市场均衡状态的影响,以确保政府正确实施财政政策。

财经素养:
财政支持打好生态
保护"三大战役"

三、购买性支出的管理方式——政府采购制度

提高购买性支出的效益是提高整个财政支出效益的关键。为了节约财政支出,提高财政资金的使用效率,加强宏观调控,世界各国都建立了政府采购制度。

政府采购制度具有公开、公平、竞争性的特征,在各国的经济管理中有着十分重要的地位,目前发达国家的政府采购占 GDP 的比率较高,一般为 10% 以上。公开竞争是政府采购制度的基石,它既体现了公平的原则,通过竞争,政府能买到具有最佳性能和低廉价格的物品和劳务,节约财政资金,使公民缴纳的税金产生最大的效益,又体现了效率原则,从制度上杜绝了腐败行为的产生。

政府采购的相关内容,在项目五详细讲解,此处不再赘述。

任务四　理解转移性支出

转移性支出是指政府为实现特定的目标对相关社会成员或特定的社会集团所给予的部分财政资金的无偿转移,体现的是政府的非市场性再分配活动,通常包括各种社会保障支出、各项财政补贴支出、捐赠支出和债务利息支出等。在财政支出总额中,转移性支出所占的比重越大,财政活动对收入分配的直接影响就越大。政府之所以提供转移性财政支出,主要是为了促进社会公平。

一、社会保障支出

社会保障制度是现代国家的一项基本制度,社会保障制度是否完善已经成为社会文明进步的重要标志之一。在我国,社会保障工作直接关系到党的全心全意为人民服务的宗旨,关系到人民群众的切身利益,关系到改革开放和经济建设稳定发展的大局。社会保障制度是社会公平的平衡器。

社会保障的主要内容,包括社会保险、社会救助、社会优抚和社会福利等。

有关社会保障制度的具体内容在项目九中详细讲述，在此不再赘述。

二、财政补贴支出

财政补贴是政府根据一定时期政治经济形势及方针政策，为达到特定的目的，对指定的事项由财政安排的专项资金补助支出。财政补贴的依据是国家在一定时期的政策目标，其规模、结构、期限等都必须服从政府的政策需要，体现了较强的政策性，也最能体现政府活动的方向和意图，是政府调节国民经济运行的重要经济杠杆。

（一）财政补贴的特点

财政补贴一般具有政策性、灵活性、可控性和时效性四个特点。①政策性是指财政补贴是国家实现一定政策目标的手段，因而一切财政补贴事项都必须经过财政部门的同意和批准。②灵活性是指财政补贴的对象具有可选择性和针对性，补贴的支付具有直接性。因而，它往往被世界各国视为稳定短期经济的良策。③可控性是指财政补贴的对象、规模、结构，以及补贴环节、何时取消等具体内容，都是由财政部门根据国家的政策需要来决定的。④时效性是指财政补贴作为政府的支出项目是长期的，但该项支出的规模和实际支出的具体用途则是随着客观经济形势的变化而变化的。当国家的某项政策随着形势的变化而失去政策效力时，与之相应的财政补贴措施也应随之终止。

知识拓展

社会保障支出和财政补贴支出的异同

作为一种转移支出，财政补贴支出同社会保障支出有很多相似性。从政府角度来看，无论是以补贴形式还是以社会保障形式拨付支出，都不能换回任何东西，都是无偿支付。从领取补贴者角度来看，无论以什么名目得到政府的补贴，都意味着实际收入的增加，经济状况都较以前有所改善。

社会保障支出和财政补贴支出尽管都是转移性支出，但也有一定的差别。主要体现在同相对价格体系的关系上，财政补贴总与相对价格的变动相关联，财政补贴会引起价格变动，价格变动也可能导致财政补贴。所以，财政补贴又称价格补贴或财政价格补贴。社会保障支出则与产品和劳务的价格不发生直接联系，人们获得保障收入后可能会用于购买，从而影响价格的变化，但这种影响既不确定又是间接的。因为与相对价格结构有直接关联，财政补贴便具有改变资源配置结构、供给结构与需求结构的影响，而社会保障支出则很少有这种影响。

（二）我国财政补贴的分类和内容

我国财政补贴的种类和环节较多，主要分类有以下几种。

1. **按补贴的形式不同分类**

我国的财政补贴是根据国家预算管理要求进行划分的，主要有以下几方面内容。

(1) 价格补贴。价格补贴是国家财政在商品购销价格倒挂的情况下，对工商企业支付的补贴，或购销价格顺挂的情况下对消费者支付的提价补贴。价格补贴按产品类别不同，主要包括：农产品价格补贴（商业企业价差补贴和城镇居民的副食品价格补贴）；农业生产资料价格补贴，如国家给予化肥、农药、农用电、农用塑料薄膜等农业生产资料的价差补贴；日用工业品价格补贴，如燃气价格亏损补贴等。

(2) 亏损补贴。亏损补贴又称国有企业计划亏损补贴，主要是指国家为了使国有企业能够按照国家计划生产、经营一些社会需要但由于客观原因生产经营中将出现亏损的产品，而向这些企业拨付的财政补贴。导致企业计划性亏损的原因，主要是产品计划价格水平偏低，不足以抵补本行业的平均先进成本而造成的亏损。

(3) 职工和居民生活补贴。职工和居民生活补贴是指为保障职工及家庭实际生活水平不降低而给予职工生活费的补偿。如粮价补贴、副食品价格补贴、交通补贴、取暖补贴等。

(4) 财政贴息。财政贴息即利息补贴，是指国家财政对使用某些规定用途的银行贷款的企业，对其支付的贷款利息提供的补贴，其实质是财政代企业支付部分或全部贷款利息，它是政府财政支持有关企业或项目发展的一种有效方式。

(5) 不通过国家预算的其他补贴。

2. 按补贴的作用不同分类

(1) 稳定和改善人民生活的农副产品和日用工业品补贴。

(2) 支援农业生产的农用生产资料价格补贴和由于价格不合理而形成的工业企业生产亏损补贴。

(3) 收费标准偏低的城市公用企业的亏损补贴。

3. 按补贴的主体不同分类

(1) 中央财政支付的价格补贴。

(2) 地方财政负担的价格补贴。

4. 按补贴的对象不同分类

(1) 工业、农业、城市公用企业等生产环节的补贴。

(2) 商业、粮食等流通环节的补贴。

(3) 职工或居民消费环节的补贴。由于对生产、流通环节的补贴在一定程度上掩盖了价格与价值背离的关系，消费者往往看不见、摸不着，故称"暗补"，而对于消费环节的补贴，群众看得见、摸得着，故称"明补"。

5. 按财政预算收支安排分类

(1) 直接列支的政策性补贴支出，包括粮、棉、油价格补贴；平抑物价和储备糖等补贴；肉食价格补贴；其他价格补贴，如财政贴息支出等。

(2) 税式支出，又称税收支出，是指国家财政根据税收制度的各种优惠规定对于某些纳税人或课税对象给予的减税免税，它也是一种比较隐蔽的财政补贴。税式支出减少了国家财政收入，实质上是财政补贴的形式。税式支出的主要形式有税收豁免、税收抵免、优惠税率、延期纳税、盈亏相抵、加速折旧、退税等。

【自主探究】 你或你的家庭享受过哪些财政补贴？

运用财政补贴能够调节社会供求平衡,维护宏观经济稳定,保证城乡居民的基本生活水平,合理利用和开发资源等诸多积极影响。但如果财政补贴范围过广、项目过多,也会扭曲比价关系,削弱价格作为经济杠杆的作用,妨碍对成本和效益的正确核算,掩盖企业的经营性亏损;补贴数额过大会加重国家财政负担,影响经济建设规模,阻碍经济发展。所以,必须合理确定财政补贴范围,适时调整财政补贴标准,不断加强财政补贴管理,有效改进财政补贴方式,使财政补贴真正有效地发挥调节作用。

财政金融与国计民生

河北:发挥财政职能作用 助力乡村振兴

粮食安全是"国之大者"。河北省财政部门将粮食等方面的支出作为重点予以优先保障,全面落实惠农补贴政策,及时足额兑付耕地地力保护补贴204亿元,发放实际种粮农民一次性补贴共38亿元,补贴资金全部直补到户,每年惠及种粮农民1 200余万户。在全部产粮大县推进小麦、玉米、稻谷完全成本保险,中央、省、市三级财政对保险保费给予80%的补贴;筹措省以上资金260余亿元,持续推进高标准农田建设、耕地季节性休耕;发放补贴资金6亿元,支持开展玉米大豆带状复合种植试点。落实省级以上资金34亿元,助力优势特色产业集群建设、奶业振兴计划实施和衡沧高品质蔬菜产业示范区创建。

2021年以来,河北省积极发挥财政职能作用,支持巩固拓展脱贫攻坚成果、衔接推进乡村振兴。2021—2023年逐年增加投入,全省共安排财政衔接推进乡村振兴补助资金461亿元,重点支持脱贫县发展富民产业和改善农村基础设施,下达省重点帮扶县省以上衔接资金316.6亿元。

产业振兴是乡村振兴的重中之重。2021年以来,落实省以上资金33亿元,支持打造强筋小麦、设施蔬菜、高端乳品等21个优势特色产业集群,创建57个国家级产业强镇,培育打造年产值超10亿元的农产品加工集群100余个;投入省以上资金16.8亿元,支持农业污染治理,促进提升农产品质量安全,支持农业农村绿色发展。

为了大力支持农村基础设施补短板和人居环境改善,促进农民生活品质逐步提升,河北财政部门每年安排省级资金19亿元,通过奖补方式支持市县开展农村厕所改造、农村垃圾和污水治理、农村道路硬化和村容村貌提升,持续改善农村人居环境。截至目前,87个县完成整县推进农村人居环境整治提升,建成省级美丽乡村精品村1 198个,布局省级乡村振兴示范区和美乡村示范区50个。

资料来源:https://www.mof.gov.cn/zhengwuxinxi/xinwenlianbo/hebeicaizhengxinxilianbo/202401/t20240119_3926581.htm.

三、其他转移性支出

转移性支出中,除社会保障支出和财政补贴支出外,还有援外支出、债务利息支出和其他支出。虽然它们所占比例并不大,但也有其特殊作用。

1. 援外支出

援外支出是指财政用于援助其他国家、地区或国际组织的各种支出。它在不直接形成国内商品和劳务的需求时,具有转移性支出的性质。在当今世界,国与国之间的政治经济联系日益密切,对外交流日益增加,援外支出对于加快本国经济发展、维护世界和平都具有重要意义。作为发展中国家,我国的援外支出能力有限,在援外上量力而行,同时要注意对外援助的方式与效果。

2. 债务利息支出

债务利息支出是指政府财政用于偿还国内外借款的利息支出。国家债务的利息支出,并不对国内资源和要素(商品和劳务)形成直接的需求压力,从这个意义上说,财政的债务利息支出具有转移性支出的性质。

四、购买性支出和转移性支出对社会经济的影响

在市场经济条件下,政府可以通过财政的购买性支出和转移性支出的合理安排,服务于社会经济目标的实现。

1. 政府可以通过调节购买性支出来影响社会总需求

政府购买性支出是通过直接购买商品和服务来实现的,是社会总需求的重要组成部分。即在市场经济条件下,当有必要通过政府公共支出政策来实现对社会总需求的调节时,可以扩大或压缩购买性支出,从而增加或压缩社会总需求,以促进社会总供求的平衡,为经济发展服务。

2. 政府可以通过调节转移性支出促进社会稳定与公平

转移性支出是政府对有关方面的一种无偿性资金拨付,可以在一定程度上增加接受者的收入,对弥补收入分配不公平,缩小收入差距,保障社会稳定具有重要意义。

但是,由于储蓄倾向的存在,转移性支出只有部分会间接增大社会总需求,这使其对社会总需求的影响不如购买性支出的作用更直接、效果更佳。在国家的公共支出政策中,转移性支出主要起着稳定社会的作用。因此,政府通过公共支出政策调控经济,影响社会总供需,主要是通过调节政府购买性支出实现的。

任务五　分析财政支出效益

提高财政支出效益是财政支出的核心问题。因为财政支出项目繁多,不同支出项目的效益所表现的形式不同。有些支出项目有直接的经济效益,有些支出项目只有社会效益而没有直接的经济效益,还有些支出项目既有经济效益又有社会效益。

一、财政支出效益的概念

通常所说的效益是指经济效益,即人们在有目的的实践活动中"所费"与"所得"的对

比关系。讲求效益,就是通常所说的"少花钱,多办事",或者"办好事,少花钱",它是经济活动的核心问题。财政支出效益是指政府为满足社会公共需要进行的财力分配(即"所费")与所取得的社会实际效益(即"所得")之间的比例关系。这里的所得指的是通过财政支出活动取得的有用成果,既包括局部、直接、经济的成果,也包括整体、间接、社会的成果。衡量效益的标准有两个:一是在所费相同的情况下,所得越多,效益越好;二是在所得相同的情况下,所费越少,效益越好。

由于公共财政的职能主要是用无偿性税收来满足社会公共需要的,而且各支出项目在性质上千差万别,相当多的"所费"无法直接计算"所得",财政支出效益除要考虑"所费"本身带来的"所得"外,更应关注难以量化的"所得"——宏观效益,或者说社会效益,因此,必须正确把握财政支出效益的含义。

财政支出效益与微观经济主体支出的效益存在着较大的区别,主要体现在两个方面:一是财政支出的主要目标是社会效益最大化,而不能像私人经济部门一样仅以利润为目的;二是财政支出项目在许多情况下不能直接用市场价格来估算,因而两者在计量方面也有很大的差异。一般来说,对财政支出通常采用的是成本-效益分析法和最低费用法两种主要的衡量方法。

二、财政支出效益的构成与特点

(一)财政支出效益的构成

一般认为,财政支出效益的基本内涵是财政资源配置的合理性及配置资源运用的有效性两个方面。财政资源配置的合理性包括财政支出的"外在合比例性"和"内在合比例性"两个方面。所谓"外在合比例性",是指通过政府渠道分配的资源总量在整个社会经济资源中有合理的比例。财政支出的"外在合比例性"是衡量财政支出效益的前提。所谓"内在合比例性",是指在财政支出外在合比例的基础上,财政支出在不同性质、不同类型的社会共同需要之间的分配比例合理,其实质是财政支出在不同支出构成要素之间的分配比例合理。内在合比例性反映了财政的内部分配结构状况。可以说,财政支出内在合比例性是衡量财政支出效益的根本标准。因此,从财政资源配置、资源耗用的全过程看,财政支出效益包括财政支出配置效益和财政支出耗用效益两个部分。

1. 财政支出配置效益

财政支出配置效益是指政府财政资源配置满足各种不同社会共同需要的内在合比例程度。从广义上讲,财政资源的配置包括组织收入和安排支出两个阶段。从社会整体资源分配的角度看,组织财政收入的"聚财"过程,仅是财政内部资源分配活动的前提条件。

2. 财政支出耗用效益

财政支出耗用效益是在财政资源耗用阶段,政府为提供特定的社会公共服务而耗用的财政量与其效益的比较。财政活动在经过了分配阶段以后并没有完结,而是进入对政府财政资金的具体耗费与使用阶段,只有在经过这个阶段完成了社会共同事务的供给以后,整个政府支出活动才算完结。

（二）财政支出效益的特点

1. 经济与社会效益的统一

财政资金的经济效益是指财政资金的耗费与经济成果之间的对比关系,即少花钱,多办事。财政支出的社会效益是指财政资金耗费与社会效果的对比关系。社会效果往往难以用货币来度量。财政支出的经济效益要服从于社会效益。

2. 微观与宏观效益的统一

微观效益是指每一笔财政支出项目所带来的具体的效果;宏观效益是财政支出总量和结构的安排与调整所产生的国民经济和社会发展全局及人民整体、长远利益的效果。

3. 直接与间接效益的统一

在考察财政支出效益时,既要考察其直接效益,也要考察其间接效益,如学校的教育经费支出。

三、财政支出效益评价的方法

财政支出项目千差万别,衡量财政支出的效益需要多种方法,有一些支出项目,如电站投资,其效益是经济的、有形的,可以用货币计量。对于此类财政支出的效益,可以用成本效益分析法进行分析。另有一些支出,如军事、政治项目,成本是易于计算的,但效益却不易衡量,而且通过此类支出所提供的商品或劳务,不可能以任何形式进入市场交换。分析此类财政支出的效益,一般采用最低费用选择法。还有一些项目,如公路、邮电,成本易于衡量,效益难以计算,但通过这些支出所提供的商品或劳务,可以部分或全部地进入市场交易。对于此类项目,可以通过设计某种公共劳务收费法或公共定价法来衡量和提高效益。

1. 成本效益分析法

所谓成本效益分析法,就是针对政府确定的建设目标,提出若干个建设方案,详列各方案的全部预期成本和全部预期效益,通过分析比较,选择出最优的政府投资方案。如电站建设、市政交通等基础设施项目均可以使用此方法。但是,由于相当多的财政支出成本与效益都难以准确衡量,有的甚至根本无法衡量,因而此方法的适用范围很受局限。一般认为,在政府投资性支出尤其是基础性投资支出上,用这一分析方法可以获得较好的效果。但对于成本和收益都无法用货币计量的项目则无能为力。通常情况下,以社会效益为主的支出项目不宜采用此方法。

财经素养:财政支出绩效评价管理

2. 最低成本法

最低成本法也称最低费用选择法,适用于那些成本易于计算而效益不易计量的支出项目,如社会保障支出项目,以及文化教育、行政、国防等支出项目。该方法只计算项目的有形成本,是在效益既定的条件下,分析其成本费用的高低,以成本最低为原则来确定安排财政资金的一种决策分析方法。该方法与成本效益分析法的区别在于,它不用货币单位来计量备选的财政支出项目的社会效益,只计算每个备选方案的有形成本,并以成本费用最低作为择优标准。由于不要求计算支出效益,因而最低成本法的应用比成本效益分析法简单。

3. 公共劳务收费法

公共劳务收费法也称公共定价法,就是将市场等价交换原则部分地引入公共产品的提供和使用中来,通过制定和调整"公共劳务"项目的价格或收费标准,改进"公共劳务"的使用状况,借以提高财政支出使用效益的一种分析方法。

公共劳务收费法适用于所提供的商品和劳务可以部分或全部进入市场交易的财政支出项目,如行政、城市给水排水、建设和维修道路、住宅供应、邮电及公园建设等工作。它和成本效益分析法以及最低费用选择法的区别在于,不涉及最优支出方案选择,其核心在于制定合理的价格和收费标准,以适当约束和限制社会对"公共劳务"的消费量,从而达到防止浪费,节约财政开支,提高财政资金使用效益的目的。

国家对公共劳务的定价,一般分为免费、低价、平价和高价四种。

(1)免费和低价策略,可以促使社会成员最大限度地使用该服务,使该服务获得极大的社会效益。这种定价政策一般适用于那些从国家和民族利益出发,要求在全国范围内普遍使用,但公众可能尚未完全觉悟使用此种公共服务,如强制义务教育、强制注射疫苗等。

(2)平价策略即可以用收取的费用弥补该项公共劳务的人力、物力耗费。从消费方面来说,可以促进社会成员节约使用该项公共劳务;从提供方面来说,政府有了进一步改进和提高公共劳务水平的费用。平价策略一般适用于从全社会的利益来看,无须特别鼓励使用,又无必要特别加以限制使用的公共劳务,如公路、公园、铁路、医疗等。

(3)高价策略即高价提供的公共服务,可以通过适当收费来补偿提供服务的财政支出,一般适用于从全社会利益来看必须限制使用的公共服务项目和限制消费的服务,这样可以提供较多的财政收入。

学以致用

项目三即测即评

项目三问答题

项目四
收支有度 平衡有方——国家预算

【知识目标】

1. 掌握国家预算的定义及分类。
2. 掌握国家预算级次的划分和构成。
3. 熟悉国家预算的编制、执行和决算程序。
4. 理解国家预算管理体制的基本内容。
5. 掌握我国分税制预算管理体制的内容。

【能力目标】

1. 能运用所学国家预算的相关理论知识,结合我国经济现状,分析探究国家预算政策的制定原因。
2. 能运用分税制知识,认识并探究我国目前预算管理体制改革的意义及改进方向。

【素养目标】

1. 深刻认识《中华人民共和国预算法》存在的意义,紧密结合财政部门的最新年度工作报告,作进一步探讨,提升法治观念。
2. 预算数字中体现了党和政府的政策意图,体会党执政为民的思想,感受社会主义制度的优越性。

【引导案例】

新时代呼唤财政新作为

习近平总书记在党的十九大报告中提出:"中国特色社会主义进入新时代。"国家预算如何适应新时代要求?

党的十九大报告向财政工作提出了新的要求,与国家预算相关的要求主要有两点。

一是财政改革重点的排序发生了变化,中央与地方的财政关系调整上升至第一位,具体要求从"建立事权和支出责任相适应的制度"变化为"建立权责清晰、财力协调、区域均衡的中央和地方财政关系"。这是顺应我国地方现实呼声的最好回应,也是发挥好新时代政府作用的体制基础和重要前提,没有科学、规范的政府间财政关系,不可能有效地调动中央和地方政府的积极性。其中,权责清晰是前提,财力协调是保障,区域均衡是方向。

二是关于政府预算制度改革,党的十九大报告的表述从十八届三中全会做出的"实施全面规范、公开透明的预算制度"调整为"建立全面规范透明、标准科学、约束有力的预算制度,全面实施绩效管理",特别加入标准科学、约束有力、绩效管理三方面新要求。从世界预算制度发展史的一般规律来看,约束有力往往排在第一位,其次是标准科学,然后走向规范透明,最后实现绩效管理。此次党的十九大报告新论述,总结国际经验与教训,立足于中国国情,进行了创新发展,为世界财政改革作出中国贡献。

资料来源:http://finance.china.com.cn/news/20171227/4488397.shtml.

【知识导图】

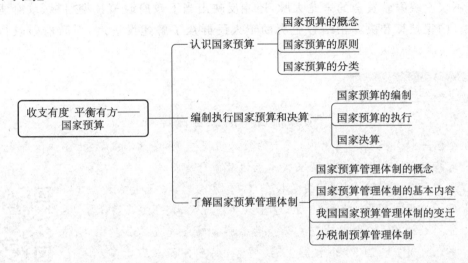

党的十九大报告已从中央与地方的事权和财权、政府预算制度改革等方面为国家改革指明了方向,那么,什么是国家预算? 如何编制、执行国家预算? 中央与地方的财权到底如何划分? 下面一起开始本章学习。

任务一 认识国家预算

"预算"从字面上理解是指在经济上预先盘算,即对未来一定时期内收支安排的预测、计划。它作为一种管理工具,在个人家庭日常生活、企业管理乃至国家行政管理中被广泛采用。国家财政分配不能盲目进行,国家要从社会产品中收取多少,通过什么方式收取,收来的钱用在什么地方,怎样使用,达到什么效果,都必须事先做出估算,并经法定程序予以确认。

一、国家预算的概念

国家预算也称政府预算、财政预算,是一国具有法律效力的基本年度财政收支计划。它反映国家集中性财政收支及平衡状况,具体规定了计划年度内财政收支指标及财政资金的规模、来源以及财政资金的去向和用途,体现了以国家为主体的分配关系。国家预算是国家财政的主要环节,直接体现国家的政策导向,同时它也关系到千家万户,与每个人的生活息息相关。

财经史话:国家预算的前世今生

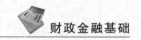

国家预算是具有法律效力的文件。国家预算是国家和政府意志的体现,经过立法机构批准的国家预算,本质上是法律。具体表现为国家预算的级次划分、收支内容、管理职权划分等都是以预算法的形式规定的。预算的编制、执行和决算的过程也是在预算法的规范下进行的,国家预算编制之后要经过国家立法机构审查和批准方能公布生效,从而组织实施。

国家预算反映国家的施政方针和社会经济政策,规定政府活动的范围和内容。国家预算不仅反映财政资金的来龙去脉,还能反映出当下政府政策预期目标、政府建设重点项目。国家预算和决算相结合更有助于人民群众了解建设进度,对政府财政行为进行监督。

财政金融与国计民生

预算报告中的民生保障

在全国一般公共预算支出中,民生的投入占比很大,教育、医疗、社会保障等民生领域的投入持续加大。2023 年,国家账本上记录了什么?

四川广元大石镇小学的一顿学校午餐,有菜有肉,每天饭后还配有不同的水果。这样一顿饭,标准 10 元,学生只要交 5 元,剩下的 5 元,由国家财政支付。2022 年,中央财政安排学生营养膳食补助资金 262 亿元,营养改善计划已经覆盖全国 28 个省份 1 575 个县,每年惠及 3 700 多万学生。农村学生体质健康合格率从 2012 年的 70.3% 提高至 2021 年的 86.7%,与全国学生体质健康合格率相比缩小至 5%。2023 年,中央财政还将继续支持实施营养改善计划,持续改善农村学生的营养健康状况。

链接:关注 2023 年"国家账本"

天津滨海新区的苏玮拿到了维修电工中级技师技能等级证书。这样的培训,他还能申请到 1 500 元的政府培训补贴,实现零成本提升劳动技能。2023 年,中央财政支持大规模开展职业技能培训,全力以赴确保就业大局稳定。

2023 年,国家账本中的民生投入,出现在教育、医疗、社保和就业等众多领域。我们每个人的成长和发展,都是国家的殷殷关切。

现在,我国高等教育毛入学率达到 59.6%,人均预期寿命提高到 78.2 岁,全国居民人均可支配收入增至 3.69 万元,多年累计改造 4 200 多万套棚户区住房。幼有所育、学有所教、劳有所得、病有所医、老有所养、住有所居、弱有所扶,民生财政不断助力织牢织密全球最大的民生保障网。

资料来源:http://www.mof.gov.cn/zhengwuxinxi/caijingshidian/cctv/202303/t20230309_3871510.htm。

二、国家预算的原则

国家预算的原则是指政府选择预算形式和体系时所遵循的指导思想,是国家预算立法、编制及执行所必须遵循的,主要归纳为以下几点。

1. 完整性原则

为了推行国家预算规范化、法制化，国家预算必须包括政府全年的全部预算收支项目，完整地反映政府全部财政收支活动，不得打埋伏、造假账、预算外另列预算。国家允许的预算外收支，也应在预算中有所反映。

2. 统一性原则

虽然一级政府设立一级预算，但所有地方预算连同中央预算共同组成了统一的国家预算。因此，要求设立统一的预算科目，每个科目的金额都应按统一的口径、程序计算和填列。各级政府都只有一个预算，而不能以临时或者特种基金的名义另立。同时，任何机构的收支都要以总额列入国家预算，而不是列入收支相抵后的余额。

3. 公开性原则

国家预算反映政府活动的范围方向和政策，与全体公民的切身利益息息相关，国家预算及执行情况必须采取一定形式进行公开，为人民所了解，并置于人民的监督之下。

4. 可靠性原则

每一收支项目的数字指标必须运用科学的方法，依据充分确实的资料，并总结出规律进行计算，不得假定、估算，更不能任意编造。

5. 年度性原则

国家预算的编制、执行、决算，要有时间上的界定，即所谓预算年度，是指国家预算收支起止的有效期限，通常为一年。国家预算的年度预算要反映全年的财政收支活动，同时不允许将不属于本年度财政收支的内容列入本年度的国家预算之中。

我国的预算年度采取的是公历年制。自公历 1 月 1 日起至 12 月 31 日止。世界上大多数国家采用历年制。也有一些国家的预算年度采用跨年制，跨年制是从每年某月某日至下一年相应日期的前一日止，中间经历 12 个月，但是要跨两个年份。例如，英国、日本、加拿大等国家的预算年度是从每年 4 月 1 日始至下一年度 3 月 31 日止；澳大利亚、巴基斯坦、埃及等国家的预算年度从每年 7 月 1 日至次年 6 月 30 日止；美国、泰国、尼泊尔等国家的预算年度从每年 10 月 1 日始至次年 9 月 30 日止。跨年制以终止时间所在的年度，作为财政年度的名称。如 2023 年 4 月 1 日—2024 年 3 月 31 日称为 2024 财政年度。

三、国家预算的分类

（一）按政府预算的统分关系分类

按政府预算的统分关系，政府预算分为总预算、部门预算和单位预算。

1. 总预算

总预算是各级政府的财政收支计划，是由本级政府预算和下一级政府预算汇总而成的预算。财政部汇总中央预算和地方预算后合编成全国总预算，即国家预算。其中，中央预算由中央各部门的预算组成，地方预算由各省、自治区和直辖市本级预算和下一级预算汇总而成。没有下一级预算的，总预算即指本级预算。如乡镇政府是最基层的一级政府，其政府总预算也就是本级部门汇总的预算。

各级总预算由各级政府财政部门负责编制，并由同级立法机构批准。

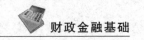

2. 部门预算

部门预算也称分预算,它是反映政府部门收支活动的预算,是指各级政府部门(含直属单位)编制的预算,包括本部门的全部收入和支出,是目前我国政府预算编制的基本组织形式,也是构成政府预算的主要内容。部门预算由政府部门负责编制,财政部门审查,权力机关批准。如国防预算、教育预算就是部门预算。部门预算包括下属单位预算的收入和支出。

3. 单位预算

单位预算是指列入部门预算的政府机关、事业单位、社会团体和其他单位按照政府的统一要求编制的预算,包括各单位的收入和支出。按编制单位的行政组织关系,分为一级预算单位、二级预算单位和三级预算单位。单位预算是部门预算的组成部分。

(二)按预算管理的级次分类

按预算管理的级次,政府预算分为中央预算和地方预算。

1. 中央预算

中央预算是指经法定程序审查批准的,反映中央政府活动的财政收支计划。我国的中央预算由政府各部门(含直属单位)的单位预算组成。中央预算包括地方向中央上解的收入数额和中央对地方返还或者给予补助的数额。所谓"政府各部门",是指与财政部直接发生预算缴款、拨款关系的国家机关、军队、政党组织和社会团体;所谓"直属单位",是指与财政部直接发生预算缴款、拨款关系的企业和事业单位。中央预算在国家预算体系中占主导地位。

2. 地方预算

地方预算是经法定程序批准的,反映地方各级政府的财政收支计划的通称,由各省、自治区、直辖市总预算组成。地方各级国家预算由本级各部门(含直属单位)的预算组成,包括下级政府向上级政府上解的收入数额和上级政府对下级政府返还或者给予补助的数额。所谓"本级各部门",是指与本级政府财政部门直接发生预算缴款、拨款关系的地方国家机关、军队、政党组织和社会团体;所谓"直属单位",是指与本级财政部门直接发生预算缴款、拨款关系的企业和事业单位。

3. 我国的五级预算体系

我国国家预算级次结构是根据国家政权结构、行政区域划分和财政管理体制要求确定的。实行一级政府一级预算的原则。根据《中华人民共和国预算法》规定,设立五级预算:①中央预算;②省级(自治区、直辖市)预算;③市级(设区的市、自治州)预算;④县市级(自治县、不设区的市、市辖区)预算;⑤乡镇级(民族乡、镇)预算。省以下的预算是地方预算。不具备设立预算条件的乡、民族乡、镇,经省、自治区、直辖市政府确定,可以暂不设立预算。

【自主探究】你所在的城市是哪一级预算?如果你家在农村,你所在的乡(或镇)设立预算了吗?

我国的中央预算处于主导地位。它集中了主要财力并担负着具有全国意义的经济和文化建设支出,以及全部国防支出、外交支出等。地方预算在进行本地区的经济、文化建设,支援农业和满足地方其他需要方面发挥着重要的作用,所以地方预算在国家预算中处于基础地位。

（三）按预算编制的形式分类

按预算编制的形式分类,政府预算可分为单式预算和复式预算。

1. 单式预算

单式预算是将全部的财政收入和支出编入一个总预算之中,形成一个收支项目安排对照表,而不区分各项财政收支的经济性质的预算组织形式。这种方法具有较强的完整性和统一性,操作起来也简单易行,但是这种预算方式不能反映各项预算收支的性质,例如资本性支出与消耗性支出的区别,既不利于预算管理和监督,也不利于体现政府在不同领域活动的性质、特点。

2. 复式预算

复式预算是将全部的财政收入与支出按经济性质的对应关系,编制成两个或两个以上的收支平衡表,从而编制成两个或两个以上的预算。中华人民共和国成立以来,我国一直采用单式预算编制方式,从 1994 年开始编制复式预算。

> **知识拓展**
>
> #### 复式预算的产生与发展
>
> 复式预算兴起于 20 世纪二三十年代,是在单式预算的基础上发展演变而来。1927 年,丹麦把国家预算按经济性质分为普通预算和资本预算两部分,从而创立了复式预算制度。复式预算产生后,世界上经历了实行复式预算的高潮,在发达国家和发展中国家迅速普及。但一些国家如美国,实行不久后就取消了复式预算。20 世纪 70 年代后期,丹麦、瑞典等发达国家也停止使用复式预算。从这些国家复式预算的实践来看,复式预算制度的产生、推广直至废弃,是由经济社会的发展变化决定的。

3. 我国"四位一体"的复式预算

《中华人民共和国预算法》规定,我国的国家预算实行"四位一体"的复式预算,包括一般公共预算、政府性基金预算、国有资本经营预算、社会保险基金预算。四大预算功能定位不同,各自保持完整性和独立性。①一般公共预算是以税收为主体的财政收入,安排用于保障和改善民生、推动经济社会发展、维护国家安全、维持国家机构正常运转等方面的收支预算。②政府性基金预算是对依照法律、行政法规的规定在一定期限内向特定对象征收、收取或者以其他方式筹集的资金,专项用于特定公共事业发展的收支预算。③国有资本经营预算是指国家以所有者身份依法取得的国有资本收益,并对所得收益进行分配而产生的各项收支预算。④社会保险基金预算是专项用于社会保险的收支预算,包括基本养老保险基金、失业保险基金、基本医疗保险基金、工伤保险基金、生育保险基金等内容。政府性基金预算、国有资本经营预算、社会保险基金预算要与一般公共预算相衔接。

链接:政府
预算"四本账"

【自主探究】我国为什么要实行"四位一体"的复式预算? 它与单式预算相比,有什么优点?

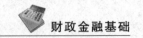

（四）按政府预算的编制方法不同分类

根据政府预算的编制方法不同,分为增量预算和零基预算。

1. 增量预算

增量预算是指在安排本年度预算收支时,在上年度或基期预算安排的基础上,综合考虑本年度经济发展情况,对各项目上年预算安排数额进行增减调整,确定最终预算收支数的一种预算方法。

2. 零基预算

零基预算是在编预算时不考虑上年度财政收支指标,以"零"为基数,根据预算年度国民经济发展的情况和保障政府职能实现的需要,对预算年度财政收支进行科学预测和评估来确定预算收支指标的预算编制方法。零基预算强调一切从计划的起点开始,不受以前各期预算执行情况的干扰。

这种方法可使政府在评价各项目必要性的基础上,确定优先安排的项目,可对不必要或非优先的项目适当进行削减,由此使预算收支更加符合客观实际,提高财政支出效益,节约预算资金。美国是最早采用这种预算编制方法的国家。但零基预算是以对预算收支的科学预测和评估为基础的,其操作比较复杂和繁琐,有很高的信息和技术要求。

（五）按投入项目能否直接反映其经济效果分类

按投入项目能否直接反映其经济效果,可分为项目预算和绩效预算。

1. 项目预算

项目预算是指只反映项目的用途和支出金额,而不考虑其支出经济效果的预算。项目预算的重点在于如何控制资源的投入和使用,保证预算按预定的规则运行,而不强调是否达到政府的政策目标。

2. 绩效预算

绩效预算是指根据成本效益比较的原则,决定支出项目是否必要及金额大小的预算形式。绩效预算强调的是投入与产出的关系,目的在于有效降低政府提供公共产品的成本,提高财政支出的效率。绩效预算具有两大特点:一是绩效预算重视对预算支出效益的考察,预算可以明确反映出所产生的预计效益;二是按职责、用途和最终产品进行分类,并根据最终产品的单位成本和以前计划的执行情况来评判支出是否符合效率原则。

（六）按预算时间长短分类

按预算时间长短分类,国家预算可分为年度预算和中长期预算。

1. 年度预算

年度预算是指预算有效期为1年的政府收支预算。传统意义上的国家预算,主要指年度预算。

2. 中长期预算

中长期预算是指预算有效期为1年以上的财政收支预算。中长期预算是对年度预算具有指导功能的财政发展计划。有些支出项目的建设需要连续跨多个年度拨款才能完成,如大型公共设施建设、国防军备补充等。对于这些项目,就需要制定中长期预算。

任务二　编制执行国家预算和决算

一、国家预算的编制

预算的编制是对未来一段时间内政府收支进行测算和计划的活动。预算的编制工作是整个预算管理工作的起点,我国的预算编制工作是由各级政府负责的,具体工作由政府的财政管理部门部署,各部门、各单位应当按照国务院发布的关于编制下一年度预算的原则和要求,做好年度预算草案的编制工作。

预算草案是指各级政府、各部门、各单位编制的未经法定程序审查和批准的预算收支计划,因而还不是具有法律效力的国家预算。

1. 预算编制前的准备工作

为了及时、准确地编制预算,在国家预算编制之前必须做好以下准备工作:①对本年度预算收支的执行情况进行预计和分析,总结经验,吸取教训,为编制下一年度的预算提供参考;②根据国家的方针政策以及国民经济计划指标,拟订计划年度的预算收支指标,作为编制各级预算的依据和参考;③向各地区、各部门颁发编制国家预算草案的指示和具体规定,以保证国家预算的统一性、完整性和准确性;④修订预算科目和预算表格,以适应国民经济发展的变化和预算管理制度的变化,正确反映预算收支的内容。

2. 国家预算的编制程序

国家预算的编制程序是指编制国家预算的基本步骤,国家预算草案的编制采用"自上而下、自下而上、两上两下、上下结合"的编制程序,具体包括以下步骤。

(1)"一上"。支出部门在收到财政部门的年度预算编制通知之后,对部门下一年度的支出进行测算,编制部门预算建议数,然后上报财政部门。

(2)"一下"。财政部门收到各部门预算建议数后,对各个部门的预算进行审查,然后将审查意见反馈给各部门。在下达反馈意见的同时,财政部门根据往年的预算情况和对未来年度收入的预测,给各个部门下达一个控制数,要求各个部门在控制数内修改部门预算。

(3)"二上"。各个部门在财政部门下达的控制数内重新编制本部门的预算,然后报送给财政部门。财政部门审查各个部门的预算后,汇总编制政府预算。财政部门将政府预算草案报人大常委会初审。初审后形成的政府预算提交人民代表大会审议通过。

(4)"二下"。人民代表大会通过预算后,由财政部门批复给各个部门,开始预算执行。

3. 国家预算的审批

在我国由政府部门编制的国家预算草案必须经全国人民代表大会审议批准才有效,各级地方国家预算草案必须经同级人民代表大会审议批准后才能生效。审批的一般程序:先由财政部门代表本级政府向人民代表大会作预算报告,并提交预算草案,然后由全国人民代表大会财政经济委员会进行具体审查并提出审查报告,提请大会审议表决。审议批准通过后,成为正式的国家预算,并具有法律约束力,非经法定程序,不得改变。

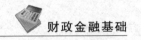

2024 年中央和地方预算（摘要）

受国务院委托，财政部 2024 年 3 月 5 日提请十四届全国人大二次会议审查《关于 2023 年中央和地方预算执行情况与 2024 年中央和地方预算草案的报告》。有关 2024 年中央和地方预算摘要如下。

一、2024 年一般公共预算收入预计和支出安排

1. 中央一般公共预算

中央一般公共预算收入 102 425 亿元，比 2023 年执行数增长 2.9%。加上从中央预算稳定调节基金调入 2 482 亿元、从中央国有资本经营预算调入 750 亿元、上年结转资金 5 000 亿元，收入总量为 110 657 亿元。中央一般公共预算支出 144 057 亿元，增长 2%。收支总量相抵，中央财政赤字 33 400 亿元，通过发行国债弥补，比 2023 年年初预算增加 1 800 亿元。

(1) 中央本级支出 41 520 亿元，增长 8.6%，扣除重点保障支出后增长 0.3%。

(2) 对地方转移支付 102 037 亿元，剔除支持基层落实减税降费和重点民生等专项转移支付、灾后恢复重建和提升防灾减灾救灾能力补助资金等一次性因素后，同口径增长 4.1%。

(3) 中央预备费 500 亿元，与 2023 年持平。

2. 地方一般公共预算

地方一般公共预算本级收入 121 525 亿元，增长 3.7%。加上中央对地方转移支付收入 102 037 亿元、地方财政调入资金及使用结转结余 12 708 亿元，收入总量为 236 270 亿元。地方一般公共预算支出 243 470 亿元，增长 3%。地方财政赤字 7 200 亿元，通过发行地方政府一般债券弥补，与 2023 年持平。

3. 全国一般公共预算

汇总中央和地方预算，全国一般公共预算收入 223 950 亿元，增长 3.3%。加上调入资金及使用结转结余 20 940 亿元，收入总量为 244 890 亿元。全国一般公共预算支出 285 490 亿元（含中央预备费 500 亿元），增长 4%。赤字 40 600 亿元，比 2023 年年初预算增加 1 800 亿元。

二、2024 年政府性基金预算收入预计和支出安排

中央政府性基金预算收入 4 474.52 亿元，增长 1.3%。加上 2023 年结转收入 391.87 亿元、超长期特别国债收入 10 000 亿元，收入总量为 14 866.39 亿元。中央政府性基金预算支出 14 866.39 亿元。

地方政府性基金预算本级收入 66 327.53 亿元，增长 0.1%。加上中央政府性基金预算对地方转移支付收入 6 153.48 亿元、地方政府专项债务收入 39 000 亿元，收入总量为 111 481.01 亿元。地方政府性基金预算支出 111 481.01 亿元，增长 15.5%。

汇总中央和地方预算，全国政府性基金预算收入 70 802.05 亿元，增长 0.1%。加上 2023 年结转收入 391.87 亿元、超长期特别国债收入 10 000 亿元、地方政府专项债务收入 39 000 亿元，收入总量为 120 193.92 亿元。全国政府性基金预算支出 120 193.92 亿元,增长 18.6%。

三、2024 年国有资本经营预算收入预计和支出安排

中央国有资本经营预算收入 2 392.4 亿元,增长 5.7%。加上 2023 年结转收入 107.35 亿元,收入总量为 2 499.75 亿元。中央国有资本经营预算支出 1 749.75 亿元,增长 17%。

地方国有资本经营预算本级收入 3 532.74 亿元,下降 21.1%,主要是 2023 年地方资产处置等一次性收入较多、基数较高。地方国有资本经营预算支出 1 571.9 亿元,下降 17%。

汇总中央和地方预算,全国国有资本经营预算收入 5 925.14 亿元,下降 12.1%。加上 2023 年结转收入 107.35 亿元,收入总量为 6 032.49 亿元。全国国有资本经营预算支出 3 282.49 亿元,下降 1.9%。调入一般公共预算 2 750 亿元。

四、2024 年社会保险基金预算收入预计和支出安排

中央社会保险基金预算收入 494.02 亿元,增长 31.6%;支出 486.97 亿元,增长 25.2%。地方社会保险基金预算收入 116 997 亿元,增长 5.3%;支出 106 336.33 亿元,增长 7.5%。汇总中央和地方预算,全国社会保险基金预算收入 117 491.02 亿元,增长 5.4%。全国社会保险基金预算支出 106 823.3 亿元,增长 7.6%。本年收支结余 10 667.72 亿元,年末滚存结余 139 450.44 亿元。

2024 年,国债限额 352 008.35 亿元;地方政府一般债务限额 172 689.22 亿元、专项债务限额 295 185.08 亿元。

资料来源:https://www.gov.cn/yaowen/liebiao/202403/content_6936792.htm。

二、国家预算的执行

国家预算一经批准,就进入预算的执行阶段。正确组织预算执行工作是实现预算收支任务的核心工作,是预算管理的重要组成部分。政府预算的执行由各级政府具体组织预算实施,包括组织预算收入、安排与使用财政资金和预算平衡的全过程,是政府预算管理的重要环节。

(一) 国家预算执行机构

(1)组织领导机构。我国国家预算的执行按照行政体制实行分级管理,国务院和各级人民政府是政府预算执行的组织领导机构。

(2)执行管理机构。国家预算的执行管理机构是各级政府的财政部门,负责组织预算的执行工作。

(3)具体执行机构。①收入的执行机构包括财政机关、税务机关和海关。财政机关负责征收规费收入、公产收入、罚没收入及其他杂项收入;税务机关是负责征收预算收入的主要机构,负责征收除关税,进出口环节的增值税、消费税以外的其他税收;海关负责征收关税及进出口环节的增值税、消费税等。②支出的执行机构主要是各级财政部门、政策性银行。

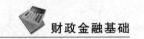

（4）预算资金的出纳机构。预算资金的出纳机构是国家金库,我国由中国人民银行经理国库业务。不设人民银行的地方,国库业务委托当地的专业银行办理。有关国家金库的具体内容见项目五任务二。

（二）组织预算执行平衡

1. 预算收入的执行

预算收入的执行是预算执行工作的首要环节。预算收入的执行工作是由财政部门统一负责组织的,各级财政部门要加强预算管理,制定完善组织收入的各项规章制度。按国家税法和其他法规的规定,保证及时、准确、足额地完成国家规定的收入并缴纳入库。一切有预算收入上缴任务的部门和单位,应依据法律、法规和规章制度,将应当上缴的资金上缴国库,不得截留、占用、挪用和拖欠。各级政府和预算收入执行机关不得乱开减少预算收入的口子,任何单位和个人不得擅自减少预算收入。

2. 预算支出的执行

预算支出的执行,是在国家统一领导、统一计划下,由财政部门、上级主管部门和国家金库等支出机关具体负责执行。预算支出应根据年度支出计划和季度计划,按计划、按进度、按指定用途、按预算级次划拨预算资金,并及时对预算支出情况进行监督、检查和分析,以充分提高预算资金的使用效益。任何部门、单位和个人不得自行增加新的预算支出项目,防止突破预算支出指标和范围,影响预算平衡的实现。

数说财金

2022 年全国教育经费执行情况统计公告（摘）

1. 全国教育经费情况

2022 年,全国教育经费总投入为 61 329.14 亿元,比 2021 年增长 5.97％。其中,国家财政性教育经费（主要包括一般公共预算安排的教育经费,政府性基金预算安排的教育经费,国有及国有控股企业办学中的企业拨款,校办产业和社会服务收入用于教育的经费等）为 48 472.91 亿元,比 2021 年增长 5.75％。

2. 一般公共预算教育经费情况

2022 年全国一般公共预算教育经费（包括教育事业费、基建经费和教育费附加）为 39 256.96 亿元,比 2021 年增长 4.79％。其中,中央财政教育经费 5 715.56 亿元,比 2021 年同口径增长 2.7％。

2022 年全国按在校学生人数平均的一般公共预算教育经费为 15 731.97 元,比 2021 年增长 2.44％。其中:全国幼儿园为 10 198.39 元,比 2021 年增长 7.29％,增长最快的是新疆维吾尔自治区（33.09％）。全国普通小学为 12 791.64 元,比 2021 年增长 3.32％,增长最快的是山西省（10.38％）。全国普通初中为 18 151.98 元,比 2021 年增长 2.14％,增长最快的是西藏自治区（9.82％）。全国普通高中为 19 117.92 元,比 2021 年增长 1.64％,增长最快的是福建省（11.03％）。全国中等职业学校为 17 461.54 元,比 2021 年增长 2.14％,增长最快的是宁夏回族自治区（21.51％）。全国普通高等学校为 22 205.41 元,比 2021 年下降 1.69%,增长最快的是四川省(13.42%)。

2022 年全国国内生产总值为 1 210 207.2 亿元,国家财政性教育经费占国内生产总值比例为 4.01%。

资料来源:https://www.gov.cn/zhengce/zhengceku/202312/content_6918276.htm.

3. 组织预算收支平衡

组织预算收支平衡是预算执行中的经常性工作。由于预算是在年初编制的收支计划,执行过程中受多方面因素的影响,往往会出现减收增支而使预算收支不平衡的现象,因而要经常组织预算收支新的平衡,尽量缓解减收增支的矛盾,确保重点项目支出的需要,保证国家预算收支任务的完成。可以说预算执行过程,就是不断组织新的预算收支平衡的过程。

(三)预算调整

预算调整是组织预算收支新的平衡的重要方法,是指经全国人民代表大会批准的中央预算和经地方各级人民代表大会批准的本级预算,在执行中因特殊情况需要增加支出或减少收入,使总支出超过总收入,或者使原批准的预算中举借债务的数额增加的部分变更。在预算执行过程中,预算调整按调整幅度不同可以分为全局调整和局部调整。全局调整只有在某些特殊情况下,国家对年度国民经济和社会发展计划作出重大调整时,才会发生。由于主客观原因,预算的局部调整是经常的,主要包括以下几项。

1. 预算的追加和追减

在原核定的预算数基础上增加收入或支出的,称为预算追加;在原核定的预算数基础上减少收入或支出的,称为预算追减。在预算执行过程中,由于经济建设和社会发展计划的调整等原因而需要追加或追减预算的,可编制预算调整方案,经审核批准后办理。

2. 动用预备费

预备费是在编制预算时按支出总额的一定比例设置的不指定具体用途的预算后备基金,《中华人民共和国预算法》规定,各级国家预算应当按照本级预算支出额的一定比例设立预备费。设立预备费的目的是用以解决预算执行过程中难以预料的急需开支。在预算执行过程中,如果发生了未预料到的自然灾害或重大政治、经济变革等突发事件,导致出现预算安排时没有列入又必须解决的支出时,经批准可以动用预备费。

中央预备费的动支需要经过国务院的批准,而地方预备费的动支则需要经过同级人民政府的批准。各级人民政府预算预备费的动用方案通常由财政部门提出,并报本级政府决定。

3. 预算科目之间的经费流用

经费流用又称预算流用、科目流用,是指在预算执行过程中,各科目的资金使用情况不尽相同,有的出现盈余,有的出现短缺。在保证完成原定发展目标的基础上,在不突破预算支出总额的前提下,通过改变部分资金用途,形成资金的再分配,以调整预算支出的余缺。

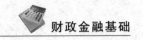

4. 预算划转

预算划转是指由于行政区划或企事业单位行政隶属关系的改变,必须同时改变其预算的隶属关系,并及时将全年预算划归新接管地区或单位,以保证财权和事权的统一。

预算调整应当由各级政府编制调整方案,提请各级人民代表大会或人民代表大会常务委员会审查和批准,未经批准不得调整预算。各部门、各单位的预算支出,不同科目间需要调整使用的,必须按财政部门的规定报经批准。

三、国家决算

(一) 国家决算的概念

国家决算是指经法定程序批准的年度预算执行结果的总结,由决算报表和文字说明两部分组成。国家决算反映着年度国家预算收支的最终结果,也是一国政治、经济活动在财政上的集中反映。一般来说,国家决算体系与国家预算体系相同,有一级政府,就要编制一级决算。

通过编制国家决算,可以看出年度预算的执行情况,对这些情况进行分析研究,可以积累预算统计资料,总结预算工作经验,探索出一些有关预算管理活动的规律,从而使下年度预算建立在更加可靠的基础上,使预算管理水平得到提高。

(二) 国家决算的编制和审批

国家决算的编制程序是自下而上,逐级汇总。即从执行预算的基层单位开始,自下而上地进行编制、审核和汇总。

在年度终了后,各基层单位按照财政部门下达的有关规定和要求,准确、及时地编制单位决算,逐级汇总上报,由各主管部门将汇总单位决算报送同级财政部门,由财政部门汇编总决算。各级财政部门将同级各主管部门报送的汇总单位决算进行审核后,连同本级财政决算一起汇编成总决算。

《中华人民共和国预算法》规定:国务院财政部门编制中央决算草案,报国务院审定后,由国务院提请全国人民代表大会常务委员会审查和批准。县级以上地方各级政府财政部门编制本级决算草案,报本级政府审定后,由本级政府提请本级人民代表大会常务委员会审查和批准。乡、民族乡、镇政府编制本级决算草案,提请本级人民代表大会审查和批准。

任务三 了解国家预算管理体制

一、国家预算管理体制的概念

国家预算管理体制是确定中央和地方政府之间、地方各级政府之间的预算收支范围和管理权限的根本制度。它是财政管理体制的重要组成部分,也是处理政府之间财政关系的基本规范。其实质是正确处理中央和地方之间财权、财力的划分,也就是预算管理和资金分配上的集权与分权、集中与分散的关系问题,体现中央与地方在财政管理中的权利与义务。

二、国家预算管理体制的基本内容

国家预算管理体制的根本任务是划分预算收支范围和规定预算管理职权,促使各级政府明确各自的责、权、利,发挥各级政府理财积极性,促进国民经济和社会事业的发展。国家预算管理体制的主要内容如下。

1. 确定预算管理的主体和级次

我国实行一级政府一级预算,相应设立中央、省(自治区、直辖市)、市级(设区的市、自治州)、县级(自治县、不设区的市、市辖区)、乡(民族乡、镇)五级国家预算。

2. 预算收支范围的划分

预算收支范围的划分实际上是确定中央和地方以及地方各级政府各自的事权和财力。收支范围划分是否合理,关系到国家预算管理体制的运行是否有效率,各级政府的职能能否充分体现,各层次的公共需要能否有效满足,因而是国家预算管理体制设计的核心问题。为了提高资源配置的效率,调动中央和地方的积极性,收支范围往往按照"统筹兼顾,全面安排""事权与财权统一""收支挂钩,权责结合"等原则来确定。

3. 预算管理权限的划分

预算管理权是指国家预算方针政策、预算管理法律、法规的制定权、解释权和修订权;国家预算和决算的编制审批权;预算执行、调整和监督权等。

根据《中华人民共和国预算法》的规定,预算管理相关职权的具体划分如下。

(1)各级人民代表大会主要负责审查、批准本级总预算草案及本级总预算执行情况的报告;改变或者撤销本级人民代表大会常务委员会关于预算、决算的不恰当的决议或者命令。

(2)各级人大常务委员会主要负责监督本级总预算草案的执行;审查和批准本级预算的调整方案和本级决算,撤销本级人民政府和下一级人民代表大会关于预算、决算的不恰当的决定、命令和决议。

(3)各级政府主要负责编制本级预算、决算草案,向本级人民代表大会作本级总预算的报告,汇总下一级政府报送的预算并报本级人大常委会备案,组织本级总预算的执行,决定本级预算预备费的动用,编制本级预算的调整方案,监督本级各部门和下级政府的预算执行;改变或者撤销本级各部门和下级人民政府关于预算、决算的不恰当的命令或者决定,向本级人民代表大会、人民代表大会常务委员会报告本级预算的执行情况。

(4)各级财政部门主要负责具体编制本级预算、决算草案;具体组织本级总预算的执行;提出本级预备费动用方案;具体编制本级预算的调整方案;定期向本级政府及上一级政府的财政部门报告本级总预算的执行情况。

(5)各部门根据国家预算法律、法规,制定本部门预算具体执行办法;编制本部门预算

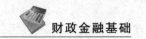

草案;组织和监督本部门预算执行;定期向本级财政部门报告预算的执行情况,编制本部门决算草案。

(6) 各单位负责编制本单位的预算决算草案,按照规定上缴预算收入,安排预算支出,并接受国家有关部门的监督。

三、我国国家预算管理体制的变迁

中华人民共和国成立以来,我国国家预算管理体制经过多次改革,总趋势是根据"统一领导、分级管理"的原则,由高度集中的预算管理体制逐步过渡到在中央统一领导下分级管理的预算体制。大体经历了"统收统支→适当放权→分灶吃饭→分税制"的沿革。从1994年起实行的分税制至今仍在不断完善之中。

1. 统收统支、高度集权的预算管理体制

这是我国 1950—1952 年国民经济恢复时期,曾实行过的预算管理体制。这一阶段包括 1950—1952 年经济恢复时期的"统收统支"预算管理体制、1961—1965 年的"全国一盘棋"预算管理体制等。在该体制下,财力、财权高度集中于中央,地方政府没有财权,所有财政收入统一上缴中央,地方支出再统一由中央拨付。在特定的历史条件下,这种预算管理体制起到了重要作用,但是不利于调动地方财政的积极性。

2. 以中央集权为主、适当下放财权的预算管理体制

这一阶段包括 1953—1957 年的划分收支、分类分成、分级管理体制和 1958—1960 年的下放财权的财政管理体制。

分类分成是将地方政府组织的全部预算收入分解成若干个项目,逐项确定中央与地方的分成比例的方法,而"总额分成"则将地方政府组织的全部收入,按规定比例在中央与地方之间进行分成,分成比例一般按中央批准的地方预算支出总额占其收入总额的百分比确定。

在下放财权的财政管理体制下,中央政府统一制定预算政策和制度,地方分级管理:有关税权集于中央,由地方组织征收,分别入库;中央确定地方预算的支出范围;中央统一进行地区间的调剂;地方以支定收,结余留用。这种体制是财权、财力高度集中于中央,对地方基本上实行统收统支的办法,地方政府有一定的财权和财力,但非常小。

3. 逐步分权的财政包干的预算管理体制

这一阶段包括 1980—1984 年的"划分收支、分级包干"预算管理体制、1985—1987 年的"划分税种、核定收支、分级包干"体制,以及 1988—1993 年采用不同形式"财政包干"管理体制。

包干办法是在核定预算收支的基础上,对于收大于支的地区,将收入的一部分采用一定办法包干上解中央;支大于收的地区,对其收不抵支的差额由中央包干补助。在中央统一领导和统一计划下,更多地给地方下放财权,增加财力,以利于地方统筹安排本地区的经济文化事业。该体制在总额分成的基础上对增收或超收部分加大地方留成比例,通过多收多得的激励机制鼓励地方,特别是富裕地区增收的积极性,从而保证全国财政收入的不断增长。

由于财政包干的地方收支数仍由中央统一核定,使得中央和地方之间的财力分配关系极不稳定,虽然打破了统收局面,但并没有打破统支局面,并且使中央集中的财力过少,负担过重,中央和地方的收支彼此互相挤占,造成中央预算比重下降。地方保护主义日益严重,在一定程度上阻碍了经济的正常发展,而且由于分配关系没有理顺,地方财力虽有增强,但财政不独立,还不能形成真正独立的一级政府、一级预算。

4. 分税制预算管理体制

我国自 1994 年开始实行分税制预算管理体制,即采取的是收入集权、支出分权的"分税制改革",与之配套的是成立了"国税"与"地税"两套税收系统。这是一种比较理想的体制,维护了整个国家的稳定,也促进了我国综合国力的提升,已经实施 30 年,目前仍在不断完善之中。

四、分税制预算管理体制

(一)分税制预算管理体制的内涵与特征

链接:预算
管理一体化

分税制预算管理体制,简称分税制,是指在明确划分中央政府和地方政府职责和支出范围的基础上,主要按税种来划分各级政府的预算收入,各级预算相对独立的一种预算管理体制。该体制下各级次间和地区间的差别通过转移支付制度进行调节,它是市场经济国家普遍推行的一种财政管理体制模式。

其主要要点如下:①一级政府、一级预算主体,各级预算相对独立。②在明确划分各级政府职责的基础上划分各级预算支出范围。由于各级政府职责分工明确,各级预算重点和层次分明,除国防费和行政管理费外,中央以社会福利、社会保障和经济发展为主;地方预算以科教文卫体事业和市政建设为主。③收入划分实行分税制。在收入划分比例上,中央预算居于主导地位。在税收划分方法上,主要按税种进行划分,也可以对同一税种按不同税率分配或实行共享制。④对预算收入水平的差异通过政府间转移支付制度加以调节,这种方法也称预算调节制度。其方式主要分为纵向调节和横向调节:纵向调节是中央从地方征收国税,同时对每个地方给予补助;横向调节是实行地区间的互助式调节,不再通过中央预算。

(二)我国分税制预算管理体制的主要内容

为了进一步理顺中央与地方的财政关系,更好地发挥国家财政的职能,增强中央的宏观调控能力,1994 年 1 月 1 日,国务院发布的《关于实行分税制财政管理体制的决定》实施,从 1994 年起对省、自治区、直辖市以及计划单列市实行分税制预算管理体制,主要内容如下。

1. 中央与地方的事权和支出划分

根据现行中央与地方政府事权的划分,中央财政主要承担国家安全、外交和中央国家机关运转所需经费,调整国民经济结构、协调地区发展、实施宏观调控所必需的支出,以及由中央直接管理的社会事业发展支出。主要包括中央统管的基本建设投资,中央直属企业的技术改造和新产品试制费,地质勘探费,国防费,武警经费,外交和援外支出,由中央财政安排的支农支出,中央级行政管理费和文化、教育、卫生、科学等各项事业支出,以及应由中央负担的国内外债务的还本付息支出。

地方财政主要承担本地区政权机关运转所需支出以及本地区经济、社会事业发展所需支出,具体包括地方筹建的基本建设投资,地方行政管理费,地方企业的技术改造和新产品试制费,支农支出,城市维护和建设经费,地方行政管理费,部分武警经费,民兵事业费,地方文化、教育、卫生等事业费,价格补贴支出以及其他支出。

2. 中央与地方的收入划分

根据事权与财权结合的原则,按税种划分中央与地方收入。采取的原则是将维护国家权益、实施宏观调控所必需的税种划分为中央税;把一些收入稳定、数额较大,具有中性特征税种等作为中央与地方共享税;将一些与地方经济和社会发展关系密切以及适合地方征管的税种划分为地方税,增加地方税收入。具体划分情况如下。

(1)中央固定收入。中央固定收入包括关税,消费税,海关代征的进口环节增值税和消费税,地方银行、外资银行、非银行金融企业上缴的所得税,铁道、各银行总行、各保险公司等集中缴纳的税收收入(包括所得税、利润和城市维护建设税),中央企业上缴的利润,车辆购置税等。

(2)地方固定收入。地方固定收入包括地方企业上缴利润,城镇土地使用税,城市维护建设税(不含铁道、各银行、各保险公司集中缴纳的部分),房产税,车船税,印花税,农业特产税,耕地占用税,契税,土地增值税,环境保护税,国有土地有偿使用收入等。

(3)中央与地方共享收入。中央与地方共享收入包括增值税、证券交易税、企业所得税、个人所得税、资源税等。中央与地方政府具体的分享比例或税目根据财政体制和经济发展状况的阶段性会有所调整。

3. 分设两套税务征收机构

1993年以前,我国只有一套税收征收机构,中央税主要依靠地方税务机构代征,这样容易造成征管职责和权限划分不清,既不利于保障中央财政收入,又不利于调动地方组织收入的积极性。1994年分税制改革后,与收入划分相配套,建立中央和地方两套税务征收机构,即国家税务总局和地方税务局,分别征管。中央税、地方税和共享税的立法权集中在中央,共享税中地方分享部分由国家税务总局直接划入地方金库。

财经素养:国税地税合并的意义

根据2018年3月中共中央印发的《深化党和国家机构改革方案》,为降低征税成本,理顺职责关系,提高征管效率,为纳税人提供更加优质高效便利服务,将省级和省级以下国税与地税机构合并,具体承担所辖区域内各项税收、非税收征管等职责。

4. 税收返还和地方上解

在分税制改革的初期,为了保持地方的既得利益逐步过渡到规范化的财政体制,还实行了税收返还制度,包括增值税返还、所得税基数返还、成品油价格和税费改革税收返还三项。最初,中央财政对地方税收返还的数额以1993年为基期年核定。随着经济发展进入中国特色社会主义建设新时代,中央财政对地方财政的税收返还政策将有所调整。

地方上解主要是指地方按有关法律、法规或财政体制规定上解中央的各项收入,2009年为简化中央与地方财政结算关系,中央财政将地方上解与中央对地方税收返还做对冲处理,相应取消地方上解中央收入科目。

5. 转移支付

中央财政除对地方实行税收返还外,还实行转移支付制度。现行转移支付制度主要包括两类:一类是一般性转移支付,主要功能是缓解地方财力紧张,推进地方间基本公共服务均等化;另一类是专项转移支付,包括预算专项拨款、国债补贴,重点用于教育医疗卫生、社会保障和支农等领域。

学以致用

项目四即测即评

项目四问答题

项目五
监督有力 提质增效——政府采购和国库集中收付制度

【知识目标】

1. 理解政府采购的概念,了解政府采购的原则。
2. 掌握政府采购的内容与限额、执行模式与方式。
3. 掌握国库单一账户体系的构成。
4. 理解国库集中收付方式与程序。

【能力目标】

1. 能运用政府采购制度相关理论分析政府采购的合规性,并办理具体的政府采购业务。
2. 能理解国库单一账户体系各环节的具体内容,并运用所学知识分析预算单位具体支付业务的支付方式。

【素养目标】

1. 对经济政策的认识从预算单位层面上升到国家层面,提高整体素质。
2. 培养法治意识和爱国情怀,政府采购制度要加强监督,严防腐败,提高财政资金的使用效率,真正做到以人民为中心,满足社会公共需要。
3. 国库集中收付制度要求从业者严守财经法规,以廉养德,忠诚干净,做爱国诚信的财经工作者。

【引导案例】

政府采购,如何"不买贵的,只买对的"(节选)

媒体曝出政府采购劣质货或购进高价货的新闻,引起社会关注。例如,重庆市合川区政府采购中心为该区 19 所学校采购的 2 000 多套上下铺木床,质量低劣;广州市番禺区政府采购中心为番禺中心医院采购空调设备,报价 1 707 万元的某集团落标,而报价 2 151 万元的另一家公司却中标。

政府采购本是为了规范政府采购行为,提高政府采购资金使用效益的一种集中采购方式。人们对政府采购的期盼是"不买贵的,只买对的"。那么,如何让政府采购"只买对的"呢?

政府采购"只买对的",这个"对"的衡量标准,最关键的就是"质优价廉"。《中华人民共和国政府采购法》指出："集中采购机构进行政府采购活动,应当符合采购价格低于市场平均价格、采购效率更高、采购质量优良和服务良好的要求。"从媒体披露的情况看,重庆合川采购的上下铺木床,只注重了"最低价中标",忽视了"质优",而番禺政府采购中心在采购空调设备时,忽视了"价廉"。

政府采购出现此类问题的重要原因是不够透明。事关公共利益和纳税人利益的政府采购,往往封闭运作,到底是买了"贵的"还是买了"对的",公众并不知情。常因缺少第三只"眼"监督而出现"暗箱操作"。

政府采购实际上是政府代纳税人采购,采购过程应该阳光透明,接受社会监督,倒逼政府采购招投标机制趋于公平公正,破除采购中的"潜规则"、暗箱操作等顽疾,维护公平公正的市场环境,维护政府采购相关法律制度的权威,维护公权机关的清正廉明。

资料来源:http://www.sohu.com/a/217609995_100046245.

【知识导图】

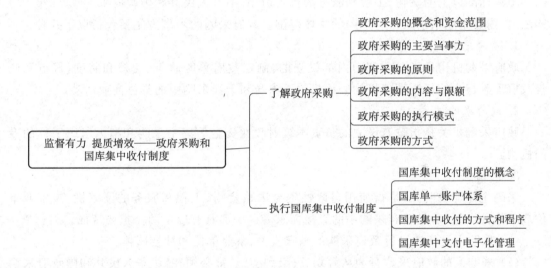

任务一　了解政府采购

一、政府采购的概念和资金范围

1. 政府采购的概念

政府采购是指各级国家机关、事业单位和团体组织,为从事日常活动或为了满足公共服务的目的,使用财政性资金采购依法制定的集中采购目录以内的或者采购限额标准以上的货物、工程和服务的行为。

链接:深入推进
多领域政府
购买服务改革

政府采购制度是在长期的政府采购实践中形成的对政府采购行为进行管理的一系列法律和惯例的总称。具体来说,政府采购制度包括以下内容:①政府采购政策,包括采购的目标与原则;②政府采购的方式与程序;③政府采购的组织

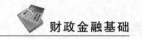

管理。

2. 政府采购的资金范围

采购资金的性质是确定采购行为是否属于政府采购制度规范范围的重要依据。政府采购资金为财政性资金,财政性资金是指预算内资金、预算外资金,以及与财政资金相配套的单位自筹资金的总和。

二、政府采购的主要当事方

政府采购当事方是指在政府采购活动中享受权利和承担义务的各类主体。包括采购人、供应商和采购代理机构等。

《中华人民共和国政府采购法》规定:在我国境内,各级国家机关、事业单位和团体组织使用财政性资金采购依法制定的集中采购目录以内的或者采购限额标准以上的货物、工程和服务的行为适用《中华人民共和国政府采购法》。国有企业未纳入政府采购的主体范围。政府采购的当事方主要包括以下几种。

1. 政府采购机构

政府采购机构是指财政部门内部设立的,制定政府采购政策、法规和制度,规范和监督政府采购行为的行政管理机构。该机关不参与和干涉采购中的具体商业活动。

2. 政府采购机关

政府采购机关是指政府设立的负责本级财政性资金的集中采购和招标组织工作的专门机构。

3. 采购主体

采购主体即采购人,是指使用财政性资金采购货物、工程和服务的国家机关、事业单位或其他社会组织,是政府采购中的直接需求者。一般具有以下两个重要特征。

(1) 采购人是依法进行政府采购的国家机关、事业单位和社会团体。

(2) 采购人的政府采购行为从筹划、决策到实施,都必须在《中华人民共和国政府采购法》等法律、法规的规范内进行。

采购主体有在特殊情况下提出特殊要求的权利。例如,纳入集中采购目录属于本部门、本系统有特殊要求的项目,可以实行部门集中采购;属于本单位有特殊要求的项目,经省级以上人民政府批准,可以自行采购。

4. 政府采购社会中介机构

政府采购社会中介机构是指依法取得招标代理资格,从事招标代理业务的社会中介组织。采购代理机构是指具有一定条件,经政府有关部门批准而依法拥有政府代理资格的社会中介机构。采购代理机构分为集中采购机构和一般采购代理机构。

集中采购机构是进行政府集中采购的法定代理机构,由设区的市、自治州以上人民政府根据本级政府采购项目组织集中采购的需要而设立。集中采购机构完全是为了向采购人提供采购服务而设立的,它不是政府机关,而是非营利性的事业法人。一般采购代理机构应是依法成立并具有法人资格的社会中介机构,在代理过程中,会向委托人或中标人收取一定的服务费。一般采购代理机构的资格由国务院有关部门或省级人民政府有关部门认定,主要负责分散采购的代理业务。

5. 供应商

供应商是指与采购人可能或者已经签订采购合同,向采购人提供货物、工程或者服务的法人、其他组织或者自然人。两个以上的自然人、法人或者其他组织可以组成一个联合体,以一个供应商的身份共同参加政府采购。

《中华人民共和国政府采购法》规定,供应商参加政府采购活动应当具备以下条件:①具有独立承担民事责任的能力;②具有良好的商业信誉和健全的财务会计制度;③具有履行合同所必需的设备和专业技术能力;④有依法缴纳税收和社会保障资金的良好记录;⑤参加政府采购活动前3年内,在经营活动中没有重大违法记录;⑥法律、行政法规规定的其他条件。

6. 政府采购资金管理部门

政府采购资金管理部门是指编制政府采购资金预算、监督采购资金的部门,包括财政部门和采购单位的财务部门。

【自主探究】政府采购与个人购买有何不同?

三、政府采购的原则

政府采购的原则是贯穿在政府采购计划中为实现政府采购目标而设立的一般性原则。

1. 公开透明原则

公开透明原则是政府采购必须遵循的基本原则之一,政府采购被誉为"阳光下的交易"即源于此。政府采购的资金来源于纳税人缴纳的各种税款,只有坚持公开透明原则,才能为供应商提供公平竞争的环境,为监督政府采购资金的使用情况创造条件。依据《中华人民共和国政府采购法》的规定,公开透明原则要求做到政府采购的法规和规章制度公开,招标信息、中标及成交结果公开,开标活动公开,投诉处理结果或司法裁定等都要公开,使政府采购活动在完全透明的状态下运作。

【自主探究】按照法律规定,政府采购信息必须在政府采购监督管理部门指定的媒体上公开发布。那政府采购信息为什么要在指定的媒体上公示?

2. 公平竞争原则

公平竞争原则是市场经济运行的重要法则,也是政府采购的基本规则。公平竞争原则要求在确保公平的前提下充分引入竞争机制。首先,要将竞争机制引入采购活动中,实行优胜劣汰,让采购人通过优中选优的方式,获得价廉物美的货物、工程或者服务,提高财政性资金的使用效益。其次,竞争必须公平,不能设置妨碍充分竞争的不正当条件。

3. 公正原则

公正原则是为采购人与供应商之间在政府采购活动中处于平等地位而确立的。公正原则要求政府采购要按照事先约定的条件和程序进行,对所有供应商一视同仁,不得有歧视条件和行为,任何单位或个人无权干预采购活动的正常开展。尤其是在评标活动中,要严格按照统一的评标标准评定中标或成交供应商,不得存在任何主观倾向。为了实现公正原则,《中华人民共和国政府采购法》提出了评标委员会及有关的小组人员必须有一定

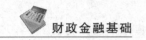

数量的要求,要有各方面代表,而且人数必须为单数,相关人员要回避,同时规定了保护供应商合法权益的方式。

知识拓展

政府采购中的回避制度

《中华人民共和国政府采购法》第十二条规定,采购人员及相关人员与供应商有利害关系的,必须回避。采购人员及相关人员在什么情况下属于与供应商存在利害关系呢?主要有以下几种情况:现在或者在采购活动发生前三年内,与供应商存在雇佣关系,担任供应商的财务、法律或技术顾问,是供应商的控股股东或者实际控制人;与供应商的法定代表人或负责人有直系血亲、三代以内旁系血亲及姻亲关系;与供应商之间存在其他影响政府采购活动依法进行的利害关系。

4. 诚实信用原则

诚实信用原则是发展市场经济的内在要求,约束的是政府采购活动中的各方当事人。一方面,要求采购主体在项目发标、信息公布、评标审标过程中要真实,不得有所隐瞒;另一方面,要求供应商在提供货物、服务时达到投标时做出的承诺,树立相应的责任意识。

数说财金

2022我国政府采购基本情况

近年来,我国政府采购规模快速增长,2022年我国全国政府采购规模为 34 993.1 亿元,政府采购占全国财政支出和 GDP 的比重分别为 9.4% 和 2.9%。其中,货物、工程、服务政府采购规模分别为 9 027.5 亿元、15 664.1 亿元和 10 301.5 亿元,占全国政府采购规模比例分别为 25.8%、44.8% 和 29.4%。在组织形式上,政府集中采购、部门集中采购、分散采购规模分别为 7 676.8 亿元、2 609.7 亿元和 24 706.5 亿元,占全国政府采购规模的 21.9%、7.5% 和 70.6%。在采购方式上,公开招标、邀请招标、竞争性谈判、竞争性磋商、询价、单一来源采购规模分别占全国政府采购规模的 77.2%、0.8%、2.2%、11.0%、0.9% 和 3.3%。从国际经验来看,实行政府采购资金节约率一般为 10% 以上。正因为如此,政府采购对社会经济发展状况、产业结构以及公众生活环境都有着十分明显的影响,已成为支持国货、反腐倡廉的重要手段。

四、政府采购的内容与限额

1. 政府采购的内容

政府采购的内容应当是依法制定的《政府集中采购目录及标准》以内的货物、工程和服务,或者虽未列入《政府集中采购目录及标准》,但采购金额超过了规定的限额标准的货物、工程和服务。

《政府集中采购目录及标准》中的政府采购内容涉及货物、工程和服务。采购是指以合同方式有偿取得货物、工程和服务的行为，包括购买、租赁、委托、雇佣等。货物是指各种形态和种类的物品，包括原材料、燃料、设备、产品等；工程是指建设工程，包括建筑物和构筑物的新建、改建、扩建、装修、拆除、维修等；服务是指除货物和工程以外的其他政府采购对象。

《政府集中采购目录及标准》中的采购内容，无论金额大小都属于政府采购的范围。

政府采购应当采购本国货物、工程和服务，但有下列情形之一的除外。

（1）需要采购的货物、工程或者服务在中国境内无法获取或者无法以合理的商业条件获取的。

（2）为在中国境外使用而进行采购的。

（3）其他法律、行政法规另有规定的。

2. 政府采购的限额

在《政府集中采购目录及标准》以外的采购内容，如果采购金额超过政府采购的最低限额标准，也属于政府采购的范围。《政府集中采购目录及标准》和政府采购最低限额标准的制定实行分级管理。其中，属于中央预算的政府采购目录、限额标准，由国务院确定并公布；属于地方预算的政府采购项目、限额标准，由省、自治区、直辖市人民政府或者其授权的机构确定并公布。

《中华人民共和国政府采购法》实施以来，国务院办公厅公布的中央预算单位政府采购的最低限额标准中，货物和服务单项或批量为50万元，工程为200万元。

五、政府采购的执行模式

政府采购的执行模式有集中采购、分散采购和半集中半分散模式。

1. 集中采购

集中采购是指由政府设立的职能机构统一为其他政府机构提供采购服务的一种采购形式，是由财政部门或另由一个专门部门负责本级政府所有采购的模式。

根据《中华人民共和国政府采购法》的规定，集中采购必须委托采购机构代理采购。设区的市、自治州以上的人民政府根据本级政府采购项目集中采购的需要，设立集中采购机构。实行集中采购有利于取得规模效益、降低采购成本，具有保证采购质量、贯彻落实政府采购的政策导向、实施统一管理和监督等优点。但是，集中采购周期长、程序复杂，难以满足用户多样化的需求，特别是无法满足紧急情况下的采购需要。

集中采购的范围由省级以上人民政府公布的集中采购目录确定；属于中央预算的政府采购项目，集中采购目录由国务院确定并公布；属于地方预算的政府采购项目，其集中采购目录由省、自治区、直辖市人民政府或者其授权的机构确定并公布。

我国政府采购中，集中采购占了很大的比重，列入集中采购目录和达到一定采购金额以上的项目必须进行集中采购。

2. 分散采购

分散采购是指各预算单位自行开展采购活动的一种组织实施形式。这是一种由各支

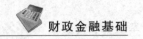

出单位自行采购的模式。

根据《中华人民共和国政府采购法》的规定,采购未纳入集中采购目录的政府采购项目,可以自行采购,也可以委托集中采购机构在委托的范围内代理采购。相对于集中采购来说,分散采购有利于满足采购及时性和多样性的需求,手续简单。不足之处是失去了规模效益,加大了采购成本,也不便于实施统一的管理和监督。

3. 半集中半分散模式

半集中半分散模式是由专门的政府采购机构负责部分项目的采购,而其他的则由各单位自行采购。

财政金融与国计民生

政府购买服务改革瞄准六个重点领域

财政部日前发布的《关于做好2022年政府购买服务改革重点工作的通知》提出,要坚持尽力而为、量力而行,采取有力措施深入推进六个重点领域政府购买服务改革,不断提升公共服务质量和效率,持续增进民生福祉,切实支持市场主体培育发展,有效加强和创新社会治理。

(1)积极推进政府购买城乡社区公共服务。在社区养老、托育、助残、矫正、未成年人关爱、就业、卫生、教育、文化、体育、科普、法律、应急等公共服务领域,鼓励通过政府购买服务将适合市场化方式提供的服务事项交给社会力量承担,提升城乡社区服务效能,助推城乡社区公共服务体系建设。

(2)加大政府购买公共卫生服务力度。鼓励通过政府购买服务方式开展核酸检测、消毒消杀、防疫宣传等疫情防控工作,以及其他公共卫生服务工作,提高应对突发公共卫生事件能力。

(3)推广政府购买基本养老服务。鼓励有条件的地区务实拓展政府购买养老服务的领域和范围,优化城乡养老服务供给,支持社会力量提供日间照料、助餐助洁、康复护理等服务。优先保障经济困难的失能、高龄、无人照顾等老年人的服务需求,加大对基层和农村养老服务的支持。适宜通过政府购买提供的养老服务,政府不再直接举办养老机构提供。确需由政府直接提供的养老服务,应当发挥好公办养老机构托底作用。

(4)鼓励政府购买就业公共服务。通过政府购买服务扩大就业服务供给,为劳动者提供更有针对性的职业介绍、职业指导等就业服务;为失业人员、高校毕业生、退役军人、农民工、残疾人、零就业家庭成员等群体开展就业创业培训、职业技能培训等就业帮扶举措,促进社会更加充分、更高质量就业。

(5)做好政府购买教育公共服务工作。在学前教育、职业教育等非义务教育领域,积极探索推进政府购买服务改革,通过发放助学券、购买学位(服务)等创新方式,支持增加普惠性教育资源,提升教育服务的供给质量和效率。做好义务教育领域政府购买学位(服务)工作,规范开展购买活动,助推义务教育均衡发展。鼓励推行政府购买优质在线教育服务,推动教育信息化发展和资源共享,助力发展更加公平、更高质量的教育。

（6）持续推进其他领域政府购买服务改革工作。继续加大助残、法律、青少年社会工作、文化体育、交通运输、社会救助、公租房运营管理等与民生密切相关的公共服务领域政府购买服务改革力度。

《关于做好2022年政府购买服务改革重点工作的通知》还要求，严格规范政府购买服务管理，规范调整指导性目录设置，加强政府购买服务合同管理，完善政府购买服务预算管理。严禁将禁止性事项纳入政府购买服务范围。继续推进政府向公益类事业单位购买服务，增强改革激励约束，激发事业单位内在活力等。

资料来源：https://www.mof.gov.cn/zhengwuxinxi/caijingshidian/zgcjb/202204/t20220419_3803 8975.htm.

六、政府采购的方式

政府采购方式是指政府为实现采购目标而采用的方法和手段。《中华人民共和国政府采购法》规定，我国政府采购方式包括公开招标、邀请招标、竞争性谈判、单一来源采购、询价采购等。

1. 公开招标方式

公开招标方式是指招标采购单位（即采购人及采购代理机构）依法以招标公告的方式邀请供应商参加投标的方式。公开招标是政府采购的主要方式，其他方式是政府采购的辅助采购方式。

货物或服务采购项目达到公开招标数额标准的，必须采用公开招标方式。采购人采购货物或者服务应当采用公开招标方式的，其具体数额标准，属于中央预算的政府采购项目，由国务院规定；属于地方预算的政府采购项目，由省、自治区、直辖市人民政府规定；因特殊情况需要采用公开招标以外方式的，应当在采购活动开始前获得设区的市、自治州以上人民政府财政部门的批准。

采购人不得将应当以公开招标方式采购的货物或者服务化整为零，或者以其他任何方式规避公开招标采购。

2. 邀请招标方式

邀请招标方式是指招标采购单位依法从符合相应资格条件的供应商中随机邀请三家（含三家）以上供应商，并以投标邀请书的方式，邀请其参加投标的方式。

符合下列情形之一的货物或者服务，可以采用邀请招标方式采购：

（1）具有特殊性，只能从有限范围的供应商处采购的；

（2）采用公开招标方式的费用占政府采购项目总价值的比例过大的。

3. 竞争性谈判方式

竞争性谈判方式是指要求采购人就有关采购事项，与不少于三家供应商进行谈判，最后按照预先规定的成交标准，确定成交供应商的方式。

符合下列情形之一的货物或者服务，可以采用竞争性谈判方式采购：

（1）招标后没有供应商投标或者没有合格标的，或者重新招标未能成立的；

（2）技术复杂或者性质特殊，不能确定详细规格或者具体要求的；

（3）采用招标所需时间不能满足用户紧急需要的；

（4）不能事先计算出价格总额的。

4. 单一来源采购方式

单一来源采购方式是指采购人采购不具备竞争条件的物品，在只能从唯一供应商处取得采购货物或服务的情况下，直接向该供应商协商采购的采购方式。

符合下列情形之一的货物或者服务，可以采用单一来源采购方式：

（1）只能从唯一供应商处采购的；

（2）发生了不可预见的紧急情况，不能从其他供商处采购的；

（3）必须保证原有采购项目的一致性或者服务配套的要求，需要继续从原供应商处添购，且添购资金总额不超过原合同采购金额10%的。

知识拓展

申请单一来源采购方式时，符合下列条件之一的，确定为不可预见的紧急情况：自然灾害；社会突发事件；本级或上级人民政府应急机构认定为紧急情况的。

5. 询价采购方式

询价采购方式是指只考虑价格因素，要求采购人向三家以上潜在的供应商发询单，对一次性报出的价格进行比较，最后按照符合采购需求，质量和服务相同且报价最低的原则，确定成交供应商的方式。采购的货物规格、标准统一，现货货源充足且价格变化幅度小的政府采购项目，可以依照规定采用询价采购方式。

任务二 执行国库集中收付制度

我国从2001年开始实行现代国库管理制度改革，即推行国库集中收付制度改革。2015年1月，我国正式实施新预算法，以法律形式明确了实行国库集中收付制度，即以国库单一账户体系为基础、资金缴拨以国库集中收付为主要形式。

一、国库集中收付制度的概念

国库集中收付制度也称国库单一账户制度，包括国库集中支付制度和国库集中收缴制度，是指财政部门代表政府设置国库单一账户体系，所有的财政性资金均纳入国库单一账户体系收缴、支付、管理的制度。财政收入通过国库单一账户体系，直接缴入国库或财政专户；财政支出通过国库单一账户体系，以财政直接支付和财政授权支付的方式，将资金直接支付给商品和劳务供应者或用款单位；未支用的资金均保留在国库单一账户，由财政部门

财经素养：
实行国库集中收付制度的意义

代表政府进行管理运作。

二、国库单一账户体系

（一）国库单一账户体系的概念

国库单一账户体系是指以财政国库存款账户为核心的各类财政性资金账户的集合。所有财政性资金的收入、支付、存储及资金清算活动均在该账户体系运行。

实行国库单一账户集中支付，虽然不改变各部门、各单位的支出权限，但其作用在于建立了预算执行的监督管理机制。一方面通过单一账户集中化管理，灵活地调度和使用资金，提高政府资金使用效率，降低成本；另一方面从根本上杜绝在预算执行中的克扣、截留、挪用资金的现象，促进政策资金使用信息公开化、透明化，强化了约束力和社会监督力，从源头上堵住了政府资金使用的行政干预和腐败现象。

（二）国库单一账户体系的构成

我国财政国库账户设置为国库单一账户、财政零余额账户、预算单位零余额账户、财政专户、小额现金账户和特设专户六类账户，被统称为国库单一账户体系。每类账户功能各异。

1. 国库单一账户

国库单一账户是指财政部门在中国人民银行开设的国库存款账户，用于记录、核算和反映纳入预算管理的财政收入和支出，并与财政零余额账户进行清算，实现支付。所有财政资金在支付行为实际发生前均保存在国库单一账户内。

2. 财政零余额账户

财政零余额账户是指财政部门按资金使用性质在商业银行开设的零余额账户，用于财政直接支付和与国库单一账户清算。即每当发生财政资金支付行为时，先由代理银行将实际应支付的款项垫付给收款人，每日终了后，再由代理银行与中国人民银行国库单一账户清算，划转代理银行已垫付资金。营业中每笔支付额为人民币5 000（含5 000）万元以上的，应当及时与国库单一账户清算。财政零余额账户与国库单一账户相互配合，构成财政资金支付过程的基本账户。财政零余额账户在国库会计中使用，行政单位和事业单位中不设置该账户。

3. 预算单位零余额账户

预算单位零余额账户是指财政部门在商业银行为预算单位开设的零余额账户，用于财政授权支付和与国库单一账户清算。该账户每日发生的支付，于当日营业终了前由代理银行在财政部门批准的用款额度内与国库单一账户清算。该账户既可以办理转账、提取现金等结算业务，也可以向本单位按账户管理规定保留的相应账户划拨工会经费、住房公积金等，以及财政部门批准的特殊款项，但不得违反规定向本单位其他账户和上级主管单位、所属下级单位账户划拨资金。预算单位零余额账户是在行政单位和事业单位中使用的。

4. 财政专户

财政专户即预算外资金专户，是财政部门为履行财政管理职能，在商业银行开设的，用于记录、核算和反映预算外资金收入和支出活动，并对预算外资金日常收支进行清算的银行

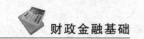

结算账户。该账户由财政部门负责管理,代理银行根据财政部门的要求和支付指令,办理财政专户的收入和支出业务。预算单位不得将财政专户的资金转入本单位其他账户。

在国库单一账户体系内专门设置预算外资金专户,主要是考虑目前预算外资金来源较复杂,还有财政性资金未纳入预算管理,难以全部纳入国库单一账户,仍需要设置财政专户进行管理。随着财政体制改革的不断深化,预算外资金也将逐步纳入国库单一账户管理。

5. 小额现金账户

财政部门在商业银行为预算单位开设小额现金账户,主要是方便预算单位日常发生的一些零星分散、数额小、支付频繁的支出。该类账户用于记录、核算和反映预算单位的零星支出活动,并用于与国库单一账户清算。

6. 特设专户

特设专户是经国务院和省级人民政府批准或授权的财政部门开设的特殊过渡性账户,用于记录、核算和反映预算单位的特殊专项支出活动,并用于与国库单一账户清算。由于现阶段政策性支出项目还比较多,对某些需要通过政策性银行封闭运行的资金支出,还需要设置特殊专户管理,如粮食风险基金、社会保障基金、住房基金等。

三、国库集中收付的方式和程序

(一)国库体系

国家金库简称国库,是国家财政资金的出纳、保管机构,负责办理预算收入的收纳、划分、留解、退付和预算支出的拨付。

我国的国库单一账户实行国家统一领导、分级管理的财政体制,原则上一级财政设立一级国库,包括总库、分库、中心支库和支库四级。中国人民银行总行经理总库;各省、自治区、直辖市中国人民银行分行经理分库;省辖市、自治州和成立一级财政的地区,省辖市、地区(自治州)中国人民银行中心支行经理中心支库;县(市)中国人民银行支行(城市区办事处)经理支库。

县级以上各级财政必须设立国库,具备条件的乡、民族乡、镇也应当设立国库。

知识拓展

国 家 金 库

根据《中华人民共和国国家金库条例》的规定,国库的基本职责如下:

(1)办理国家预算收入的收纳、划分和留解;

(2)办理国家预算支出的拨付;

(3)向上级国库和同级财政机关反映预算收支执行情况;

(4)协助财政、税务机关督促企业和其他有经济收入的单位及时向国家缴纳应缴款项,对于屡催不缴的,应依照税法协助扣收入库;

(5)组织管理和检查指导下级国库工作;

(6)办理国家交办的同国库有关的其他工作。

我国实行中国人民银行经理国库制。根据《中华人民共和国国家金库条例》的规定，国库机构按照国家预算管理体制设立，原则上一级财政设立一级国库。中央设总库，即中央国库；省、自治区、直辖市设分库；省辖市、自治州设中心支库；县和相当于县的市、区设支库；支库为基层库，支库以下设国库经收处。

（二）财政收入集中收缴的方式和程序

我国实行国库集中收缴和集中支付制度。所有财政的收支都通过国库单一账户体系进行集中收缴、拨付和清算。

财政收入的集中收缴是指全部财政收入应直接缴入国库，法律有明确规定或者经国务院批准的特定专用资金，可以依照国务院的规定设立财政专户。

1. 财政收入集中收缴的方式

为适应财政国库管理制度的改革要求，财政收入集中收缴分为直接缴库和集中汇缴。

（1）直接缴库是指由缴款单位或缴款人按有关法律、法规规定，直接将应缴收入缴入国库单一账户或预算外资金财政专户。

（2）集中汇缴是指由征收机关和依法享有征收权限的单位按有关法律规定，将所收的应缴收入汇总缴入国库单一账户或预算外资金财政专户。

2. 财政收入集中收缴的程序

（1）直接缴库程序。直接缴库的税收收入，由纳税人或税务代理人提出纳税申报，经征收机关审核无误后，由纳税人通过开户银行将税款缴入国库单一账户。直接缴库的其他收入，按照上述程序缴入国库单一账户或财政专户。

（2）集中汇缴程序。小额零散税收和法律另有规定的应缴收入，由征收机关于收缴收入的当日，汇总缴入国库单一账户。非税收入中的现金缴款，按本程序缴入国库单一账户或财政专户。

（三）财政支出集中支付的方式和程序

1. 财政支出集中支付的方式

全部财政支出通过国库单一账户体系支付给商品和劳务供应者或用款单位。按照不同的支付主体，对不同类型的支出，分别实行财政直接支付和财政授权支付。

（1）财政直接支付由财政部门开具支付令，通过国库单一账户体系，直接将财政资金支付到收款人（即商品和劳务供应者）或用款单位账户。

实行财政直接支付的支出包括：①工资支出、购买支出以及中央对地方的专项转移支付，拨付企业大型工程项目或大型设备采购的资金等，直接支付到收款人。②转移支出（中央对地方专项转移支出除外），包括中央对地方的一般性转移支付中的税收返还、原体制补贴、过渡期转移支付、结算补助等支出，对企业的补贴未指明购买内容的某些专项支出等，支付到用款单位（包括下级财政部门和预算单位）。

（2）财政授权支付由预算单位根据财政授权，自行开具支付令，通过国库单一账户体系中的单位零余额账户或财政专户将资金支付到收款人账户。

财政授权支付程序适用于未纳入工资支出、工程采购支出，物品、服务采购支出管理的购买支出和零星支出。①单件物品或单项服务购买额不足 10 万元的购买支出；投资额不足 50 万元的工程项目支出。②特别紧急的支出。③差旅费支出，指单位工作人员出差发生的费用支出，国内及境外学习、考察支出除外。④交通费支出，指单位车船等各类交通工具发生的费用支出，车辆维修、保险和刷卡加油除外。⑤劳务费支出，指单位向个人支付劳务发生的费用支出。⑥咨询费支出，指单位向个人咨询发生的费用支出。⑦奖励性支出，指单位向部分个人奖励发生的费用支出。⑧其他零星现金支出，指单位未包括上述支出范围的一些零星现金支出。

2. 财政支出集中支付的程序

（1）财政直接支付程序。①预算单位申请。由一级预算单位汇总、填制财政直接支付申请书，上报财政局国库支付中心。②财政部门国库支付执行机构开具支付令。财政部门国库支付执行机构审核确认后，开具财政直接支付汇总清算额度通知单和财政直接支付凭证，经财政部门国库管理机构加盖印章签发后，分别送中国人民银行和代理银行。③代理银行划拨资金。代理银行根据财政直接支付凭证，及时将资金直接支付给收款人或用款单位。④资金清算。代理银行依据财政部门国库支付执行机构的支付指令，将当日实际支付的资金，与国库单一账户进行资金清算。⑤出具入账通知书。代理银行开具财政直接支付入账通知书，送达预算单位，预算单位将入账通知书作为收到或付出款项的凭证。财政直接支付的基本流程如图 5-1 所示。

（2）财政授权支付程序。①预算单位申请月度用款限额。②通知支付银行。财政部门根据批准的一级预算单位用款计划中月度授权支付额度，每月 25 日前以"财政授权支付额度通知单"的形式分别通知中国人民银行、代理银行。③代理银行在收到财政部门下达的"财政授权支付额度通知单"时，向预算单位发出"财政授权支付额度到账通知书"。④预算单位凭"财政授权支付额度到账通知书"所确定的额度向代理银行下达"财政授权支付令"。⑤预算单位支用授权额度时，填制财政部门统一制定的"财政授权支付凭证"送代理银行，代理银行通过单位零余额账户或财政专户向收款人办理付款。⑥由代理银行按实际支付的额度与国库单一账户清算。财政授权支付的基本流程如图 5-2 所示。

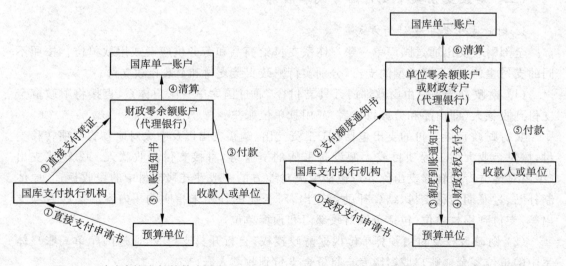

图 5-1　财政直接支付的基本流程　　　　图 5-2　财政授权支付的基本流程

四、国库集中支付电子化管理

国库集中支付电子化是按"互联网＋电子政务"模式,以大数据、互联网、云计算机为支撑,以财政资金支付数据为载体,利用电子凭证库及电子支付密钥系统,建立预算单位、财政部门、代理银行、人民银行之间安全、高效的资金支付、审核、清算数据通道,以"信息跑路"替代"人工跑路",以电子支付数据取代纸质支付凭证,实现财政预算执行资金支付的全程无纸化、网络化和电子化。

为进一步规范国库集中支付电子化管理,推动国库业务实现全电子化,提高业务协同和数据共享水平,2017年财政部、中国人民银行颁布了《国库集中支付电子化管理接口报文规范(2017)》(财库〔2017〕201号),2019年又进行了修订。

国库集中支付电子化管理作为一种新型国库资金管理模式,不仅加快了我国财政体制改革的步伐,也较大程度地提升了国库资金管理的便捷性、高效性与安全性。

数说财金

云南省全面推进国库集中支付电子化改革

云南省财政厅全面推进国库集中支付电子化改革,搭建"纵向覆盖四级财政,横向覆盖全省预算单位,业务覆盖财政资金、财政专户管理资金和单位资金全部资金类型"的电子化支付管理体系。

(1)业务办理为基层减负。建立了全省统一的跨财政部门、中国人民银行、代理银行、预算单位的国库集中支付电子化标准化体系,改变了"纸质凭证＋大红印章""人工送单＋校验"的传统模式,经办人员由"往返跑"变为"不用跑",资金支付时间平均节约70％以上,为省本级、16个州市、166个县区、1 415个乡镇财政部门,23 601个预算单位相关工作人员减轻工作负担,提升工作效率。

(2)公共服务优化效能提升。全面推进国库集中支付电子化改革,预算单位发起支付申请到银行完成支付,时间从以往的最少半天缩短到10分钟以内,为民生支出、涉农补贴、社保补助等资金直达个人账户提供了技术和管理保障。2022年上半年,全省累计办理资金支付914.8万笔、4 777.6亿元,其中:财政资金910.9笔、3 257.1亿元,财政专户管理资金1.1万笔、1 513.1亿元,单位资金2.8万笔、7.4亿元,平均每日办理资金支付9万余笔、45亿元。

(3)新型防护网安全监管。依托全省统一的电子化支付体系,杜绝人为干预,形成"环环相扣、互相牵制、有始有终"的链条式内控机制,将依靠"大红印章"的单项人为控制,拓展为多道"电子安全锁"共同作用的立体"防护网",有效保障资金安全。2022年上半年,全省各级预算单位累计触发动态监控预警规则39.3万笔,拦截支付5.7万笔。通过将国库集中支付电子化系统与单位会计核算系统接通,打通资金支付管理的"最后一公里",实时追踪每一笔预算资金具体情况,资金"下达多少,支付多少,付到哪里"一目了然,业务"谁在办理,办了多久"清晰可查,资金监管"一竿子插到底",提升监管效能。

（4）数据赋能创新发展。通过支付电子化改革，打破财政部门、预算单位、人民银行、代理银行间的数据壁垒，实现数据信息的标准统一和归集汇总。各级财政、各部门、各单位的预算收支数据可通过系统直接提取，有效保证相关数据的真实、完整、准确、一致。通过推进国库集中支付电子化，逐步满足预算联网监督、直达资金监控等"大数据"对接需要，为宏观经济政策制定、市场经济运行提供可靠的数据支撑。

资料来源：https://www.mof.gov.cn/zhengwuxinxi/xinwenlianbo/yunnancaizhengxinxilianbo/202205/t20220516_3810797.htm.

学以致用

项目五即测即评

项目五问答题

项目六
现代经济血脉——金融基础

【知识目标】

1. 理解金融的概念和构成。

2. 理解货币的概念，掌握货币的职能及货币制度的内容，尤其是我国货币制度的内容。

3. 理解信用的含义，掌握现代信用的主要形式和信用工具。

4. 理解通货膨胀和通货紧缩的概念，掌握通货膨胀和通货紧缩对社会经济的影响及治理对策。

【能力目标】

1. 能认识并合理解释金融现象。

2. 能结合身边实例，理解信用的含义，能使用单利和复利两种方法计算利息。

3. 能根据通货膨胀、通货紧缩的含义和特征，分析、判断经济形势走向。

4. 能根据通货膨胀与通货紧缩对经济的影响及治理对策，做出合理的经济决策，防范经济波动对生产、消费的不良影响。

【素养目标】

1. 从北宋产生世界上最早的纸币"交子"，到人民币的国际化和数字化，学习中华优秀商贸文化，增强"四个自信"，发扬勇于创新、永不止步的民族精神。

2. 诚信是金融强国的基石，是每个公民的道德修养"名片"，待人以诚、取信于人是每个人为人处世的"硬通货"。

3. 深刻理解中国特色金融发展模式、制度及优越性，厚植家国情怀。

【引导案例】

日常生活中的金融

金融的范畴比较宽泛，人们日常生活中常常遇到各种金融问题。例如，商家通过折扣来促销，这不仅是商家的营销策略，也是消费者的金融行为；为了保障未来的经济安全，人们倾向于将一部分收入储蓄下来，以备不时之需；许多人为了追求较高回报，会选择将资金投资于股票、基金、房地产等资产；人们使用信用卡、借贷、按揭等金融工具来满足日常生活和消费需求等都是常见的金融现象。

市场经济中没有资金的运转，一切都无从谈起。在市场经济中，金融活动广泛渗透到社会经济和人民生活的各个领域,大到宏观调控,小到个人生活,可谓无处不在。一家一户的日常生活离不开金融,家庭要储蓄、要投资、要消费、要接受教育,储蓄离不开银行,投资离不开保险、信托、证券等机构,大宗消费还要使用消费信贷,接受教育可能会申请助学贷款;企业的存款、贷款、结算等都是典型的金融业务;政府也要融通资金,政府贷款、发行债券、发行货币、宏观调控等都离不开金融。可见,小到一家一户,大到国家政府,从微观经济活动到宏观经济调控,金融无所不在。

【知识导图】

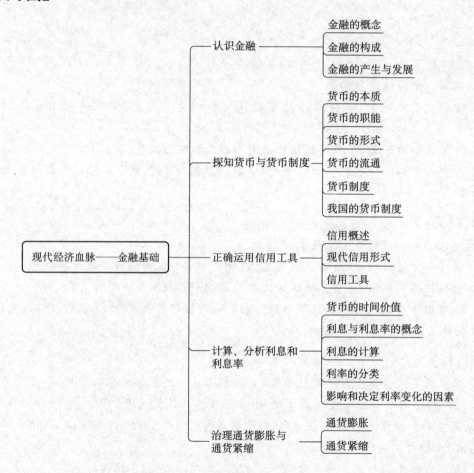

任务一 认识金融

一、金融的概念

金融是现代经济的核心,金融与财政一起构成国家宏观调控的重要杠杆和工具。

金融作为一个经济范畴,是指在社会经济生活中的货币流通、信用活动及一切与货币信用相联系的经济活动与关系的总和,包括金融活动、金融机构、金融工具、金融市场及金融关系等。广义的金融泛指一切与信用货币的发行、保管、兑换、结算、融通有关的经济活动,甚至包括金银的买卖;狭义的金融专指信用货币的融通。其中,融通的对象是货币或资金;融通的方式采用有借有还的信用方式;融通的机构主要是银行及非银行金融机构;融通场所则是金融市场;融通的价格为利息或利率。

二、金融的构成

　　金融是由货币制度、金融工具、金融机构、金融市场、金融制度及调控机制等一系列金融要素为实现资金融通功能而组成的有机系统。这些要素相互关联,共同构成了现代金融体系。

　　货币制度是规范货币流通的结构、体系和组织形式,确保货币流通的顺畅和稳定。

　　作为交易对象的金融资产或金融工具,又称信用工具,通常是依一定格式做成用以证明或创设金融交易各方权利和义务的书面凭证。如股票、债券、基金、期货合约、期权合约、外汇、保险产品等都是金融工具。

　　作为金融中介和交易主体的金融机构,是指从事各种金融活动的组织,其职能是组织社会资金的运动,建立或疏通资金融通的渠道。我国的金融机构,按地位和功能分为中央银行、商业银行、非银行金融机构等。各类金融机构相互互补,构成一个完整的金融机构体系。

　　金融市场通常是指以金融资产为交易对象而形成的供求关系及机制的总和。它是经济生活中与商品市场、劳务市场和技术市场并列的市场。

金融体制和制度作为交易活动的组织形式和制度保障,是通过金融立法、基本金融政策和金融规章建立起来的,构成了金融交易、金融调控和金融监管的相对稳定的框架和办事规程。

三、金融的产生与发展

1. 金融的产生

物物交换中产生了作为一般等价物的货币,解决了商品供求双方在时间、空间上不一致而导致的交换受阻问题,这是金融产生的基础。在社会发展的某一时期,一部分人因收入大于支出而成为资金盈余者,另一部分人因支出大于收入而成为资金短缺者,于是通过借贷活动产生了信用。信用使借贷活动逐渐规范,多种融资形式出现,使金融关系从萌芽到发展,逐步清晰、明朗。

为进一步解决交换中货币的地区差异问题,产生了货币兑换和货币经营业,从替人保管货币发展到了替人办理结算和放款,从而产生了信用机构——银行,这标志着专门的金融机构诞生。随着资金融通规模的不断扩大,资金融通方式也日益多样化,金融得到了进一步的发展,表现为金融机构数量和种类的不断增加和金融市场的不断完善。

2. 金融的发展

自 20 世纪 80 年代以来,世界金融业发生了巨大而深刻的变化,出现了新的发展趋势,如金融产品多样化、金融服务扩大化、金融体系多元化、金融信息化、金融全球化、金融自由化等变化。

随着新技术的发展,互联网金融发展如火如荼。互联网金融是指利用互联网技术和平台,为用户提供金融服务的一种形式。互联网金融的兴起,使得金融服务更加便捷、高效和普惠,改变了传统金融行业的运营模式。

随着技术的迭代和金融行业的需求,金融业逐渐从互联网金融向金融科技过渡,更加重视科学技术在金融业务中的应用。金融科技(FinTech)是指通过技术创新和数字化手段改变金融服务、金融业务以及金融体系的发展方向和方式。

金融科技的发展可以分为以下三个阶段。①初期阶段(2000 年以前)。这个阶段主要是互联网的兴起和金融业务的数字化,互联网的普及和电子商务的发展促使了金融服务的在线化,包括在线支付、网上银行等。②基础设施建设阶段(2000—2010 年)。在这个阶段,金融科技开始构建基础设施,如安全支付、电子交易、信息互联等。此外,手机技术的发展也为移动支付等金融服务奠定了基础。③金融创新阶段(2010 年至今)。随着移动互联网的普及和技术的迅速发展,金融科技进入了创新阶段,出现了众多创新型金融科技企业,涵盖了多个领域,如在线借贷、数字支付、智能投顾、区块链等。

财政金融与国计民生

中国金融科技发展现状

随着《金融科技发展规划（2019—2021年）》的执行以及金融科技创新监管试点、中国版"监管沙盒"等一系列方案的落地,我国金融科技体系的骨架已经构建起来,金融科技在实体经济的沃土中落地生根。大数据、云计算、人工智能、区块链等技术在金融领域的应用成效显著。金融服务覆盖面逐步扩大,优质金融产品供给不断丰富,金融惠民利企水平持续提升。金融科技创新监管工具稳步实施,监管规则体系和监管框架不断健全,金融守正创新能力大幅提高。总的来看,我国金融科技发展从星星之火到百舸争流、从基础支撑到驱动变革,呈现出旺盛生机与活力,有力提升金融服务质效,高效赋能实体经济,为金融业高质量发展注入充沛动力。在《2021全球金融科技中心城市分析报告》中,北京和上海处于第一梯队,在总榜单中分别位列第一和第四,且北京已连续三年排名全球第一。

在《金融科技发展规划（2022—2025年）》的指引下,我国金融科技要从"立柱架梁"全面迈入"积厚成势"新阶段。力争到2025年,整体水平与核心竞争力实现跨越式提升,数据要素价值充分释放、数字化转型高质量推进、金融科技治理体系日臻完善、关键核心技术应用更为深化、数字基础设施建设更加先进,以"数字、智慧、绿色、公平"为特征的金融服务能力全面加强,有力支撑创新驱动发展、数字经济、乡村振兴、碳达峰及碳中和等战略实施,走出具有中国特色与国际接轨的金融数字化之路,助力经济社会全面奔向数字化、智能化发展新时代。

资料来源:邓雪莉.金融科技概论[M].北京:中国人民大学出版社,2023.

任务二 探知货币与货币制度

货币与货币制度是金融学中最基本的问题,是学习和领会金融领域一切重大问题的出发点。在现代经济生活中,货币发挥着不可替代的作用。

一、货币的本质

对于"货币",我们既熟悉又陌生。日常生活离不开货币,在不同的环境下货币也被赋予不同的含义,但这些含义和金融学中所指的"货币"又不完全一致。

货币是商品生产和交换发展到一定程度的产物。在货币出现之前,商品的交换采取物物交换的形式进行。当商品交换愈发频繁,以物易物的形式在空间和时间上已经不能满足生活需求。因此,从商品世界自然分离出一种特殊商品,固定地作为商品交换的媒介,被称为"一般等价物"。这种商品就具有了"货币"的属性。随着商品交换范围的不断

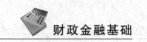
扩大,客观上要求一般等价物能够固定在某一种商品上,以利于商品交换。最后,一般等价物集中到贵金属金、银上。之所以人们最终选择了金银作为货币,是因为金银本身所具有的天然物质属性,与其他的物品相比具有无可比拟的优势,如不易腐烂、价值适中、便于携带等,最适宜充当货币材料,即一般等价物的角色。金银固定地充当一般等价物,就是货币。货币是从商品中分离出来,固定地充当一般等价物的特殊商品。货币的本质是一般等价物。

二、货币的职能

货币的职能是指货币在经济生活中,作为商品的一般等价物所固有的功能,是货币本质的体现。货币具有价值尺度、流通手段、支付手段、储藏手段和世界货币五种职能。其中,价值尺度和流通手段是货币最基本的职能。

1. 价值尺度

货币表现和衡量商品的价值时就执行着价值尺度的职能。因为货币本身就是商品,与普通商品一样也有价值,如同用秤度量重量一样,所有商品价值量的大小都可以用货币来衡量。当商品的价值用货币来表示时就是商品的价格。商品价格是一种观念形态,不必用相应数量的货币放在商品旁来表示价格。因此,货币在执行价值尺度时并不需要现实的货币。

2. 流通手段

在商品和劳务交换中,货币起媒介作用,执行流通手段职能,通常表现为一手交钱,一手交货。这种以货币为媒介的商品交换通常称为商品流通。货币在执行流通手段职能时必须是现实的货币,可以是贵金属,也可以是纸币,甚至可以是无形的存款货币、电子货币,但不能是观念中的货币。

3. 支付手段

货币在单方面发生转移时,执行的是支付手段的职能。货币发挥支付手段职能主要表现为财政的收入和支出,银行吸收存款和发放贷款,工资、房租、地租的发放与支付,偿还债务,延期付款,大宗交易等。货币发挥支付手段职能时,货币与商品相脱离成为独立的价值形态。当然,发挥支付手段职能的货币同发挥流通手段职能的货币一样,也必须是处于流通过程的现实货币,而不能只是观念中的货币。

4. 储藏手段

当货币从流通领域退出处于静止状态,作为社会财富被人们保存、收藏时便执行着储藏手段职能。因为货币是一般等价物,它能随时转化为商品,是社会财富的一般代表,储藏货币就是储藏财富。

执行储藏手段的货币,必须是现实的完全有价值的金属铸币或作为货币材料的贵金属,如金币、金条等。储藏货币具有自发地调节货币量的特殊作用。当流通中需要的货币量减少时,多余的货币便自动退出流通,进入储藏;当商品流通需要的货币量增加时,部分储藏货币会加入流通,以满足其需要。

货币作为储藏手段具有自发调节货币流通量的作用。当流通中所需要的货币量减少时,多余的金属货币便会退出流通成为储藏货币;反之,当流通中所需要的货币量增多时,一部分储藏货币又会重新进入流通成为流通手段。因此,货币在执行储藏手段职能时必须是现实的货币。

5. 世界货币

当货币超越国界,在世界市场上发挥一般等价物作用时便执行着世界货币的职能。目前,还没有官方公认的世界货币,但各国的中央银行、公司和政府在各类金融交易中通常会使用储备货币。自第二次世界大战以来,美元一直是世界上最主要的储备货币。除美元外,国际货币基金组织(International Monetary Fund,IMF)将特别提款权(special drawing rights,SDR)作为国际储备资产,特别提款权包含一篮子五种货币——美元、欧元、人民币、日元和英镑,因此,这五种货币也可以视为世界货币。

知识拓展

特别提款权

特别提款权亦称"纸黄金"(paper cold),最早发行于1969年,是国际货币基金组织根据会员国认缴的份额分配的,可用于偿还国际货币基金组织债务、弥补会员国政府之间国际收支逆差的一种账面资产。其价值由美元、欧元、人民币、日元和英镑组成的一篮子储备货币决定。会员国在发生国际收支逆差时,可用它向基金组织指定的其他会员国换取外汇,以偿付国际收支逆差或偿还基金组织的贷款,还可与黄金、自由兑换货币一样充当国际储备。因为它是国际货币基金组织原有的普通提款权以外的一种补充,所以称为特别提款权。

三、货币的形式

货币自产生以来,其形式随着生产力的发展和社会进步而不断变化,它在不同时期有着不同的表现形式。

1. 实物货币

世界上最早的货币是实物货币,它是货币形态发展的最原始形式。所谓实物货币,是指以自然界中存在的某种物品或人们生产的某种商品来充当货币。早在夏商时期,我国就出现了贝币,在美洲还曾经用烟草、可可豆等充当货币。实物货币的主要特征是它作为货币用途的价值与作为商品用途的价值相等。但是,实物货币本身有诸如体积笨重、不便携带,质地不均匀、难以分割,容易腐烂、不易储存,或大小不一、难以比较等缺陷。随着商品交换和贸易的发展,实物货币逐步被金属货币所取代。

2. 金属货币

用金、银、铜等金属充当货币有很多优点,如金属易于分割、便于保管、金银的价值高、利于携带等,较少的数量就能与大额的商品交易。因此,它从若干交易媒介中独立出来,取得了一般等价物的特殊地位。典型的金属货币是国家铸币。历史上曾先后出现过青铜铸币、铁铸币、金银铸币。我国最古老的金属铸币是铜铸币。铸币在流通中必定会磨损,

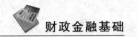
它的实际重量在流通中会逐渐低于它的名义重量。但不足值铸币可以和足值铸币一样流通，政府就有意识地用贱金属铸币代替贵金属铸币，或用不足值的铸币代替足值的铸币充当流通手段，进而发行本身没有价值的银行券来代替贵金铸币充当流通手段。

3. 代用货币

代用货币是政府或银行发行的代替金属货币流通的纸币或银行券。代用货币最早出现在英国。中世纪，英国的金匠为顾客保管金银货币而开出收据，收据可以流通，顾客需要时可兑换成金银货币，从形式上发挥交换媒介的作用，称为代用货币。这种代用货币之所以能在市场上流通，是因为它不仅有十足的贵金属准备，而且可以自由地向发行单位兑换成金属货币。代用货币本身的价值虽然远低于其面值，但是公众持有代用货币等于拥有对金属货币的要求权，发挥着货币的职能。代用货币具有发行成本低、易于携带和运输的优点。

4. 信用货币

在 20 世纪 30 年代，发生了世界性的经济危机，引起经济恐慌和金融混乱，迫使主要资本主义国家先后脱离银本位和金本位，信用货币应运而生。

信用货币是代用货币演化的结果，它是国家法律规定强制流通，不以任何贵金属为基础，独立发挥货币职能的货币。目前世界各国发行的货币，基本属于信用货币。信用货币是银行通过信用途径发行流通工具，其本身价值远远低于其货币价值。

信用货币有以下几种形式：①钞票，即纸币；②辅币，包括纸辅币和金属辅币；③存款货币，即银行活期存款，储户在有支付需要时，不需要兑取现金，而是通过银行账户的转账结算来完成支付行为。

5. 电子货币

电子货币是指利用计算机系统存储和处理的存款。电子货币与存款货币无本质区别，但代表着现代信用货币形式的发展方向。它是现代商品经济高度发达和银行转账结算技术不断进步的产物，同时也反映了支付手段的进化。通过使用银行的电子划拨系统来记录和转移存款货币，比使用现金或存款货币来完成大规模商品交易更节约、更准确、更安全。另外，计算机终端（自动出纳机）的运用，消除了现金支付的麻烦，顾客购买商品以电子自动记账的方式支付货款。

电子货币有两种主要形式：智能卡形式的支付卡和数字方式的货币文件。前者包括各种信用卡、储值卡和存款利用型电子货币（主要有借记卡、电子支票，用于对银行存款以电子化方式支取现金、转账结算、划拨资金）等；后者主要指基于电子网络的电子货币、电子钱包等。电子货币具有匿名性、节省交易费用、节省传输费用、持有风险小、支付灵活方便、防伪造及防重复性、不可跟踪性等特点。

6. 数字货币

数字货币（digital currency，DC）是一种不受管制的、数字化的货币，通常由开发者发行和管理，被特定虚拟社区的成员所接受和使用。数字货币相比传统物理货币具有不可造伪、点对点快捷交易、流动方便的特点。根据其是否由各国央行发行，数字货币可分为以央行数字货币为代表的法定数字货币和以比特币为代表的非法定加密数字货币。

世界各国中央银行发行的法定数字货币，是基于清算方式的改进而出

财政史话：中国
货币形式的演变

现的现钞之外的"记账货币"。我国发行的央行数字货币（DC/EP）是数字化的人民币，是经国务院批准计划发行的法定数字货币。

非法定的加密货币可分为普通加密货币和稳定币，代表性的普通加密货币包括比特币（BTC）、以太币（ETH）等，代表性稳定币包括天秤币（Libra）、泰达币（USDT）等。加密数字货币是基于某种加密算法创建的数字货币。

知识拓展

数字人民币

数字人民币（字母缩写按照国际使用惯例暂定为"e-CNY"）是由中国人民银行发行的数字形式的法定货币，由指定运营机构参与运营并向公众兑换，以广义账户体系为基础，支持银行账户松耦合功能，与纸钞硬币等价，具有价值特征和法偿性，支持可控匿名。截至2023年11月25日，"数字人民币"App显示，试点范围再次扩大。由此前的深圳、苏州、雄安新区、成都扩大至北京，天津，河北省，大连，上海，江苏省，浙江的杭州、宁波、温州、湖州、绍兴、金华，福建的福州、厦门，山东的济南、青岛，长沙，广东省，广西的南宁、防城港，海南省，重庆，四川省，云南的昆明、西双版纳，西安。至此，全国共有23个省级行政区全域或部分城市开展数字人民币试点。

四、货币的流通

货币的流通是指货币作为流通手段和支付手段，在流通中形成的连续不断的运动，货币流通表现为各种货币收支活动。

（一）货币流通的形式

流通中的货币主要有现金和银行存款，与此相对应，货币流通划分为现金流通和非现金流通（存款货币流通）两种形式。现金流通是指用现金直接完成货币收付行为，我国的现金流通主要用于与居民生活相关的小额货币收支。非现金流通是指通过银行转账结算来完成的货币收付，主要服务于国家机关、企事业单位之间发生的大额货币收支。存款货币包括随时可支取的活期存款，易于兑换为货币但又不直接流通的金融资产，主要指定期存款和可流通的股票、债券等有价证券，还包括货币替代物，如信用卡等。

（二）货币流通的层次

各种形式的货币，按其流动性或流通速度又可分为多个层次。流动性是指某种货币或金融资产转化为现实的流通手段和支付手段的能力。流动性程度或活跃程度不同的货币在流通中转手次数不同，形成的现实购买力也不一样，从而对商品流通的影响也不同。因此依据各种通货的流动性差别划分出若干个层次，有助于中央银行正确选择货币控制的重点，恰当控制货币供应量，实现货币币值稳定和物价稳定的调控目标。按照国际货币基金组织的口径，一般情况下，可以把货币做以下层次的划分。

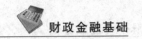

1. 现金（M_0）

现金不包括商业银行的库存现金，而是指流通于银行体系以外的现钞，即居民手中的现钞和企业单位的备用金。

2. 狭义货币（M_1）

狭义货币由现金加上商业银行活期存款构成。由于活期存款随时可以签发支票而成为直接的支付手段，所以，同现金一样，它也是最具有流动性的货币。各种统计口径中的货币通常是指狭义货币。狭义货币作为现实的购买力，对社会经济生活有着最广泛而直接的影响。

3. 广义货币（M_2）

广义货币是在狭义货币基础上加上准货币构成。所谓准货币，一般是由银行的定期存款、储蓄存款、外币存款，以及各种短期信用工具，如银行承兑汇票、短期国库券等构成。准货币本身不是真正的货币，但是它能比较容易地转化为现实的货币，因此，准货币目前是我国中央银行货币管理和监测的重点。

五、货币制度

货币制度简称币制，是指一国政府以法律的形式对货币的发行、流通的组织和调节等问题进行的规定。它反映国家通过对货币实行控制以实现政策目标的意图，是一国货币主权的反映。一般来说，货币制度的内容包括币材的选择，规定货币单位，规定货币的铸造、发行与流通，规定货币的法偿能力和建立准备金制度等。

1. 币材的选择

货币材料简称"币材"，是指用来充当货币的物质。确定不同的货币材料，就构成不同的货币本位。如果确定用黄金充当货币材料，就构成金本位；用白银充当货币材料，就构成银本位。确立以哪一种物质作为币材，是一国建立货币制度的首要步骤。币材虽然由国家确定，但也要受客观经济条件的制约，国家不能任意指定某种物品作为货币材料，往往只是对已经形成的客观现实从法律上加以肯定。

2. 规定货币单位

货币单位是指货币制度中规定的货币计量单位。货币单位的确定包括两方面的含义：一是规定货币单位的名称，如美元、英镑、欧元等；二是确定货币单位的价值，即包含多少货币金属。在贵金属时代，币值的确定是依据货币金属的重量和成色。在不兑现纸币流通时代，确定货币单位的值主要是确定本国货币的含金量，如美国的货币单位为美元，美元的法定含金量定为 1 美元含纯金 0.888 671 克。在 20 世纪 70 年代黄金"非货币化"之后，各国货币不再规定含金量，币值确定的重点转变成如何维持本国货币与外国货币的合理比价，即汇率。

3. 规定货币的铸造、发行与流通

货币一般分为本位币和辅币，它们各有不同的铸造、发行与流通程序。本位币又称主币，是一个国家的基本通货和法律规定作为价格标准的主要货币。在金属货币流通条件下，本位货币是指国家以法定货币材料按照一定规格铸造的铸币。本位币的最小规格通常是一个货币单位，如 1 美元、1 欧元或 1 元人民币等。辅币则是在主币以下，供日常零星交易或找零使用的通货,其面值要小于主币的面值。如人民币的辅币为"角"和"分"。辅币多由贱金属铸造,为非足值通货。

除铸币形式的本位币和辅币外,还有银行券、不兑现的纸币和信用货币。现代经济中的信用货币由各国中央银行集中统一发行,强制流通,并通过国家提供的商品和劳务再回笼到银行。信用货币的发行必须遵循经济发行的原则,在流通中实行无限法偿原则。

4. 规定货币的法偿能力

在现代货币制度下,货币的发行由中央银行垄断,国家通过法律对货币的支付能力进行规定。如果法律规定某种货币可以无限制地用于清偿债务、购买商品、支付劳务、缴纳税款等交易,并且交易一方所支付的货币数量不受限制,交易的另一方不得拒绝接收,则这种货币被称为无限法偿货币。也就是说,它具有法律赋予的有无限制的偿付能力。在现代信用货币制度下,无限法偿货币是指不可兑现的中央银行的银行券。有限法偿货币主要是针对辅币而言的,辅币由国家制造,可以与主币自由兑换,但在一次支付中,如果超过规定数额,收款人有权拒绝接收。

5. 建立准备金制度

准备金制度又称黄金储备制度,是指国家集中于中央银行或国库的黄金准备,是一国经济实力的标志,也是货币稳定的基础。准备金的作用主要是调节国内货币流通,保证存款支付和银行券的兑换,用于国际支付。

知识拓展

劣币驱逐良币

劣币驱逐良币是经济学中一个古老的原理,由 16 世纪英国财政大臣格雷欣提出。该原理指的是,当一个国家同时流通两种实际价值不同但法定比价相同的货币时,实际价值较高的货币(良币)通常会被熔化、收藏或输出,从而退出流通领域;而实际价值较低的货币(劣币)反而充斥市场。这个现象主要发生在金属货币流通条件下,其根本原因是法定比价不符合实际价值,违背了货币本质。只要保证市场货币定价的统一标准,并供应与商品量相匹配的货币,就不会发生劣币驱逐良币的现象。广义来说,劣币驱逐良币也可以泛指一般的逆淘汰(即劣胜优汰)现象。

六、我国的货币制度

人民币是我国于 1948 年 12 月在合并与收兑当时各革命根据地和解放区货币的基础上建立起来的,它是我国现行的唯一合法货币,属于纸币本位制。1955 年 3 月 1 日,我国发行了新版人民币,同时建立了辅币制度。这种主辅币流通制度一直保持到现在。到目前为止,中国人民银行共发行了五套人民币。

由于我国实行"一国两制"的方针,所以我国现行是"一国四制"的特殊货币制度,即在中国香港、澳门、台湾地区和大陆实行不同的货币制度。

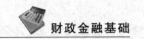

我国现行的人民币制度内容如下。

1. 人民币是我国的法定通货

《中华人民共和国中国人民银行法》规定:"中华人民共和国的法定货币是人民币。以人民币支付中华人民共和国境内的一切公共的和私人的债务,任何单位和个人不得拒收。"而且"任何单位和个人不得印制、发售代币票券,以代替人民币在市场上流通"。严禁伪造、变造人民币;禁止出售、购买、运输、持有、使用伪造、变造的人民币;禁止故意损坏人民币。

财政素养:
如何识别假币

2. 人民币的单位

人民币的单位是"元",辅币单位是"角""分"。它们之间的兑换比例为 1 元等于 10 角,1 角等于 10 分。目前,我国流通中的人民币主币有 1 元、5 元、10 元、20 元、50 元、100 元 6 种面额;辅币有 1 分、2 分、5 分和 1 角、5 角 5 种面额。

3. 人民币的发行和流通

人民币的票券、铸币种类由国务院决定。中国人民银行是国家唯一的货币发行机构,并在全国范围内实行统一印制、统一发行、统一管理。

微课:第一套
人民币的发行

4. 人民币具有无限法偿能力

无限法偿能力是法律赋予的流通权利,在各种交易中,不论金额有多大,收款人均不得拒收。

5. 人民币的发行保证

人民币是信用货币,是根据商品生产的发展和流通的扩大需要而发行的。首先,这种发行以商品物资作基础,可以稳定币值,这是人民币发行的首要保证;其次,人民币的发行还依赖大量的信用支持,包括政府债券、商业票据、商业银行票据等;最后,黄金和外汇储备也为人民币发行提供了保障。我国建立的黄金和外汇储备,主要用于平衡国际收支。

6. 人民币的对外关系

国家规定了人民币限额出入国境的制度,金银和外汇不得在国内商品市场计价结算和流通。人民币的汇率实行以市场供求为基础的、单一的有管理的浮动汇率制度。目前,我国人民币是非完全自由兑换货币,在经常项目下可兑换外汇,资本项目下兑换是受到限制的。在国家统一规定下的国内外汇市场可买卖外汇。随着我国国际地位的上升,人民币最终必然实现完全的自由兑换。

数说财金

人民币的国际化进程

自 2009 年起,中国人民银行开始推动人民币的国际化进程,允许跨境贸易结算和投资中使用人民币。2015 年,启动人民币跨境支付系统(CIPS),为全球金融机构提供人民币跨境支付和结算服务。2016 年,国际货币基金组织将人民币纳入其特别提款权(SDR)货币篮子,这是人民币国际化的重要里程碑。中国香港是人民币离岸市场的主要中心,人民币离岸交易涵盖了离岸人民币债券、离岸人民币股票市场等。此外,伦敦、新加坡、东京等国际金融中心也开展了人民币离岸业务。中国政府和企业发行的人民币债券在国际市场上得到广泛认可,吸引了越来越多的国际投资者。2022 年 5 月 11 日,国际货币基金组织执董会完成了 5 年一次的 SDR 定值审查,维持现有 SDR 篮子货币构成不变,并将人民币权重由 10.92％上调至 12.28％,将美元权重由 41.73％上调至 43.38％,同时将欧元、日元和英镑权重分别由 30.93％、8.33％和 8.09％下调至 29.31％、7.59％和 7.44％,人民币权重仍保持第 3 位。

任务三　正确运用信用工具

信用和货币一样,既是一个古老的经济范畴,又是金融领域中一个十分重要的概念。随着商品经济的发展,商品买卖和货币支付在时间上出现了不一致,产生了赊销现象,商品买卖关系逐渐演变成债权债务关系,于是产生了信用。

一、信用概述

信用是一种借贷行为,是以偿还和付息为条件的、单方面的价值转移,是一种价值运动的特殊形式。

理解信用概念把握以下几点:①信用是一种借贷行为,信用关系即债权债务关系;②信用的标的是一种所有权与使用权相分离的资金,在信用活动中出让的是使用权,并不出让所有权,有借有还是其重要特征;③信用是价值的单方面转移,不是对等转移,所以它是价值运动的特殊形式;④信用以信任为基础,借贷双方的相互信任是构成信用关系的基础。

【自主探究】社会生活中有哪些与信用相关的经济现象?

二、现代信用形式

信用形式是信用活动的具体表现形式,随着商品货币关系的发展,信用形式也在不断地发展和完善。按照在借贷关系中借者与贷者的不同,现代信用的主要形式有商业信用、银行信用、国家信用、消费信用、民间信用等。

(一)商业信用

商业信用是指企业之间在商品交易中相互提供的信用,其基本形式是赊销商品和预付货款。

1. 商业信用的特点

商业信用有以下特点:①商业信用的债权债务人都是企业经营者,反映的是企业之间因商品交易而引起的债权债务关系;②商业信用是以商品形态提供的信用,其资金来源是企业资金循环过程中的商品资金,不是从生产过程游离出来的闲置资金;③商业信用是一

种直接信用。企业之间进行商品交易的同时也直接达成了延期付款或预付货款的协议，无须任何信用中介机构；④商业信用也存在风险和不确定性。买方可能无法按时付款，导致卖方经济损失；卖方也存在不能按期交货的风险。

2. 商业信用的局限性

商业信用的特征使它的存在和发展有明显的局限性：①商业信用的规模和数量有一定的限制，受到提供信用的企业所拥有的资金数额的限制，企业能赊销的商品只能是商品资金的一部分；②商业信用有严格的方向性，它受到商品流向的限制，因为商业信用的客体是商品，所以它只能向需要该种商品的企业提供；③商业信用的范围受到限制，商业信用是直接信用，借贷双方只有在相互了解对方的信誉和偿还能力的基础上才可能确立商业信用关系。

商业信用在促进商品交换和商品价值实现，加速企业资金周转，保证再生产顺利进行等方面起到了积极作用，但也带来了一些消极影响。首先，商业信用是在企业之间分散、自发进行的，带有一定的盲目性。如对商业信用规模范围不加引导和限制，就有可能打乱国家的物资和资金分配计划，影响国家重点建设项目和涉及国计民生重要商品的统一安排。其次，商业信用钱贷脱节，在企业互相提供信用的过程中，形成了连环套的债务关系，其中一环资金周转不顺畅、发生偿债困难，就会产生连锁反应，出现三角债，甚至可能引起经济危机。

（二）银行信用

银行信用是银行及其他金融机构以货币形式提供的信用，它包括两个方面：一是通过吸收存款，集中社会各方面的闲置资金；二是通过发放贷款及证券投资，对集中起来的闲置资金加以运用。

银行信用是在商业信用的基础上产生的一种信用形式，它克服了商业信用的局限性，具有以下特点：①银行信用所分配的是从企业资金循环过程中游离出来的闲置资金，是以货币形态为社会各界提供的间接信用，具有不受方向制约、不受数量限制、范围广、规模大、期限长的特点；②银行信用的信用性强，具有广泛的接受性；③银行信用以银行和各类金融机构为媒介，中断了商业信用的债务链，具有较强的信用能力、较高的信誉和较强的稳定性，在促进经济活动的同时，稳定了经济发展。银行信用已成为现代经济中最主要的信用形式。

（三）国家信用

国家信用是国家作为债务人向社会筹集资金的一种信用形式。国家信用的实质是按照信用原则以发行债券等方式，从国内外货币持有者手中借入货币资金。国家信用包括国内的国家信用和国际的国家信用。国内的国家信用主要形式有发行政府债券（包括中央政府的国债、国库券和地方政府债券）及向银行透支等。

国家信用具有目的单一、用途单一、信用性强、安全性高等特点，在国民经济发展中发挥着重要作用。

1. 调剂政府收支不平衡的手段

国家在一个财政年度内，经常会发生收支不平衡的现象，有时支大于收，有时收大于支,为了解决财政年度内收支暂时不平衡,国家往往采取发行国库券的办法解决。

2. 弥补财政赤字的重要手段

解决财政赤字的方法主要有增加税收、挤占银行信贷资金和借债。增税会影响社会生产和商品流通的正常进行,容易引起社会公众不满;挤占银行信贷资金会导致通货膨胀。采用国家举债方式弥补财政赤字的副作用较小,是许多国家弥补财政赤字的重要手段。

3. 筹集巨额资金的重要手段

国家为了履行管理和发展经济的基本职能,在发生战争、特大自然灾害和举办大规模新开发项目建设时需要巨额资金。对这种巨额资金需求,许多国家采用国家信用来筹集。

4. 调节经济的重要手段

随着国家信用的发展,一些国家的中央银行通过买进卖出国家债券来调节整个社会的货币供应,以影响市场资金供求,达到调节经济的目的。

(四) 消费信用

消费信用是工商企业、银行或其他金融机构以商品、货币或劳务的形式向消费者个人提供的信用。

消费信用的主要形式有以下几种:①信用卡透支。这是发卡银行向持卡人提供的短期消费信用。持卡人在一定限额内允许透支消费,并有一定的免息期,超过免息期后一般按日支付利息。②分期付款。这主要用于购买耐用消费品,如汽车、房屋、家具等,并由商品经销商或制造商提供消费信用。③消费贷款。这是金融机构对耐用消费品的个人或分期付款销售耐用品的企业发放的贷款,分为信用贷款和抵押贷款两种。

消费信用在一定程度上可以缓和有限的购买力与现代生活需求之间的矛盾,缓和生产过剩的经济危机,但如果不加以规范和引导,消费信用的过度发展会增加经济的不稳定,容易造成通货膨胀。随着我国短缺经济时代的结束,需求不足的矛盾逐步显现,消费信贷对于促进消费有着积极作用。我国的消费信贷目前主要用于购置住房、汽车、耐用消费品,教育方面的消费信贷也有一定的发展。

【自主探究】源于对配音行业的兴趣,大一学生张某经常在网上浏览学习配音的相关内容,一次在社交公众号的课程介绍链接中留下手机号,培训机构主动添加了她为社交好友。

"工作人员极力推销,说可以边学习课程边做他们的兼职,赚来的钱分期付学费,而最终打动我的是那句:学习技能不是消费,是投资。"张某在接受《法治日报》记者采访时回忆说。上了部分课程后,她发现培训课程极不专业,也没有提供兼职,而且培训机构还在向她不断推荐价格更高的进阶课程。

类似的遭遇远不止张某一人。记者采访了六名近期陷入"培训贷"陷阱的学生,他们意识到被骗后都想维权、退还培训费、解决网贷问题,但困难重重。

2023年5月,教育部全国学生资助管理中心发布过2023年第1号预警:警惕"培训贷"陷阱。

多位接受采访的专家认为,大学生身陷"培训贷"陷阱,既有社会层面的问题,也有大学生财商教育缺失的问题,应通过常态化的金融理财教育,帮助大学生养成健康理性的金融理财习惯和成熟的消费观。同时,还应加强对校外培训机构的监管,保持打击违规违法培训的高压态势,促进非学科类校外培训机构规范发展、合规经营。

资料来源:http://www.xinhuanet.com/politics/2023-08/01/c_1129779310.htm.

请思考:如何避免陷入"培训贷"陷阱?请运用所学金融知识寻找答案。

(五)民间信用

民间信用是民间个人之间的借贷活动,它是无正规的金融工具作为交易媒介的借贷活动。

民间信用的参加对象可能是企业与企业、企业与个人、个人与个人,借贷形式有货币形式或实物形式。民间信用在方式上比较灵活、简便,可随时调节借贷间的资金余缺,能在一定范围内弥补银行信用的不足。但由于它比较分散,且利润高、手续不规范、风险大等特点,必须正确引导和加强管理。

三、信用工具

信用工具又称金融工具,是以书面形式发行和流通、以保证债权人或投资人权利的凭证。信用工具是金融市场的重要交易对象,对持有者来说是金融资产。

(一)信用工具的特征

信用工具一般具有以下特征。

1. 偿还性

各种信用工具(除股票外)一般都载明到期进行偿还的义务。只有两种信用工具没有明确的偿还期:一是活期存款单;二是股票。投入股票中的资金可通过随时出卖股票而收回。商业票据和债券等信用工具一般均标明发行日至到期日。

2. 流动性

信用工具可以在金融市场上进行买卖转让。一般情况下,流动性与偿还期成反比,即偿还期越长,流动性越差,与债务人的信用能力成正比,即债务人资信等级越高,流动性就越强。

3. 风险性

信用工具的风险有两种:一种是信用风险,又称违约风险,指债务人不履行合同,不能按约定的期限和利率按时还本付息;另一种是市场风险,指因利率变化或证券市场行情波动,造成信用工具价格下跌,以致给投资者带来损失。

4. 收益性

优良的信用工具应有适当的收益,能给投资者带来收益的能力。信用工具的收益有两种:一种是固定收益,如债券、存单,在券面上就载明了利率;另一种是即期收益,如股票,其收益大小没有事先确定,只能取决于发行股票的公司的盈利水平以及股票市场上的价格水平。

(二) 主要信用工具

随着信用在现代经济生活中的不断深化和扩展,信用工具的种类日益增多。根据不同的划分角度,信用工具可以分为不同的种类。

1. 按信用形式分类

信用工具按信用形式,可分为商业信用工具,如各种商业票据等;银行信用工具,如银行券和银行票据等;国家信用工具,如国库券等各种政府债券;证券投资信用工具,如债券、股票等。

2. 按融通资金方式分类

信用工具按融通资金方式,可分为直接融资信用工具和间接融资信用工具。直接融资信用工具是指非金融机构发行的商业票据,公债、企业债券和股票等;间接融资信用工具是指金融机构发行的存款单、银行票据和保险单等。

3. 按偿还期限长短分类

信用工具按照偿还期限长短,可分为短期信用工具和长期信用工具。短期信用工具一般是指提供信用的期限在 1 年或 1 年以内的信用凭证,如各种票据(汇票、期票、支票等)、信用证、信用卡、国库券等;长期信用工具是指提供信用的期限在 1 年以上的信用凭证,如股票、公司债券、政府公债和金融债券等。

4. 按权利与义务分类

信用工具按权利与义务划分,可分为债权凭证和所有权凭证。债权凭证表明信用工具的持有人是债权人,与发行主体之间是债权债务关系,如债券、存单;所有权凭证表明信用工具的持有人与发行主体之间是所属关系,如股票。

任务四　计算、分析利息和利息率

一、货币的时间价值

货币的时间价值是指当前所持有的一定数量的货币,要比未来获得的等量货币具有更高的价值。货币之所以具有时间价值,主要原因在于:①投资会产生投资收益,即对货币的占有具有机会成本;②货币的购买力会受物价水平变化的影响;③现有货币的预期收益具有不确定性。

货币的时间价值可以用利息与利率来表示。但由于本金数量会对利息总额产生影响,这使得投资者无法通过比较利息额来衡量货币的时间价值,就需要剔除本金对其产生的影响。因此,货币的时间价值通常用利率来表示。

二、利息与利息率的概念

从形态上看,利息是债权人因为借出货币资金而从债务人手中获得的报酬;从另一方面看,利息是债务人使用货币必须支付的代价。利息实质上是利润的一部分,是利润的特殊转化形式。

利率是利息率的简称,是表示一定时期内利息与本金的比率。利率反映了单位货币的时间价值。

利率按计算利息的时间长短可以分为年利率、月利率和日利率,也称为年息、月息和日息。年利率通常用百分比表示,月利率用千分比表示,日利率用万分比表示。根据我国传统习惯,以"厘"作为利率的单位。"年利1厘"是指借贷资金1年的利息,按本金的1%计算;"月利1厘"是指借贷资金1个月的利息,按本金的1‰计算;"日利1厘"是指借贷资金1天的利息,按本金的1‰计算。

三、利息的计算

利息计算有单利法和复利法两种基本方法。

1. 单利法

单利法是指在计算利息额时,只按本金计算利息,不将利息额加入本金进行重复计算的方法。由于计算简单,债务人的利息负担比较轻,所以常用于短期借贷。

计算利息有本金、利率和期限三个基本要素。利息的多少与这三个要素成正比关系,其公式为

$$I = Prn$$
$$S = P(1+rn)$$

式中,I 为利息额;S 为到期日的本利和;P 为本金;r 为利率;n 为计算期数。

【例6-1】 王某存入银行一笔20万元的存款,存期为5年,年利率为6%,按单利法计算,王某到期后能收回的本利和是多少?

解:5年的本利和＝200 000×(1+6%×5)＝260 000(元)

2. 复利法

复利法是指将按本金计算出来的利息额计入本金,重复计算当期利息的一种方法。复利法下,每经过一个计息期,都要将利息加到本金再计利息,逐期滚算,俗称"利滚利"。其本利和表示为

$$S = P(1+r)^n$$
$$I = P[(1+r)^n - 1]$$

【自主探究】用复利计算例6-1中的本利和是多少?

单利计算利息,手续简便,易于计算借款成本,也有利于减轻债务人的利息负担。复利计算利息,有利于提高资金的时间观念,有利于发挥利息的杠杆调节作用,提高社会资金的使用效益。

四、利率的分类

1. 官定利率、市场利率和公定利率

根据是否按市场机制自由变动,利率可以分为官定利率、市场利率和公定利率。官定利率又称法定利率、政策利率,是政府当局通过中央银行制定的利率,是国家为了实现调控目标而实施的政策手段。市场利率是由借贷双方通过竞争而形成的利率,随资金供求状况的变化而变化。公定利率是介乎市场利率与官定利率之间、由非政府部门的金融行业自律性组织所确定的利率,目的是维护公平竞争。官定利率在整个利率中处于主导地位,影响和引导市场利率的变化。但是由于市场利率能及时、灵敏地反映借贷资金的供求状况,因此市场利率又是政府制定管理利率的依据。

2. 固定利率和浮动利率

按在借贷期内是否调整,利率可分为固定利率和浮动利率。固定利率是指在借贷期间固定不变、不随借贷资金供求关系的变化而波动的利率。浮动利率是指在借贷期间,随市场利率的变化定期调整的利率,调整期限和调整依据由借贷双方在签订借贷协议时商定。浮动利率可以减少借贷双方承担的利率风险,但手续繁杂、费用成本高。目前,我国的存款业务一般为固定利率,贷款业务一般为浮动利率。

3. 名义利率和实际利率

按照与通货膨胀的关系以及是否考虑物价变动,利率可分为名义利率和实际利率。名义利率是指没有剔除通货膨胀因素的利率,是借贷合同和有价证券上载明的利率。实际利率是指已经剔除通货膨胀因素后的利率。两者关系可表示为

$$实际利率＝名义利率－通货膨胀利率$$

如果不发生货币贬值,则名义利率与实际利率一致。

4. 贷款利率和存款利率

贷款利率是贷款利息额与贷款本金的比率;存款利率是存款利息额与存款本金的比率。从银行角度看,存款利率是借入资金的“价格”,贷款利率是贷出资金的“价格”,存贷款利率之间应保持一定的差距,以保证金融企业有利可图。

此外,利率还可以分为长期利率和短期利率、普通利率和优惠利率等。

五、影响和决定利率变化的因素

信用的作用必须通过利息才能有效地发挥出来,但利息的调节作用又主要通过利率的高低变化来实现。影响利率的主要因素有以下几点。

1. 社会平均利润率

社会平均利润率是决定利率变化的基本因素。利息是企业利润的一部分,利率的高低就必然会受到社会平均利润率的制约。利率总是在平均利润率与零之间上下波动。在其他条件不变情况下,平均利润率越高,利率一般也就越高;反之则越低。

2. 资金供求状况

利息是借贷资金使用权的“价格”。当资金供过于求时,利率就会下降;当资金供不应

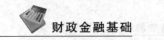

求时,利率就会提高。当然,利率对资金供求变化的反应并非只是被动消极的,它也积极地反作用于资金供求。

3. 物价水平

物价上涨情况下,利率最低限是要保证实际利率大于零,即不出现负利率。在负利率的情况下,存款人所得的利息不足以补偿物价上涨的损失,使持有货币的个人或单位不愿意把钱存入银行,而宁愿去购买商品以图保值。

4. 银行存贷利差

一般来说,银行贷款利率应高于存款利率,这两者之间的差额称为利差,是银行收入的主要来源。利差的水平必须适当。利差过大,会影响信贷资金的平衡和货币流通的稳定。利差过小,不仅影响银行经营的积极性,而且会削弱利息的杠杆作用,不能起到促进企业合理使用资金的作用,甚至会引发信用膨胀。

5. 国家经济政策

利息政策是国家宏观经济政策的重要组成部分。当国家期望刺激经济发展时,会选择较低的利率水平;当国家要抑制经济膨胀时,则会选择较高的利率水平。

6. 国际利率水平

在开放经济体系中,国际经济联系使国内市场利率受到国际市场利率的深刻影响,这种影响通过国际资金流动得以实现。当国际市场利率高于国内利率时,国内货币资本流向国外;当国际市场利率低于国内利率时,则国外货币资本流入国内。

任务五　治理通货膨胀与通货紧缩

一定时期经济运行中的货币需求与货币供给应在动态上保持一致,达到货币均衡。如果由于各种原因打破这种均衡,就会出现通货膨胀或通货紧缩。

一、通货膨胀

通货膨胀是货币供给过度引起的单位货币贬值的经济现象,它破坏经济运行的正常秩序,降低资源配置效率,是各国货币供求管理的重点防范对象。

财经史话:历史
上的通货膨胀

(一)通货膨胀的概念

通货膨胀是指实际货币供应量超过现实商品供应量决定的货币需求量而引起的一般物价水平出现了普遍、持续的上涨现象。通货膨胀有三个明显的特征:①通货膨胀是纸币流通条件下的货币现象;②通货膨胀是货币过量发行引起的,会导致货币贬值;③通货膨胀是一般物价水平的持续上涨。货币过量发行是导致通货膨胀的主要原因,货币贬值是通货膨胀的实质所在,而物价上涨则是通货膨胀的必然表现与结果。三者同时出现,才能判断出现通货膨胀。

微课：通货膨胀
的成因与调控

（二）通货膨胀的分类与成因

随着经济的发展，通货膨胀也日趋复杂和多样化。从不同的角度通货膨胀有多种不同的类型。

1. 根据物价总水平上涨的不同幅度分类

根据物价总水平上涨的幅度，通货膨胀可分为以下三种：①年物价总水平上涨幅度在 2%～5%，属于温和的通货膨胀；②年物价总水平上涨幅度在 5%～10%，属于严重的通货膨胀；③年物价总水平上涨幅度在 10% 以上的，属于恶性通货膨胀。

知 识 拓 展

一般认为，物价总水平持续上涨控制在 2% 以内，可视为物价稳定，只有超过 2% 才能视为发生了通货膨胀。

2. 依据性质差异和产生的原因不同分类

依据性质差异和产生的原因不同，一般将通货膨胀划分为需求拉动型通货膨胀、成本推动型通货膨胀、结构失衡型通货膨胀等。

（1）需求拉动型通货膨胀。需求拉动是指总需求大于总供给引起一般物价水平持续上升而形成的通货膨胀。流通中的货币都是有支付能力的需求或有效需求，都要完成货币向商品的转化。社会总需求大于总供给，较多的货币追逐相对少量的商品，必然导致物价上涨，引起通货膨胀。

（2）成本推动型通货膨胀。在社会商品和劳务总需求不变的情况下，由于生产成本提高，引起产品价格上涨而形成的通货膨胀，它是从供给方面带动通货膨胀。推动成本上升的因素有工资过快增长、垄断企业肆意涨价、进口成本增加等。

（3）结构失衡型通货膨胀。在整个经济中总需求和总供给处于平衡状态时，经济结构失衡也会引起一般物价水平上涨，即由于产业结构、消费结构、部门结构等失衡而引发通货膨胀。

总之，通货膨胀是一种非常复杂的经济现象，往往是由多种原因引起的，除上述因素外，还存在诸如供给不足、预期不当、体制因素等其他原因引起的通货膨胀。

（三）通货膨胀的社会影响

1. 通货膨胀破坏生产

通货膨胀对生产的影响主要表现在以下几个方面：一是持续的通货膨胀会导致生产资本减少。因为商品价格的上涨会使企业的生产成本迅速上升，资金利润率下降，同样的资本投资于生产领域比投资于流通领域特别是投资于金融市场获利要少得多。所以，在通货膨胀条件下，原来已在生产领域的资金会流向流通领域和金融市场，其后果是生产萎缩。二是改变生产格局，导致不合理的生产结构。在通货膨胀期间，由于各种商品价格的

上涨幅度不一致,因而造成各部门、各行业之间的利润分配不平衡,从而导致资源在各部门、各行业的配置不合理,造成资源消费,影响国民经济发展。三是通货膨胀使货币贬值,相关成本上涨,企业设备更新和技术改造难以进行。四是由于原材料的价格上涨快于产成品,会出现原材料越短缺、越囤积,短缺和囤积并存的不良现象。

2. 通货膨胀扰乱流通

通货膨胀打乱正常的社会流通渠道。存在通货膨胀时,不同地区、不同行业的物价上涨幅度不同,因而商品流通就会冲破原有渠道,改变流向,向价格上涨更快的地方流动,这就打乱了企业之间原有的购销渠道,破坏了商品的正常流向。另外,在通货膨胀情况下,人们为了避免货币贬值的损失,会把货币换成商品,囤积居奇,使本来就不平衡的供给需求矛盾加深,又会反过来推动物价水平的不断上涨。

3. 通货膨胀引起分配不公

通货膨胀条件下,货币供应量增加,使整个社会的名义收入增加,但增加的这部分名义收入不会均衡地分配于社会各阶层。通常会使实际财富持有者得利,货币财富持有者受损;债务人和投机者得利,而债权人、固定收入者、低收入者和纳税人受损;浮动收入者得利,固定收入者受损。通货膨胀冲击按劳分配原则,加剧了分配不公。

4. 通货膨胀导致消费下降

通货膨胀使居民的货币收入因物价上涨而下降,实际上是消费水平的下降;同时,通货膨胀造成的市场混乱,使投机活动猖獗,加剧市场供需之间的矛盾,使消费者遭受更大的损失。

【自主探究】在物价飞涨时,人们会说:"投资不如投机""存钱不如存货""生产不如囤积"。这些说法对吗?为什么?

(四)通货膨胀的治理对策

1. 调节和控制社会总需求

在财政政策方面,主要措施包括:①增加税收。增加税收是为了增加财政收入,弥补财政赤字,减少因赤字带来的货币发行。同时,税收增加会使企业利润和个人可支配的收入相对减少,从而使企业的投资需求和个人消费减少,抑制总需求。②减少政府开支。在财政收入一定的条件下,削减政府的预算支出,可以相应减少财政赤字和为弥补财政赤字而增加的货币发行。同时削减政府的预算支出本身也减少了社会总需求。

在货币政策方面,主要措施包括:①降低货币供应量以抑制总需求。如通过中央银行提高存款准备金比率、在公开市场抛售证券等。②提高利率以抑制投资需要、压缩市场货币供应量来控制和压缩需求膨胀。

2. 增加商品的有效供给

增加商品的有效供给是治理通货膨胀的另一个重要方面。一般来说,增加有效供给的主要手段是降低成本,减少消耗,提高经济效益,提高投入产出的比例。同时,调整产业结构,支持短缺商品的生产。

3. 调整经济结构

治理经济结构失调引起的通货膨胀,就要从调整经济结构入手。如果各产业部门之间能够保持一定的比例,会避免某些产品的供求因结构性失调而推动物价上涨,尤其是食品、原材料、能源等关键性产品。因此,政府应通过宏观的财政和货币政策,即利用税收、公共支出、利率及信贷等进行结构调整,以影响需求和供给的结构,避免结构失调引起通货膨胀。

二、通货紧缩

(一)通货紧缩的含义

通货紧缩是指流通中的货币供应量少于实际需求量,从而引起货币升值,商品价格持续下降,生产疲软,有效需求严重不足的一种经济现象。

通货紧缩的具体表现包括:①物价持续下降,是指在较长时间内总物价水平持续下降的动态过程;②商品有效需求不足;③生产下降,经济衰退,由于有效需求不足,商品价格下降,企业利润降低甚至发生亏损,生产性投资明显减少,市场萎缩;④失业增加,由于工厂开工不足,失业人数增加,工资收入下降,进一步制约有效需求,导致经济增长连续下降。

财经史话:历史
上的通货紧缩

(二)通货紧缩的危害

长期以来,通货紧缩的危害往往被轻视,认为它远远小于通货膨胀对经济的威胁。然而,通货紧缩的历史教训和全球性通货紧缩的严峻现实,迫使人们认识到,通货紧缩与通货膨胀一样,会对经济发展造成严重危害。

1. 通货紧缩会导致和加速经济衰退

通货紧缩既是经济紧缩的结果,又是经济进一步紧缩的原因。由于通货紧缩提高了货币购买力,人们更倾向于储蓄而减少消费。与此同时,物价的持续下跌会使实际利率水平上升,企业投资成本增加,迫使企业减少投资。消费和投资水平的下降必然造成经济萎缩和衰退。

2. 通货紧缩可能引发银行危机

通货紧缩有利于债权人而损害债务人,通货紧缩使货币越来越昂贵,实际上加重了借款人的债务负担,使借款人无力偿还贷款,从而导致银行形成大量不良资产,甚至使银行倒闭,金融体系崩溃。

3. 通货紧缩导致社会财富缩水

在通货紧缩下,失业人数增加,居民收入降低,在使货币越来越昂贵的同时,会产生商品和资产价格的持续下跌,股市狂跌,居民拥有的货币资产和实物资产价格下降,居民财富缩水。通货紧缩产生负面的财富效应,使企业财富缩水,降低资产抵押或担保价值,加重企业债务,加速企业破产。

(三)通货紧缩的治理

1. 实行积极的财政政策

积极的财政政策不仅意味着扩大财政支出,还意味着要优化财政支出结构,以增大财

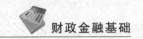

政支出的"乘数效应"。扩大财政支出,可以发挥财政支出在社会总支出中的作用,弥补个人消费需求不足造成的需求减缓,起到"稳定器"的作用。优化财政支出结构,使财政支出能最大化地带动企业或私人部门的投资,以增加社会总需求。

2. 运用积极的货币政策

实行积极的货币政策就要求中央银行及时做好货币政策的微调,适时增加货币供应量,降低实际利率,密切关注金融机构的信贷行为,通过灵活的货币政策促使金融机构增加有效贷款投放量,以增加货币供给。

主要有以下手段:①增加货币供应量,尤其是扩大中央银行基础货币的投放;②下调法定存款准备金率和完善准备金制度;③加速货币信贷主体的货币投放,消除货币投放中的障碍。

3. 优化产业结构

实行恰当的产业政策在反通货紧缩体系中占有重要地位。要强调结构优化,推动技术产业升级,同时鼓励和补助高科技产业及能够带动高就业的产业;坚决压缩无效供给,优化资源配置,把投资环境和结构调整作为衡量一个地区发展水平和政绩的重要指标。同时,还要以制度创新、技术创新为重点。

学以致用

项目六即测即评

项目六问答题

项目七
融通天下——金融机构

【知识目标】

1. 掌握金融机构的概念和分类。

2. 了解中央银行的产生与发展，理解中央银行的性质与职能，掌握中央银行的主要业务。

3. 掌握商业银行的职能和主要业务。

4. 掌握非银行金融机构的分类，了解非银行金融机构的业务范围。

【能力目标】

1. 认识我国各类银行和非银行金融机构在金融体系中的地位。

2. 辨析中央银行、商业银行不同业务类型，并能办理相关的业务。

【素养目标】

1. 到银行和非银行金融机构实地调查、学习，知行合一，学以致用，提高感性认识和理论联系实践的能力。

2. 学习中央银行和商业银行的业务，树立规则意识和金融安全意识，提高专业素养和职业操守。

【引导案例】

我国金融机构运行情况

2023 年 5 月 18 日国家金融监督管理总局发布了 2023 年一季度末我国银行业金融机构运行情况。数据显示，2023 年一季度，我国银行业和保险业整体运行情况如下。

一是银行业和保险业总资产稳健增长，我国银行业金融机构本外币资产总额 397.3 万亿元，同比增长 10.9%；保险公司总资产 28.4 万亿元，较 2023 年年初增长 4.5%。

二是银行业和保险业金融服务持续加强，银行业金融机构用于小微企业的贷款余额 64.5 万亿元；保险公司原保险保费收入 1.9 万亿元，同比增长 9.2%；赔款与给付支出 4 932 亿元，同比增长 9.3%；新增保单件数 158 亿件，同比增长 34.6%。

三是商业银行信贷资产质量基本稳定，2023 年一季度末，商业银行不良贷款余额 3.1 万亿元，较 2022 年第四季度末增加 1 341 亿元；商业银行不良贷款率 1.62%，较 2022 年第四季度末下降 0.01%；商业银行正常贷款余额 189.4 万亿元，其中正常类贷款余额 185.3 万亿元，关注类贷款余额 4.2 万亿元。

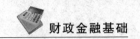

四是商业银行利润增速下行,风险抵补能力整体充足。2023年一季度,商业银行累计实现净利润6 679亿元,同比增长1.3%,增速同比下降6.1%。平均资本利润率为10.32%。平均资产利润率为0.81%。

五是商业银行(不含外国银行分行)资本充足率为14.86%。一级资本充足率为11.99%。核心一级资本充足率为10.50%。

六是商业银行流动性水平保持稳健,商业银行流动性覆盖率为149.46%,较2022年第四季度末上升2.06%;流动性比例为62.97%,较2022年第四季度末上升0.12%;人民币超额备付金率1.95%,较2022年第四季度末下降0.1%;存贷款比例(人民币境内口径)为77.57%,较2022年第四季度末下降1.18%。

资料来源:余嘉欣,钱林浩.一季度末我国银行业金融机构资产总额397.3万亿元[N].金融时报,2023-05-22.

【知识导图】

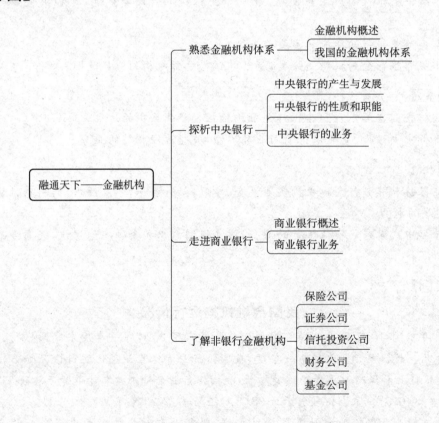

任务一　熟悉金融机构体系

人们的衣食住行大多数与金融活动有关,例如存款、取款、炒股、买保险等,而生活中要完成这些金融活动,就不可避免地会和金融机构打交道,如存取现金要去银行网点,炒股要去证券公司开设证券账户,投保要和保险公司签订保险合同等。这里的银行、证券公司、保险公司起到了连通资金盈余者和资金需求者的金融中介作用,属于典型的金融机构。

一、金融机构概述

(一)金融机构的概念

金融机构是资金盈余者与资金需求者之间融通资金的信用中介,是金融体系的重要组成部分,在整个国民经济运行中起着举足轻重的作用。金融机构通过疏通、引导资金的流动,促进和实现了金融资源在经济社会中的有效配置,提高了社会经济运行的效率。例如,银行(金融机构)是连通储户(资金盈余者)和贷款者(资金需求者)的桥梁和纽带。上市公司(资金需求者)通过投资银行(承销商)发行股票(金融工具)来筹集资金,用于公司的日常经营和发展,股东(资金盈余者)通过购买股票以获取上市公司的分红和资本利得。

(二)金融机构的分类

金融机构的种类繁多,按照不同的标准,可以划分为不同的种类。不同种类金融机构既有自己独特的业务,也会有交叉融合业务。

1. 按金融机构的功能性质分类

市场经济条件下,按金融机构的地位、功能、性质,可以分为金融调控、金融监管与金融中介三个层次。

2. 按金融机构的业务类别分类

按金融机构的业务类别,金融机构通常分为银行与非银行金融机构两大类(存款类与非存款类)。

3. 按是否承担国家政策性融资任务分类

按是否承担国家政策性融资任务,金融机构可划分为政策性金融机构和非政策性金融机构。

【自主探究】你去过哪些金融机构?办理过什么业务?

(三)金融机构体系

金融机构体系是金融体系的重要组成部分,是指从事金融活动中各类经济组织和机构所组成的相互补充、有机结合的系统。在金融机构系统中,各个金融机构既相互联系、相互依存,又相互竞争、相互影响。同时,它们共同促进金融体系的发展,共同为经济社会提供金融产品和服务,在经济和金融活动中发挥重要作用。

二、我国的金融机构体系

目前,我国的金融机构是以中央银行为核心,以商业银行和政策性银行为主体,多种金融机构并存,分业经营,相互协作的格局。

（一）金融监管机构

我国金融监管机构可以概括为"一行一局一会"。"一行"是中国人民银行，主要专注货币政策和宏观审慎监管；"一局"是国家金融监督管理总局，集机构监管与行为监管于一身；"一会"是中国证券监督管理委员会，专门负责资本市场监管。

财经素养：
我国金融监管
体制改革历程

1. 中央银行

中央银行是国家赋予其制定和执行货币政策，对国民经济进行宏观调控和管理监督的特殊金融机构。我国的中央银行是中国人民银行。中国人民银行是在国务院领导下管理全国金融事业的国家机关，履行国家赋予的中央银行职能。中国人民银行总行的主要任务是在国务院领导下制定和执行货币政策，对金融业实施监督管理。

2. 国家金融监督管理总局

2023年5月，在中国银行保险监督管理委员会基础上组建了国家金融监督管理总局，是国务院直属机构。国家金融监督管理总局主要有依法对除证券业之外的金融业实行统一监督管理，强化机构监管、行为监管、功能监管、穿透式监管、持续监管，统筹金融消费者权益保护，对银行业机构、保险业机构、金融控股公司等实行准入管理，加强风险管理和防范处置，依法查处违法违规行为等15项职责。

3. 中国证券监督管理委员会

中国证券监督管理委员会（简称中国证监会）成立于1992年10月，是国务院直属机构，主要职责包括：依法对证券业实行统一监督管理，强化资本市场监管职责；统一监督管理全国证券期货市场；监管股票、可转换债券、存托凭证等权益类证券的发行、上市、交易等16项职责。

（二）商业银行体系

商业银行以追求利润为主要经营目标，以存款、贷款为主，全方位经营各类金融业务，并能够利用负债进行信用创造的金融机构。《中华人民共和国商业银行法》规定商业银行在境内"不得从事信托投资和股票业务""不得投资于非自用不动产""不得向非银行金融机构和企业投资"。我国商业银行业务与信托、证券等投资银行业务必须实行分业经营，不能交叉。我国的商业银行体系包括国有控股商业银行、其他股份制商业银行、城市商业银行、农村商业银行和村镇银行等。

1. 国有控股商业银行

我国国有独资商业银行共六家，包括1995年《中华人民共和国商业银行法》实施后，由专业银行转轨而成的中国工商银行、中国农业银行、中国银行、中国建设银行四家，以及2003年起通过股份制改造形成的交通银行和中国邮政储蓄银行。这六家银行目前无论是在人员总数、机构网点数量，还是在资产规模及市场占有份额上，都在我国整个金融领域中处于绝对的优势地位，并且位列全球银行1 000强前20名。

数 说 财 金

2023 年全球银行 1 000 强发布，140 家中国内地银行上榜

在英国《银行家》杂志（The Banker）发布的 2023 年度全球银行 1 000 强排名（Top 1 000 World Banks）中，中国工商银行、中国建设银行、中国农业银行和中国银行连续第六年位于前四名。中国工商银行以 4 973 亿美元的一级资本，破纪录连续 11 年位居榜首。虽然其一级资产下降了 2.27%，但其总资产却增长了 2.63%。

该排名基于一级资本，为衡量银行实力的关键指标。据《银行家》的统计，2023 年，全球银行业总一级资本下降 2.08% 至 10.2 万亿美元，总资产下降 1.65% 至 151.7 万亿美元，而综合税前利润下降 6.46% 至 1.3 万亿美元。

中国内地连续第二年有 140 家银行上榜，其中前 20 名中，中国商业银行有 10 家，见表 7-1。总资产总额增长 1.12% 达到 42 万亿美元，贷款总额增长 1.57% 达到 24.8 万亿美元，存款总额增长 0.87% 达到 31.3 万亿美元。总体而言，中国持有全球 32.67% 的一级资本和 27.69% 的资产。考虑到强势美元的效应，中国在一级资本和资产增长方面仍然继续超越其最接近的竞争对手美国。美国受益于强势美元，在 2023 年的榜单上又增加了 10 家银行，使其上榜的银行总数达到 196 家。

表 7-1　全球银行 1 000 强排名前 20 名　　　　单位：亿美元

排名	银　行	总部	一级资本	排名	银　行	总部	一级资本
1	中国工商银行	中国	4 972.81	11	招商银行	中国	1 315.88
2	中国建设银行	中国	4 072.29	12	中国邮政储蓄银行	中国	1 173.12
3	中国农业银行	中国	3 798.67	13	农业信贷银行	法国	1 138.98
4	中国银行	中国	3 394.84	14	三菱日联金融集团	日本	1 113.55
5	摩根大通	美国	2 456.31	15	法国巴黎银行	法国	1 100.48
6	美国银行	美国	2 084.46	16	高盛集团	美国	1 085.52
7	花旗集团	美国	1 691.45	17	兴业银行	中国	1 069.79
8	富国银行	美国	1 525.67	18	浦发银行	中国	971.10
9	交通银行	中国	1 454.43	19	中信银行	中国	960.62
10	汇丰控股	英国	1 390.67	20	桑坦德银行	西班牙	883.33

资料来源：http://www.thepaper.cn/newsDetail_forward_23796681.

2. 其他股份制商业银行

截至 2024 年 6 月末，我国的股份制商业银行主要有招商银行、兴业银行、中信银行、平安银行、光大银行、浦发银行、民生银行、华夏银行、广发银行、浙商银行、恒丰银行、渤海银行 12 家。这些银行可以在全国范围内开展业务，其股本金来源除国家投资外，还包括境内外企业法人投资和社会公众投资。

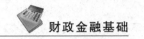

3. 城市商业银行

城市商业银行是在原城市信用社的基础上,由城市企业、居民和地方财政投资入股组成的地方性股份制商业银行,主要为地方经济服务,重点是为城市中小企业服务,不能跨区经营。截至 2024 年 6 月末,我国有北京银行、上海银行、宁波银行、江苏银行、中原银行等 124 家城市商业银行。

4. 农村商业银行和村镇银行

随着农村金融体制改革的不断深化和农村经济发展的需要,经中国人民银行批准,2001 年 11 月,在农村信用社基础上改制组建的首批股份制农村商业银行在江苏省的张家港、常熟、江阴成立,之后陆续在全国推广。截至 2024 年 6 月末,全国共有 1 577 家农村商业银行。2006 年,为增加农村金融供给,我国又开始在农村地区设立主要为当地农民、农业和农村经济发展提供金融服务的村镇银行,截至 2024 年 6 月末,全国已共有村镇银行 1 620 家。

(三) 政策性银行

政策性银行是指政府创立、参股或保证,为贯彻政府社会经济政策或意图,以国民经济的整体性和长远利益为目标,不以营利为目的,在特定的业务领域从事政策性融资活动的专业性金融机构。在经济发展过程中,常常存在一些商业银行不愿融资的领域或其资金实力难以达到的领域。这些领域又对国民经济发展、社会稳定具有重要意义,投资规模大、周期长、经济效益低、资金回收慢的项目,如农业开发项目、基础设施建设项目等。为此,各国通常成立政策性银行,专门扶持这些项目融资。1994 年,我国先后成立了国家开发银行、中国农业发展银行和中国进出口银行三家政策性银行,其业务范围有严格的政策界定,并接受中国人民银行的监督。

1. 国家开发银行

国家开发银行是我国成立最早、规模最大的政策性银行,注册资本 500 亿元。主要为国家重点项目、重点产品、基础产业和薄弱环节。国家开发银行认真贯彻国家宏观经济政策,发挥宏观调控职能,支持经济发展和经济结构战略性调整,主要为国家经济发展命脉的基础设施、基础产业和支柱产业重大项目及配套工程建设提供金融支持。截至 2023 年年底,国家开发银行在全国设有 38 家一级分行(含香港分行)和四家二级分行,境外设有俄罗斯莫斯科、埃及开罗、英国伦敦、澳大利亚悉尼等 11 家代表处。

2. 中国农业发展银行

中国农业发展银行是直属国务院领导的国有政策性银行,也是我国唯一一家农业政策性银行,注册资本 200 亿元。中国农业发展银行的主要职责是按照国家的法律、法规和方针、政策,以国家信用为基础,筹集资金,承担国家规定的农业政策性金融业务,代理财政支农资金的拨付,为农业和农村经济发展服务。截至 2023 年年底,中国农业发展银行共设有 31 个省级分行。

3. 中国进出口银行

中国进出口银行是直属国务院领导、政府全资拥有的政策性银行,其国际信用评级与国家主权评级一致,注册资本 33.8 亿元。中国进出口银行的主要职责是围绕服务国家战略,侧重于对外贸易、跨境投资和"一带一路"建设,主要业务为出口信贷、政府贷款、混合贷款、银团贷款、进出口保险等。

(四) 非银行金融机构

非银行金融机构是指不通过吸收存款筹集资金的金融机构。目前,我国的非银行金融机构主要包括保险公司、信托投资公司、证券机构、基金管理公司、财务公司、金融租赁公司、汽车金融公司、金融资产管理公司、信用合作机构、金融科技公司等。在中国人民银行、中国证券监督管理委员会、国家金融监督管理总局的领导和监督下,这些非银行金融机构在内部管理体制上更加完善,在运作机制上更加灵活,在业务行为上更加规范。它们的存在和发展,是我国金融体系不可缺少的重要组成部分。

财经素养:新中国金融体系的发展变迁与历史经验

任务二　探析中央银行

中央银行在现代经济体系中的地位和作用非常突出,一方面,它为商业银行提供流动性支持和清算服务,成为商业银行开展业务的后盾,是整个金融运行的核心;另一方面,作为政府的银行还承担货币政策执行者和金融系统监管者双重职能,是全社会货币、信用的调节者,也是经济社会稳定、健康发展的主要组织者和保证者。

一、中央银行的产生与发展

(一) 中央银行产生的必要性

中央银行的产生有两个基本前提:一是商品经济的发展比较成熟;二是金融业的发展对此有客观要求。建立和发展中央银行的必要性主要体现在四个方面。

1. 统一货币的需要

在银行业发展初期,几乎每家银行都有发行银行券的权利,但随着经济的发展、市场的扩大和银行机构的增多,分散发行的银行券只能在国内有限的地区流通,对已经迅速发展的商品经济造成了阻碍。这在客观上要求由一家大银行来统一发行银行券。

2. 票据清算的需要

银行制度的建立和发展带来了支票等银行票据的流通,依托于银行的转账结算也成为货币流通的主要渠道。各家银行之间的债权债务关系日益复杂,各家银行自行轧差进行当日清算已发生困难,而票据交换及清算若不能得到及时、合理处置,就会严重阻碍经济的顺畅运行。因此,需要有一个更权威的、全国性的、统一的清算中心。

3. 最后贷款人的需要

商业银行在经营过程中,经常会出现某些临时性的资金不足,尽管可以通过银行债券、同业拆借或回购协议方式筹资,但有时这些方式并不能满足需要。这在客观上就需要

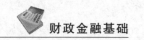

一个经济实力雄厚的部门向商业银行提供资金支持,充当商业银行的最后贷款人,以帮助商业银行渡过暂时的难关,这对于维护银行体系的稳定是非常重要的。中央银行的出现正是适应了这样的客观需求。

4. 金融宏观调控与监管的需要

由于一国金融机构数量众多,业务繁杂,需要接受严格的金融监管,否则可能会因金融风险引发行业动荡,甚至引发严重的金融危机。中央银行作为一国金融机构体系的核心,不仅业务上与一般银行有密切联系,而且必须能依据政府的意图制定一系列金融政策和管理条例,管理本国的金融机构,以此来统筹、管理和监督全国的金融活动。很显然,中央银行是最为合适的。

(二)中央银行制度的产生与发展

中央银行是适应商品货币信用及商业银行体系发展的需要而产生的。就世界范围来说,中央银行最早产生于17世纪后半期,形成于19世纪初叶。最早的中央银行可以追溯到1656年的瑞典银行和1694年的英格兰银行。英格兰银行是中央银行发展史上的一个重要里程碑,是现代中央银行的鼻祖,最先真正、全面地发挥了中央银行的职能。

中央银行的发展大致可分为两个阶段。

1. 中央银行的普遍推行时期

第一次世界大战后,各国先后放弃金本位制,发生恶性通货膨胀,货币制度出现混乱。1920年布鲁塞尔国际金融会议大大推进了各国中央银行的普遍建立。以布鲁塞尔会议为主要推动力,到第二次世界大战结束时止,是中央银行的普遍推行时期。

2. 中央银行的强化时期

第二次世界大战后,世界经济遭到了严重破坏,各国普遍信奉凯恩斯的宏观经济理论,以财政政策、货币政策来调控经济,考虑到中央银行在货币政策制定和执行中的地位,各国加强了中央银行制度的建设,把货币信用政策作为干预生产和调节经济的杠杆。中央银行是制定货币政策的重要机构,中央银行制度也因此发生了变化,地位也日益提升。

知 识 拓 展

战火中的红色央行

中央银行作为国家的银行,从战火中诞生、发展。1931年11月中华苏维埃共和国临时中央政府成立,为了建立全苏区统一的金融体系,经过积极筹备,1932年3月,以江西工农银行为基础,在江西瑞金正式成立了中华苏维埃共和国国家银行,承办了代理金库、吸收存款、发放贷款和稳定市场等方面的任务。

抗日战争时期,各根据地建立了相对独立、分散管理的根据地银行,并各自发行在本根据地内流通的货币。1946年6月26日,全面内战爆发,各解放区内统一货币被提上日程。1947年召开了华北财政经济工作会议,商议解放区货币统一和相互流通问题。各解放区货币、银行统一经历了三个阶段:一是相邻解放区接壤地带的"货币混合流通"阶段;二是南北相邻解放区的银行统一及货币固定比价、完全相互流通阶段;三是华北、华东、西北三大解放区货币相互流通阶段。此后,六大解放区的六种货币实现了南北、东西方向的相互大流通。

随着解放区的不断扩大,筹建中国人民银行的工作迫在眉睫。1948 年 12 月 1 日,石家庄市华北人民政府宣布华北银行、北海银行、西北农民银行合并为中国人民银行,这无疑是中国金融史上浓墨重彩的一笔。同时,由中国人民银行发行的人民币在华北、华东、西北三区统一流通,所有公私款项收付及一切交易,均以人民币为本位货币。人民银行成立后,便着手设计新中国金融体系。1949 年 2 月,中国人民银行总行从石家庄迁入北平,根据"边接管、边建行"的方针,开始接管官僚资本银行。

从在全面抗战中奠定坚实的金融基础,到在解放战争中探索金融支持创立新政权,中国共产党领导的金融事业砥砺前行,实现了从无到有、从弱到强的跨越发展。

(三) 中央银行的类型

财经史话:
中央银行制度
的发展演变

从全球范围内来看,中央银行包括单一中央银行制、复合中央银行制、准中央银行制、跨国中央银行制等类型。

1. 单一中央银行制

单一中央银行制是指国家设立专门的中央银行机构,纯粹行使中央银行职能,有一元制和二元制两种具体的形式。一元制中央银行制度是指全国只设一家中央银行,下设若干分支机构。世界上绝大多数国家都实行这种类型的中央银行制度,并且通常将总行设在首都,各国中央银行的分支结构一般都按经济或行政区设立。实行单一式中央银行制度比较典型的国家主要是英国、法国、日本等。二元制中央银行制度是指全国设立中央一级机构和相对独立的地方一级机构,作为一个体系构成中央银行制度。在这种制度下,地区性中央银行不是总行的分支机构,它们除执行统一的货币政策外,在业务经营管理上具有较大的独立性,实行二元制中央银行制度的国家有美国、德国等。

2. 复合中央银行制

复合中央银行制是指国家银行既具有中央银行职能又具有商业银行职能。复合中央银行制又分为一体式和混合式两种类型。一体式中央银行集所有银行业务于一身,形成"大一统"的国家银行体系,社会主义国家在体制改革前多采取此结构。混合式中央银行制则是既设立国家银行(即中央银行),又设立商业银行,国家银行兼办一部分中央银行业务,而商业银行办理另一部分业务。

3. 准中央银行制

准中央银行制是指国内(或地区)没有职能完备的中央银行,而是由几个执行部分中央银行职能的机构共同组成中央银行制度。实行类似中央银行制度的国家或地区主要有新加坡、中国香港、马尔代夫、斐济、沙特、阿联酋、塞舌尔。

4. 跨国中央银行制

跨国中央银行制是指几个国家共同组成一个货币联盟,各成员国不设本国的中央银行,而由货币联盟执行中央银行职能的制度。例如西非货币联盟、中非货币联盟、东加勒

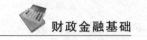

比货币联盟和欧盟等。

二、中央银行的性质和职能

（一）中央银行的性质

中央银行代表政府管理全国的金融业,处于一国金融业的领导地位,是国家机构的组成部分,具有国家管理机构的性质。中央银行又是特殊的金融机构,不以营利为目的,不经营普通商业银行的业务,其业务服务对象是商业银行等金融机构。中央银行是宏观经济运行的调控中心,是保障金融稳健运行、调控宏观经济的国家行政机构,对金融业的监督管理和对宏观经济运行发挥着重要的作用。

（二）中央银行的职能

1. 发行的银行

发行的银行是指中央银行是一国范围内唯一合法的发钞机构,负责全国本位币的发行,并通过调控货币流通,稳定币值。这是中央银行最基本、最重要的标志,也是中央银行履行全部职能的前提和基础。央行垄断货币发行,一方面有利于通货形式的统一,避免造成货币流通混乱;另一方面有利于根据经济发展的客观需要,调节货币供应量。

2. 银行的银行

银行的银行是指中央银行服务于商业银行和整个金融机构体系,履行维持金融稳定、促进金融业发展的职责。具体表现如下。

（1）集中商业银行的存款准备金。按法律规定,商业银行吸收的存款要向中央银行按规定的比例交存存款准备金,这样,一方面保证了银行的清偿能力,防止出现流动性问题;另一方面中央银行通过存款准备金率可以影响商业银行的存款准备金数量,调节货币供给,维护金融稳定。

（2）商业银行的最后贷款人。当商业银行资金不足,出现流动性困难时,可以通过再贷款或再贴现的方式从中央银行获取资金支持。最后贷款人的原则确立了中央银行在整个金融体系中的核心和主导地位。

（3）办理商业银行间的清算。由于各商业银行都有存款准备金存于中央银行,并在中央银行设有活期存款账户,所以可通过存款账户划拨款项,办理结算。中央银行建立全国范围的电子资金划拨系统,对商业银行各应收应付款项进行清算,同时对商业银行调拨资金提供划转服务。

3. 政府的银行

政府的银行是指中央银行代表国家贯彻执行财政金融政策,代为管理财政收支。具体表现如下。

（1）代理国库。中央银行经办政府的财政收支,执行国库的出纳职能,如接受国库存款,兑付国库签发的支票,代理收解税款,替政府发行公债券,还本付息等。

（2）代理政府的金融事务。具体包括:代理国债的发行和还本付息;代理政府保存和管理国家的黄金外汇储备,在金融市场上买卖黄金外汇;代表政府参加国际金融组织和各种国际金融活动;充当政府的金融顾问,提供金融方面的信息的建议等。

（3）国家最高金融管理当局。作为代表国家执行金融政策的机关,制定和执行货币政策;代表政府对银行业和金融市场实施监管。

财政金融与国计民生

我国的中央银行

《中华人民共和国中国人民银行法》明确规定:"中国人民银行是中华人民共和国的中央银行。中国人民银行在国务院领导下,制定和执行货币政策,防范和化解金融风险,维护金融稳定。"

1. 中央银行是国家调控宏观经济的工具

中央银行在宏观金融管理方面进行经营活动,它是完成国家经济目标的重要机构。中央银行利用货币政策工具,对经济进行调节、管理和干预,以稳定币值、发展经济,并代表国家制定和执行金融政策。

2. 中央银行是特殊的政府机构

中央银行是代表政府干预经济、管理金融的特殊金融机构。它既要与政府保持协调,又要有一定的独立性,可独立地制定和执行货币政策,实现稳定货币的政策目标。它作为政府机构主要负责管理,不从事经营性业务。

3. 中央银行是特殊的金融机构

中国人民银行在国务院领导下,制定和执行货币政策,防范和化解金融风险,维护金融稳定。中央银行不是普通的银行,它居于商业银行和其他金融机构之上,与商业银行和其他金融机构是调控、管理与被调控、被管理的关系。中央银行已经没有信用中介的作用,它的主要作用是制定货币政策,加强金融监管,实施金融服务。中央银行仅以政府和其他金融机构为经营对象,不以盈利为目的,对其他金融机构在央行的存款不支付利息。

三、中央银行的业务

（一）负债业务

中央银行的负债业务是形成其资金来源的主要业务,也是中央银行运用经济手段对金融实施宏观调控的基础,包括货币发行业务、代理国库业务、集中存款准备金业务等。

1. 货币发行业务

中央银行的纸币和铸币通过再贴现、贷款、购买证券、收购金银外汇等投入市场,从而形成流通中的货币。这些现金货币投入市场后,都是中央银行对社会公众的负债。因此,货币发行成为中央银行一项重要的负债业务。

2. 代理国库业务

中央银行经办政府的财政预算收支,充当政府的出纳。政府的收入和支出通过财政部在中央银行开设的各账户进行。具体来说,就是各级财政部门在中央银行开立账户,国

库资金的收缴、支出、拨付、转账结算等均委托中央银行无偿办理。这些资金是中央银行的重要资金来源,构成中央银行的负债业务。

中央银行代理国库业务,可以加强财政与金融之间的联系,使国家的财源与金融机构的资金来源相连接,充分发挥货币资金的作用,并为政府资金的融通提供一个有力的调节机制。

3. 集中存款准备金业务

中央银行作为"银行的银行",要控制商业银行的信用规模,并为商业银行间清算债权债务提供服务。这就要求商业银行必须按照规定比率将其吸收存款的一部分存储于中央银行,这部分存款被称为法定存款准确金。同时商业银行尚未贷放出去、尚未投资的存款准备金也存放在央行,这部分存款被称为超额存款准备金。这两部分存款形成了中央银行的负债。

中央银行可运用这些准备金满足银行的临时资金需要,还可以通过对商业银行存款准备金的调节来控制商业银行的贷款数量和投资数量。如中央银行降低法定存款准备金率,即可增加商业银行的超额存款准备金,使商业银行贷款和投资的能力提高;提高法定存款准备金率,就可减少商业银行的超额存款准备金,其贷款和投资能力下降。

中央银行还有发行债券、国外负债、发行中央银行票据等其他负债业务。

【自主探究】社会公众可以到中国人民银行去存钱吗? 为什么?

(二) 资产业务

中央银行的资产是指中央银行在一定时点上所拥有的各种债权,包括政府贷款、再贴现和再贷款业务、有价证券买卖业务、金银和外汇储备业务。

1. 政府贷款

中央银行作为"国家的银行"吸收财政存款,并在政府资金困难时为其提供贷款。中央银行为政府提供的贷款一般有贷款和透支两种形式。贷款是指各级政府有计划地向中央银行借款。透支是指各级政府在其收不抵支时,中央银行自动垫支。由于透支的无计划性,往往会导致中央银行的货币发行量增加,引发或加剧通货膨胀,所以一般情况下各国的中央银行予以禁止。我国也是如此,贷款仅限于中央财政。《中华人民共和国中国人民银行法》规定:"中国人民银行不得对政府财政透支,不得直接认购、包销国债和其他政府债券。""中国人民银行不得向地方政府、各级政府部门提供贷款,不得向非银行金融机构以及其他单位和个人提供贷款,但国务院决定中国人民银行可以向特定的非银行金融机构提供贷款的除外。"

2. 再贴现和再贷款业务

金融机构取得中央银行借款一般有两种方式:一是把工商企业已贴现的票据向中央银行办理再贴现;二是以有价证券作抵押向中央银行申请借款。中央银行可以配合政府的经济政策,把贴现业务作为调节资金的一种手段。例如通过提高或降低再贴现率以紧缩或扩张信用。

财政金融与国计民生

人民银行河南省分行多措并举支持春耕

　　三月的中原大地,春风正劲。全省各地正抢抓农时,积极投入春季农业生产,田间沃土机声隆隆,一派繁忙景象。河南作为农业大省,春耕备耕资金需求旺盛。人民银行河南省分行针对春耕备耕信贷资金需求广、时间紧的特点,指导全省人民银行和金融机构在资金保障、服务提升、产品创新上协同发力,全力保障春耕生产资金需求,为春耕备耕按下了"加速键"。截至 2024 年 2 月末,累计投放再贷款、再贴现资金 153.6 亿元,其中,累计发放支农再贷款 14.1 亿元。同时,指导金融机构备足资金,加大春耕生产信贷投放力度,全省金融机构累计发放春耕备耕信贷资金超过 110 亿元,帮助广大农户、农企解决春耕资金问题,为实现夏粮和全年农业丰收、落实乡村振兴战略提供有力的金融支撑。

　　人民银行河南省分行指导全省金融机构坚持优先服务"三农"理念,充分发挥各自优势,分类施策开展服务。政策性银行充分发挥支农主办行作用,重点支持高标准农田、水利基础设施等春耕关键领域。农发行河南省分行投放高标准农田项目贷款 28 个、审批金额 90.63 亿元,支持高标准农田建设 300.53 万亩;支持农业科技及种业企业 37 家,贷款余额 40 亿元。农业银行河南省分行综合运用惠农 e 贷、农户小额贷款等多种金融产品,累计新增农户建档 48 万户,累计发放贷款 585 亿元,有力保障了粮食生产安全。

　　资料来源:http://zhengzhou.pbc.gov.cn/zhengzhou/124178/5314597/index.html.

　　3. 有价证券买卖业务

　　中央银行在金融市场上买卖有价证券,借以向流通市场投放或回笼资金的活动也就是公开市场业务。中央银行持有证券和参与买卖证券的目的,不在于盈利,而是为了调节和控制货币供应量。各国中央银行一般都经营证券买卖业务,主要是买卖政府发行的长期或短期债券。

　　4. 金银和外汇储备业务

　　各国政府都赋予中央银行掌管全国国际储蓄的职责,即掌管国际储备。国际储备是指具有国际性购买能力的货币,主要有黄金、白银、外汇(包括外国货币、存放外国的存款余额和以外币计算的票据及其他流动资产)、特别提款权和在国际货币基金组织的头寸等。金银和外汇储备的增加,意味着中央银行向流通中投放的货币资金的增加,形成中央银行的资金运用。

(三)中间业务

　　中央银行的中间业务主要是清算业务。清算业务是中央银行为商业银行和其他金融机构办理资金划拨清算和转移的业务活动。中央银行之所以能够开办这项业务,是因为商业银行和其他金融机构都在中央银行开立存款账户,使中央银行具备了为商业银行和其他金融机构办理资金划拨清算和转移的条件。中央银行清算业务包括同城票据交换清

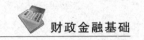

算业务、办理异地资金转移业务。

1. 同城票据交换清算业务

同城或以该城为中心的一个地区的债权债务可通过票据交换清算。票据交换的差额要在交换日的当天交换结束后，通过交换单位在中央银行设立的存款账户直接办理转账进行清算。通常办理票据交换的场所是票据交换所在同一城市（或同一特定范围）内为商业银行或其他金融机构清算它们相互之间应收应付票据的场所。如果发生债权债务关系的银行在同一城市（或同一特定范围），它们之间的债权与债务就以同城结算的方式结清。具体做法是，由票据交换所对商业银行之间应收应付的票据进行清理，然后将应收应付的差额通过其在中央银行的存款账户进行划拨清算。

2. 办理异地资金转移业务

各城市、各地区之间的资金往来最终形成了异地之间的资金转移问题，这就需要中央银行建立全国的清算网络，统一办理异地资金转移。各城市、各地区间的资金往来，通过银行汇票传递，汇进汇出，最后形成异地间的资金划拨问题。这就需要中央银行建立全国的清算网络，统一办理异地资金转移。各清算银行都在中央银行开立活期存款账户，全国各地商业银行或金融机构之间由于支付票据所产生的应收应付款项，均由中央银行通过其强大的全国清算网络，在各存款账户之间进行划拨，以达到资金转移和清算的目的。由中央银行集中办理票据交换，大大提高了票据清算效率，加速了资金周转，并在一定程度上规避了金融风险。

（四）反洗钱业务

现阶段我国经济领域的许多违法犯罪活动，往往与洗钱有直接的关联。例如，私分国有资产、侵吞股东权益、非法吸收公众存款等违法犯罪活动不仅严重扰乱经济秩序，其所产生的违法犯罪收益又通过洗钱，以各种表面合法的形式藏匿于国内或转移境外。因此反洗钱是整顿和规范经济秩序，完善社会主义市场经济体制的有力保证，关系到国民经济的可持续发展。反洗钱在我国是国家赋予中国人民银行的新职责。中国人民银行具有组织协调国家反洗钱工作，指导、部署金融业反洗钱工作，负责反洗钱的资金监测等职责。

财经素养：我国反洗钱法律、法规有哪些

自 2007 年 1 月 1 日起，我国施行《中华人民共和国反洗钱法》和《金融机构反洗钱规定》，明确了中国人民银行是国务院反洗钱行政主管部门，依法对金融机构的反洗钱工作进行监督管理，并根据国务院授权，代表中国政府开展反洗钱国际合作。

任务三　走进商业银行

一、商业银行概述

商业银行是以吸收存款、发放贷款、办理转账结算为主要业务的金融机构。商业银行是以追求最大利润为目标，以多种金融负债筹集资金，以多种金融资产为经营对象，能利用负债进行信用创造，并向客户提供多功能、综合性服务的金融企业。

（一）商业银行的性质

1. 商业银行具有一般企业的特征

商业银行同一般的企业一样，拥有独立的名称、组织机构和场所，依法经营，照章纳税，自负盈亏，具有独立的法人资格。其经营目标也是追求利润最大化，获取最大利润既是其经营与发展的基本前提，也是其发展的内在动力。

2. 商业银行是一种特殊企业

商业银行经营的对象和内容具有特殊性。一般工商企业经营的是物质产品和劳务，从事商品的生产和流通；而商业银行是以金融资产和负债作为经营对象，经营的是特殊的商品——货币，其活动范围不是一般的商品生产和商品流通领域，而是货币信用领域。商业银行同一般企业的经营的内容和范围又不同，它以金融资产和金融负债为经营对象，经营的是特殊的商品——货币，其活动范围不是一般的商品生产和商品流通领域，而是货币信用领域。一般企业创造的是使用价值，而商业银行创造的是能充当一般等价物的存款货币，经营内容包括货币收付、借贷，以及各种与货币运动有关的金融服务。

3. 商业银行是一种特殊的金融企业

与中央银行比较，商业银行面向企业、社会公众、政府部门及其他金融机构。与其他金融机构相比，商业银行提供的金融服务更全面、范围更广。其他金融机构，如政策性银行、保险公司、证券公司、信托公司等都属于只经营特种业务的金融机构，而现代商业银行则是"万能银行"或者"金融百货公司"，业务触角遍及社会经济生活的各个角落。同时，商业银行是唯一能够进行存款货币派生的金融机构，信用创造是商业银行所特有的职能，也是其区别于其他金融机构的重要特征。

（二）商业银行的经营原则

1. 安全性

安全性是指商业银行具有控制风险、弥补损失、保证银行稳健经营的能力。安全性是前提，只有保证了资金安全无损，业务才能正常运转。

2. 流动性

流动性原则是指商业银行能够随时满足客户提现和必要的支付能力。流动性是条件，只有保证了资金的正常流动，才能确立信用中介的地位，银行各项业务才能顺利进行。

3. 盈利性

盈利性是指商业银行在稳健经营的前提下，尽可能提高银行的盈利能力，力求获取最大利润，以实现银行的价值最大化。盈利性是目的，银行经营强调安全性和流动性，最终也是为了获得利润。

商业银行经营管理的安全性、流动性和盈利性之间往往是相互矛盾的。盈利性与安全性、流动性呈反方向变化，安全性与流动性呈同方向变化。因此，银行要满足盈利性、安全性和流动性三方面的要求，就需要在经营管理中统筹兼顾，协调安排，实现三者之间的

最佳组合,在保证安全性的前提下,通过灵活调整流动性,实现盈利性。

(三)商业银行的职能

1. 信用中介职能

信用中介职能是商业银行最基本、最能反映其经营活动特征的职能,是指商业银行通过负债业务,将社会上的各种闲散资金集中起来,又通过资产业务将所集中的资金运用到国民经济各部门中。商业银行通过充当资金供应者和资金需求者的中介,实现了资金的顺利融通,同时也形成了商业银行利润的重要来源。

微课:商业
银行的职能

2. 支付中介职能

支付中介职能是指商业银行充当客户之间货款收付与结算的中间人,并从中赚取手续费收入。在执行支付中介职能时,商业银行是以企业、团体或个人的货币保管者、出纳或支付代理人的资格出现的。支付中介职能一方面有利于商业银行获得稳定而又廉价的资金来源,另一方面又为客户提供良好的支付服务,降低社会流通费用,增加生产资本的投入。

3. 信用创造职能

商业银行在信用中介职能和支付中介职能的基础上产生了信用创造功能。信用创造职能是指商业银行利用其吸收活期存款的有利条件,通过发放贷款、从事投资业务而衍生出更多的存款,从而创造出派生存款。商业银行创造信用的功能受到法定存款准备金率、现金漏损率、超额准备金率的制约。商业银行通过创造流通工具和支付手段,可减少现金使用,降低流通费用,同时又满足社会经济发展对流通和支付手段的需要。

知 识 拓 展

货币乘数和派生存款

所谓货币乘数,也称货币扩张系数或货币扩张乘数,是指在基础货币(高能货币)基础上,货币供给量通过商业银行的创造存款货币职能产生派生存款的作用产生的信用扩张倍数,是货币供给扩张的倍数。

货币乘数的大小决定了货币供给扩张能力的大小。中央银行为控制货币供给而在公开市场上调整基础货币,从而控制货币供给。也可以调整法定存款准备金率来调整货币乘数。

派生存款是指银行由发放贷款而创造出的存款,是原始存款的对称、派生和扩大,是由商业银行发放贷款、办理贴现或投资等业务活动引申而来的存款。派生存款产生的过程,就是商业银行吸收存款、发放贷款,并形成新的存款额,最终导致银行体系存款总量增加的过程。用公式表示为派生存款=原始存款×(1÷法定准备率-1)。派生存款的创造必须具备两大基本条件:部分准备金制度和非现金(转账)结算制度。

---

4. 金融服务职能

金融服务职能是商业银行凭借其联系面广、信息灵通,尤其是计算机的广泛运用等优势,为客户提供多种金融服务。例如,为企业的经营决策提供咨询服务;代理货币收付、工资发放;对个人提供信托、财产保管等服务。

二、商业银行业务

商业银行的主要业务有负债业务、资产业务和中间业务三大类。负债业务和资产业务是商业银行的信用业务,也是其传统业务。中间业务是资产和负债业务的派生业务,是极具发展潜力的业务。

(一)负债业务

商业银行的负债业务是商业银行筹集资金、借以形成资金来源的业务,是商业银行资产业务和其他业务的基础。商业银行的负债业务主要有吸收存款业务、借款业务两部分。

1. 吸收存款业务

吸收存款业务是商业银行接受客户存入的货币款项,存款人可随时或按照约定时间支取款项并可获得利息的一种信用业务。

商业银行存款按期限不同,可划分为活期存款和定期存款。按存款者的不同,可划分为单位存款和个人存款。单位存款是各级财政金库和机关、企业、事业单位、社会团体、部队等机构,将货币资金存入银行所形成的存款。个人存款即居民储蓄存款,是居民个人存入银行的货币。

(1)活期存款。活期存款是指可以由存款人随时存取或支付的存款。因为活期存款流动性大、存取频繁、手续复杂、存款成本高,因此不付利息或付少量利息。

(2)定期存款。定期存款是指存款人和银行约定提取时间,到期才能支取款项的业务。因为定期存款固定且时间比较长,为商业银行提供了稳定的资金来源,对商业银行长期贷款与投资具有重要意义。

(3)储蓄存款。储蓄存款是指为居民个人积蓄货币资产和获取利息而设定的一种存款,也可分为活期和定期两种。储蓄存款通常由银行发给存款人一张存折(存单),以此作为存款和取款的凭证。储蓄存款一般不能签发支票,使用时只能提取现金或先转入存款人的支票存款账户。储蓄存款存折不具有流动性,即存折不能转让和贴现,但可以质押贷款。

许多国家都用法律保护个人储蓄存款,我国也是如此。《中华人民共和国商业银行法》第二十九条规定:商业银行办理个人储蓄存款业务,应当遵循存款自愿、取款自由、存款有息和为存款人保密的原则。对个人储蓄存款,除法律另有规定外,商业银行有权拒绝任何单位或个人查询、冻结、扣划存款账户。

2. 借款业务

(1)向中央银行借款。商业银行向中央银行借款一般采取再贴现和再贷款两种方式。一是再贴现,商业银行将其办理贴现业务所买进的未到期票据,再转卖给中央银行;二是再贷款,商业银行将其持有的有价证券作为抵押品向中央银行取得抵押贷款。

(2)银行同业拆借。银行同业拆借是指商业银行之间以及商业银行与其他金融机构

之间相互提供的短期资金融通。在这种拆借业务中,借入资金的银行主要是用以解决本身临时资金周转的需要,同业拆借利率一般较低,以日计息。我国的同业拆借市场由1~7天的头寸市场和期限在120天内的货币市场组成。

(3)回购协议。回购协议是指商业银行在出售证券等金融资产时与对方签订协议,约定在一定期限后按约定价格购回所卖证券,以获得即时可用资金的交易方式。回购协议的实质是银行以证券担保而获得的一种借款,大多以政府债券做担保,在相互高度信任的机构间进行,并且期限一般很短。

(4)发行金融债券。发行金融债券是商业银行筹集资金来源的途径。金融债券具有不记名、可转让、期限固定、收益较高的特点。对银行来说,发行金融债券有利于筹集稳定的长期资金,提高负债的稳定性,从而提高资金使用效率和效益。

(5)结算过程中的资金占用。商业银行在为客户办理转账结算等业务过程中可以占用客户的资金。占用的时间虽然很短,但由于周转金额巨大,占用的资金数量相当可观。从某时点上看,总会有一定金额的处于结算过程之中的资金,构成银行可以运用的资金来源。

其他借款业务还有转贴现、大额定期存单、境外借款等。

(二)资产业务

商业银行资产业务是指商业银行对通过负债业务所集聚起来的资金加以运用的业务,是其取得收益的主要途径。商业银行的资产业务主要包括现金资产、贷款、贴现、证券投资四部分。

1. 现金资产业务

现金资产也称第一准备,是满足银行流动性需要的第一道防线。现金资产是银行资产中最具流动性的部分,是银行的非盈利性资产。包括库存现金、在中央银行的存款、存放同业资金和托收中的资金。

(1)库存现金。库存现金是银行金库中的现钞和硬币,主要用于应付日常业务支付的需要(如客户以现金形式提取存款等),因为库存现金属于不计利息的资产。因此,库存现金数量要适中,其数量应随银行所在地区、客户习惯、季节及银行本身工作效率的状况而确定。

(2)在中央银行的存款。在中央银行的存款是指商业银行在中央银行的准备金存款,包括两个部分:一是法定准备金,是指按法定比例向中央银行缴存的存款准备金;二是超额准备金,是指在存款准备金账户中,超过了法定存款准备金的那部分存款,主要用于商业银行之间票据交换差额的清算,应付不可预料的现金提存和等待有利的贷款和投资机会。

(3)存放同业资金。存放同业资金是指商业银行为了自身清算业务的便利,存在其他商业银行的存款,主要用于满足银行之间代理收付业务的需要,属于非营利性资产或低盈利资产。

(4)托收中的资金。托收中的资金是指商业银行通过对方银行向异地客户收取的款项,在收妥前是被占资金,由于通常占用时间较短,收妥后转为同业存款。因此,被视为现金资产。

2. 贷款业务

贷款是商业银行最主要的、传统的资产业务,也是商业银行利润的主要来源。

商业银行的贷款业务可以从不同角度,按不同标准进行分类。

(1) 按贷款的期限分为短期、中期、长期贷款。短期贷款是指贷款期限在 1 年以内(含 1 年)的贷款。中期贷款是指期限在 1 年以上、5 年以内(含 5 年)的贷款。长期贷款是指期限在 5 年以上(不含 5 年)的贷款。

(2) 按贷款的保障程度分为信用贷款、担保贷款、票据贴现。信用贷款是指无抵质押品作保证,也无担保人担保,银行完全凭借客户的信誉而发放的贷款。担保贷款是指需提供第三人资信或提供一定的财产作为担保的贷款,分为抵押贷款、质押贷款、保证贷款。票据贴现是贷款的一种特殊方式,银行应客户的要求以现金或活期存款买进客户持有的未到期的商业票据的方式发放的贷款。

(3) 按贷款质量和风险程度分为正常贷款、关注贷款、次级贷款、可疑贷款和损失贷款。①正常贷款,借款人能够履行合同,有充分把握按时足额偿还本息,贷款损失的概率为 0。②关注贷款,尽管借款人目前有能力偿还贷款本息,但是存在一些可能对偿还产生不利影响的因素,贷款损失的概率不超过 5%。③次级贷款,借款人的还款能力出现了明显的问题,依靠其正常经营收入已无法保证足额偿还本息,贷款损失的概率在 30%~ 50%。④可疑贷款,借款人无法足额偿还本息,即使执行抵押或担保,也肯定要造成一部分损失,贷款损失的概率在 50%~75%。⑤损失贷款,在采取所有可能的措施和一切必要的法律程序之后,本息仍然无法收回,或只能收回极少部分,贷款损失的概率在75%~100%。

3. 贴现业务

贴现业务是商业银行重要的资产业务。贴现业务是银行应客户要求,买进未到期的票据,银行计算从买进日起至到期日止票据的贴现利息,从票面金额中扣除贴现利息以后,将票面余额付给持票人,银行在票据到期时,持票向票据载明的付款人索取票面金额的款项。

4. 证券投资业务

证券投资是指商业银行在金融市场上运用其资金购买有价证券,是商业银行利润的主要来源之一。证券投资的目的是提高资产的流动性、取得较高的投资收益、实现资产多样化以分散风险。投资对象主要是各种证券,包括国库券、中长期国债、政府机构债券或地方政府债券以及公司债券。

(三) 中间业务

商业银行的中间业务是指商业银行以中间人的身份代客户办理收付和委托事项,提供各类金融服务并收取手续费的业务,包括结算业务、代理业务、保管箱业务、咨询业务、信托业务、信用卡业务、租赁业务等。

1. 结算业务

结算业务是指商业银行通过提供结算工具,如本票、汇票、支票等,为购销双方完成货

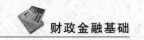

币收付、转账划拨等业务,是商业银行的存款业务基础上衍生出来的一种业务。

2. 代理业务

代理业务是指银行接受客户委托,以委托人的名义代办经济事务的活动,主要是代理收付款业务、代为清理债权债务业务和代客买卖业务等。例如,代理发放工资,代理企业事业单位收付税款、学费、有线电视费等各项费用。

3. 保管箱业务

保管箱业务是指银行设置保管库,接受单位或个人的委托,代为保管各种贵重物品或单证的业务。

4. 咨询业务

咨询业务是指商业银行通过资金运用记录,以及资金运动相关资料的收集整理,向政府、企业或个人提供的咨询服务,包括财务分析、验资、资信调查、商情调查、金融情报等,既满足客户需求,又密切了银行与客户的联系,为银行扩大经营规模、增强竞争力创造条件。

5. 信托业务

信托即信用委托,是指委托人依照契约的规定为自己或第三者(即受益人)的利益,将财产转给受托人,由受托人代委托人管理、运用和处理所托管的财产,并为受益人谋利的活动。商业银行经营信托业务是以受托人身份接受委托,代办管理营运和处理财产的过程。信托业务涉及信托贷款和信托投资,商业银行从中收取手续费。世界上大多数国家的商业银行都设有信息部从事信托业务。

6. 信用卡业务

银行信用卡是由商业银行或专门的信用卡公司发行的证明持卡人资信良好,可以凭卡在约定的商店和场所进行记账消费或在指定地点支取现金的一种信用凭证,在推动大众化服务过程中起着非常重要的作用。

7. 租赁业务

财经史话:美国
硅谷银行倒闭

租赁业务是指以收取租金为条件并出让物品使用权的经济行为。可分为经营性租赁和融资性租赁两种。融资性租赁是带有融资性目的的租赁活动,商业银行介入的一般是融资性租赁。

近年来,虽然我国商业银行的中间业务有所发展,但还比较落后,中间业务占全部收入的比重非常小,今后仍有较大的发展潜力。

任务四 了解非银行金融机构

非银行金融机构是指以发行股票和债券、接受信用委托、提供保险等形式筹集资金,并将所筹集资金运用于长期性投资的金融机构。非银行金融机构与银行的主要区别在于信用业务形式不同,其业务活动范围的划分取决于国家金融法规的规定。非银行金融机构不经营存款业务,其资金来源主要是通过发行股票和债券等渠道筹集,资金运用则以非贷款的某项金融业务为主,如专门从事保险、证券、信托投资等。

一、保险公司

保险公司是经营财产和人身风险业务的金融机构,是按照合约规定办理保险业务,依靠投保人缴纳的保险费建立保险基金,在风险发生时,对投保人或被保险人给予经济补偿的金融中介机构。保险公司获得的保费收入经常远远超过它的保费支付,其所聚集的大量货币资本就成为金融体系长期资本的重要来源。

保险公司的主要业务包括险种设计、展业、承保、分保、防灾防损、理赔等环节。①险种设计,是指根据保险标的及保险经营的性质和特点对保险业务种类的内容、规则及程序的规定。②展业,是指保险公司利用各种手段和方法,旨在加强人们保险意识、普及保险知识,促使人们购买保险的活动。③承保,是指保险人同意接受投保人的申请,签订保险合同,承担保险责任的行为。④分保,是直接承保人将其所承保的保险业务的一部分或全部分给其他直接承保人,以及直接承保人向再保险人分出保险业务。⑤防灾防损,是指保险人对其所承保的保险标的可能发生的各种风险进行识别、分析和处理,以防止事故的发生和减少灾害损失的行为。⑥理赔,是指保险人对被保险人所发生的保险合同责任范围内经济损失的处理和赔付的活动过程。

我国最重要的保险公司是中国人民保险(集团)公司,1949 年 10 月在北京成立的,实行分业经营,下设中国财产保险有限公司、中国人寿保险有限公司、中国再保险有限公司。此外,我国全国性保险公司还有中国太平洋保险公司、中国平安保险公司等。国外一些著名的保险公司(如美国友邦保险公司等)也在国内设有分支机构。

二、证券公司

证券公司是专门从事有价证券买卖的法人企业,分为证券经营公司和证券登记公司。其业务包括但不限于证券承销、证券经纪、证券自营等,是依照《公司法》和《证券法》规定设立并经国务院证券监督管理机构审查批准而成立的专门经营证券业务,具有独立法人地位的有限责任公司或者股份有限公司。

证券公司经营的主要业务包括:①代理发行证券业务,是指证券经营机构依照协议包销或代销发行人发行的有价证券的行为,也称证券承销。发行标的物有股票、债券等。②代理证券交易业务,也称证券经纪业务或代理买卖证券业务,是指证券经营机构接受客户委托客户买卖有价证券的行为。在通常情况下,代理买卖证券业务经证券交易所集中成交。③证券自营业务,是指证券经营机构自行买卖有价证券、独立承担风险,并从自营买卖中赚取差价收益的行为。④其他业务,除上述业务外,证券公司还经营私募发行、兼并收购、基金管理、风险基金、咨询服务、金融衍生工具交易等一种或多种业务。

我国对证券公司进行分类经营,分为综合类证券公司和经纪类证券公司。综合类证券公司可经营证券经纪业务、证券自营业务、证券承销业务,以及经国务院、证监会核定的其他证券业务。经纪类证券公司只允许专门从事证券经纪业务。1987 年,我国第一家证

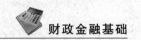

券公司——深圳证券公司成立,之后在全国各地陆续成立了国泰、华夏、平安、海通等多家证券公司。

三、信托投资公司

信托投资公司是以资金或其他财产为信托标的,根据委托人的意愿,以受托人的身份管理及运用信托财产的非银行金融机构。现代经济的发展,促使信托公司在经营一般信托业务的同时,也从事投资业务,从而形成信托投资公司。

信托业务涵盖的范围:一是货币信托,包括信托存款、信托贷款、委托存款、委托贷款、养老信托、投资信托、养老基金信托等;二是非货币信托,包括有价证券信托、债券信托、不动产信托、动产信托等。此外,一些国家的信托公司兼营银行业务、服务性业务、财产保管、不动产买卖等业务。

微课:信托机构

我国的信托投资公司有三种类型:一是国家银行附属的信托投资公司;二是全国性的信托投资公司,如中国国际信托投资公司和爱建金融信托公司等;三是地方性信托投资公司,它是地方政府为促进本地区和国外的经济技术合作而在大中城市建立的信托投资公司。

根据我国的《信托投资公司管理办法》,信托公司可以申请经营下列部分或者全部本外币业务:①资金信托;②动产信托;③不动产信托;④有价证券信托;⑤其他财产或财产权信托;⑥作为投资基金或者基金管理公司的发起人从事投资基金业务;⑦经营企业资产的重组、并购及项目融资、公司理财、财务顾问等业务;⑧受托经营国务院有关部门批准的证券承销业务;⑨办理中介、咨询、资信调查等业务;⑩代保管及保管箱业务。

近年来,随着信托投资公司的不断发展壮大,信托投资产品因其投资项目的灵活性和多样性而备受青睐,信托与银行信贷、保险已成为现代金融业的三大支柱。

四、财务公司

财务公司是金融业与工商企业相互结合的产物,1716年首先产生于法国,其后英美各国相继效仿成立。当代西方的财务公司一般以消费信贷、企业融资和财务、投资咨询等业务为主。

我国的财务公司产生于1984年,是“企业集团财务公司”的简称,是由大型企业集团内部成员单位出资组建并为各成员单位提供金融服务的非银行金融机构。财务公司为独立的企业法人,实行独立核算、自负盈亏、自主经营、照章纳税,其宗旨是支持国家重点集团或重点行业的发展。

财务公司的主要业务包括:对成员单位办理财务和融资顾问、信用签证及相关的咨询、代理业务;协助成员单位实现交易款项的收付;经批准的保险代理业务;对成员单位提供担保;办理成员单位之间的委托贷款及委托投资;对成员单位办理票据承兑与贴现;办理成员单位之间的内部转账结算及相应的结算、清算方案设计;吸收成员单位的存款;对成员单位办理贷款及融资租赁等。

五、基金公司

基金公司是证券投资基金管理公司的简称。基金公司是凭借专门的知识与经验,运用所管理基金的资产,根据法律、法规及基金章程或基金契约的规定,按照科学的投资组合进行投资决策,谋求所管理的基金资产不断增值,并使基金持有人获取尽可能多收益的机构。

基金公司是以营利为目的的组织,核心职能是按照法律、法规的约定募集资金,投资于证券市场,促进基金资产的保值增值,并根据法律规定要收取一定的费用。基金管理公司可以是一个专门从事基金资产管理运作的独立法人机构,也可以是一个独立法人机构中专门从事基金资产管理运作的部门。

1991年10月,武汉证券投资基金设立,这是我国最早的基金。1998年3月,国泰基金管理公司和南方基金管理公司成立,我国的基金业才真正起步。2000年10月,国家颁布了《开放式证券投资基金试点办法》,标志着开放式基金的开始。此后,基金的设立、运作、交易和管理不断规范,我国的基金业开始快速发展。

中国基金业协会公布的数据显示,截至2023年年底,我国境内共有基金管理公司145家,管理的基金总规模突破27万亿元,非货币基金管理总规模为15.88万亿元。其中,易方达基金是管理总规模最大的公募基金公司,截至2023年年底管理总规模1.62万亿元,非货币基金管理规模9 526.74亿元。

【自主探究】你还知道哪些非银行金融机构?请举例。

学以致用

项目七即测即评

项目七问答题

项目八
融资与投资——金融市场

【知识目标】

1. 掌握金融市场的分类、构成要素和功能,理解运作机理,了解发展趋势。

2. 掌握货币市场和资本市场的概念、特点和构成。

3. 了解股票、债券等常见金融工具的概念和特征。

【能力目标】

1. 能够结合实际分析金融市场在市场经济中的核心作用。

2. 会运用简单的金融工具。

3. 能够分析目前我国金融市场存在的问题及改进方向。

【素养目标】

1. 树立正确的金钱观,摒弃"拜金主义""功利主义",合理消费,理性投资,崇尚劳动创造财富。

2. 将本票、汇票、支票等金融工具与财经法规课程中的支付结算工具进行对比,提高举一反三和融会贯通的能力。

3. 增强风险意识,提高防范金融风险和金融诈骗的能力,提高职业素养。

【引导案例】

A公司是一家生产新能源汽车的公司,计划2024年上一条新生产线,需要资金6 000万元。A公司从银行抵押贷款1 000万元,在金融市场转让短期国债1 500万元,到银行贴现一张面值500万元的商业汇票,但仍旧短缺资金3 000万元。这时,有人出主意通过网络借贷方式借入3 000万元,你觉得可行吗?还有什么其他可行的筹资方式?

【知识导图】

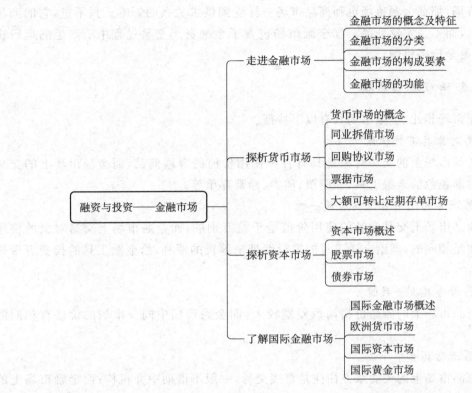

经济生活中,由于资金分布不均,经济活动的开展需要在资金盈余者和资金短缺者之间进行资金调剂,这就需要一种精巧的制度安排,来促进资金在余缺者之间进行流转,实现资金的融通。金融市场正是发挥这种作用的一种机制,在金融市场上,通过各种金融工具的交易活动,推动资金的流转,实现储蓄向投资的转化。

任务一　走进金融市场

一、金融市场的概念及特征

(一)金融市场的概念

金融市场是货币资金或金融商品交易的场所,即资金融通的场所。它主要是进行货币借贷以及各种票据和有价证券、黄金、外汇买卖的场所。通过金融市场上的交易活动,沟通资金供求双方的关系,实现资金融通。

对金融市场可以从以下三方面理解:①金融市场既可以是有形的市场,也可以是无形的市场。有形市场即市场可以看得见、摸得着,如证券交易所。无形市场是指市场不存在固定的交易场所,主要是通过现代通信技

财经史话:
华尔街的起源
与《梧桐树协议》

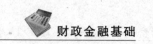

术进行交易。②金融市场反映了金融资产的供应者和需求者之间所形成的供求关系。既然是一个市场,那么金融市场也和商品市场一样受到供求关系的影响。只不过,它的商品是金融工具,而不是实物商品。③金融市场包含了金融资产交易过程中所产生的运行机制,其中主要是价格机制。

(二)金融市场的特征

与其他市场相比,金融市场具有以下特征。

1. 交易对象具有特殊性

普通商品市场上的交易对象是具有各种使用价值的普通商品,而金融市场上的交易对象则是形形色色的金融工具,如股票、债券、储蓄存单等。

2. 交易商品的使用价值具有同一性

普通商品市场上交易商品的使用价值是千差万别的;而金融市场上交易对象的使用价值则往往是相同的,即给金融工具的发行者带来筹资的便利,给金融工具的投资者带来投资收益。

3. 交易价格具有一致性

普通商品市场上的商品价格高低差别较大,而金融市场中同一市场的价格有相同的趋势。

4. 交易活动具有中介性

普通商品市场上的买卖双方往往是直接交易,一般不借助中介机构;而金融市场上的融资活动大多要通过金融中介来进行。

5. 交易双方地位具有可变性

普通商品市场上交易双方的地位具有相对的固定性,如个人或家庭通常只买不卖,商品生产经营者通常以卖为主,有时也可能买,但买的目的是再次卖;而金融市场上融资双方的地位是可变的,他们此时可能因资金不足而成为资金需求者,彼时又可能因为资金有余而成为资金供应者。

二、金融市场的分类

不同的子市场所组成的金融市场体系构成了金融市场的结构。根据不同的标准对金融市场有不同的分类。

1. 按资金融通的期限分类

按资金融通的期限分为短期金融市场和长期金融市场。前者通常又称为货币市场,后者称为资本市场。货币市场是指以期限在一年或一年以下的金融工具为交易标的物的市场。资本市场是融通期限在一年以上的中长期资金的市场。

2. 按金融交易的程序分类

按金融交易的程序分为发行市场和流通市场。发行市场又称一级市场或初级市场,是票据和证券等金融资产最初发行的场所,是筹资者和初始投资者之间进行金融交易的市场。流通市场又称二级市场或次级市场,是已经发行的票据和证券等金融资产转让买卖的场所,是投资者之间进行金融交易的市场。金融资产的发行有公募和私募两种方式。前者的发行对象是不特定的多数投资者,包括个人投资者和金融机构,后者的发行对象是特定的少数投资者,主要是机构投资者,两者相比,公募涉及的范围大、影响广、成本高、准备的手续复杂、需要的时间长。

3. 按金融交易的场地和空间分类

按金融交易的场地和空间分为有形市场和无形市场。有形市场是指有固定的交易场地,在组织严密的特定交易场所中进行金融交易活动的市场。例如股票的最终交易是在证券交易所完成的。银行、证券公司、保险公司等各类金融机构的营业厅也是多种金融工具交易的有形市场。无形市场是指没有固定的交易场地,通过电话、电报、电传、计算机网络等进行的金融交易活动,如资金拆借、外汇交易等。随着信息技术、电子计算机行业的日益发展,越来越多的金融工具利用现代化的信息传递手段,连成一个无比庞大的市场,实现快速、安全的金融交易。有形市场和无形市场是不能截然分开的,两者相互衔接、相互依赖又相互转化。

4. 按成交后交割情况分类

按成交后交割情况分为现货市场和期货市场。现货市场是指交易双方成交后,在1~3个工作日内立即进行付款交割的市场。期货市场是交易双方达成协议成交后,不立即交割,而在一定时间内,如1个月、2个月或者3个月后交割的市场。

5. 按金融交易的地理范围分类

按金融交易的地理范围分为地方性金融市场、全国性金融市场和国际性金融市场。地方性金融市场是指在国内的一个城市或者一个经济区域内进行金融交易的市场。全国性金融市场是指不超过国界,在全国范围内进行交易的市场。国际性金融市场则是超越国界在国际进行资金融通的市场。外资借贷、外汇买卖、黄金交易等,构成了国际金融市场融资活动的主要内容。

【自主探究】按上述各种分类,居民因购房而申请的住房贷款属于哪一类?

三、金融市场的构成要素

(一) 交易主体

金融市场的交易主体是指金融市场的参与者,包括资金供应者(盈余者)、资金需求者(短缺者)、中介、管理者。具体来说,金融市场上有政府部门、中央银行、金融中介、工商企业、居民家庭和海外投资者等。各种参与者的特性不同,在金融市场上起到的作用也各不相同。

1. 政府部门

政府部门(包括中央政府、中央政府的代理机构和地方政府)是金融市场的资金需求者之一,主要通过发行国债或者地方政府债券来筹集资金,用于国家基础设施建设、弥补财政预算赤字等。在国际金融市场上,不同国家的政府部门可以是资金的需求者,也可以是供给者。很多国家的政府部门同时担负金融市场的调节和监督职能,也是金融市场的监管者。

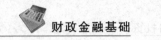

2. 中央银行

中央银行在金融市场中具有双重角色，它既是金融市场的行为主体，又是金融市场的主要监管者。中央银行参与金融市场是以实现国家货币政策、稳定货币、调节经济为目的，通过买卖金融市场工具、投放或回笼货币来调整和控制货币供应量，从而对金融市场上资金的供求以及其他经济主体产生影响。

3. 金融中介

金融中介是金融市场上的特殊参与者，也是专业参与者。金融中介分为存款类金融中介和非存款类金融中介两大类。存款类金融中介包括商业银行、储蓄机构、信用合作社。非存款类金融中介包括证券公司、保险公司、基金公司、风险投资公司、信息咨询和资信评估公司等。

4. 工商企业

工商企业在金融市场的运行中无论是作为资金的需求者还是资金的供给者，都有着重要地位。一方面，工商企业可以通过发行股票或者中长期债券等方式来筹集资金，用于扩大再生产和经营规模，是资金的需求者；另一方面，工商企业需要支付员工工资和供应商货款，是资金的供应者。

5. 居民家庭

居民家庭主要是金融市场上的资金供给者和金融工具的购买者。居民通过金融中介机构购买金融工具进行投资，如购买保险、购买共同基金等，最终都是向金融市场提供资金。居民在购买耐用消费品时也会有资金需求，如购买住房、汽车等。

6. 海外投资者

海外投资者包括所有来自国外的参与者，如家庭、非金融机构、政府以及中央银行。随着世界各国逐步放开其金融市场，海外投资者参与国内金融市场和国际金融市场的现象将越来越普遍。

【自主探究】任何单位和个人都可以参与金融市场交易吗？

（二）交易对象

金融市场的交易对象即金融市场参与者进行交易的标的物——金融工具，也是金融市场的客体。金融工具是书面形式发行和流通的以保证债权债务双方权利和责任的信用凭证。它是对交易双方权利和义务具有法律约束意义的证明文件。例如，股票市场上交易的股票，债券市场上交易的债券，外汇市场上交易的各种外汇及外汇金融产品，黄金市场上交易的黄金，期货市场上交易的期货合约等，都是金融工具。金融市场有众多的金融工具，金融工具种类和数量的多少及交易的活跃度在一定程度上反映出金融市场的发展水平。

四、金融市场的功能

金融市场的功能是指金融市场特有的促进经济发展和协调经济运行的机能与作用，一般具有五大功能。

1. 聚敛功能

金融市场的聚敛功能是指金融市场引导众多分散的小额资金汇聚成为可以投入社会

再生产的资金的集合功能。金融市场之所以具有资金的聚敛功能，一个原因是金融市场创造了金融资产的流动性，另一个原因是金融市场的多样化的融资工具为资金供应者寻求合适的投资手段找到了出路。聚敛功能中，金融市场起着资金"蓄水池"的作用。

财经素养：
金融市场的发展

2. 配置功能

金融市场通过将资源利用从低效率部门转移到高效率部门，从而使一个社会的经济资源能最有效地配置在效率最高或效用最大的用途上，实现稀缺资源的合理配置和有效利用。

3. 调节功能

金融市场对宏观经济具有直接调节作用，增加政府支出可以刺激需求，促进经济增长，而减少税收可以增加个人和企业的可支配收入，同样有助于刺激经济。金融市场也会对宏观经济起到间接调节作用，主要体现在政府相关部门通过收集、分析金融市场信息作为决策依据上。

4. 反映功能

金融市场被称为国民经济的"晴雨表"和"气象台"，是公认的国民经济信号系统。主要表现在以下几个方面：股票、债券、基金市场每天交易行情的变化，能够为投资者判断投资机会提供信息；金融交易会直接、间接地反映货币供应量的变动情况；金融市场上每天有大量专业人员从事信息情报研究分析，及时了解上市公司发展动态；金融市场发达的通信网络和信息传播渠道，能够把全球金融市场融为一体，让社会公众及时了解世界经济发展变化行情，这都体现了金融市场的反映功能。

5. 分散风险功能

通过金融市场交易，可以实现风险的转移和规避，实现投资风险的分散。金融市场作为一种有组织的市场，有完善的法规和制度，市场交易行为规范，可在一定程度上降低信用和交易风险；金融市场为金融商品供给了流动性，有利于金融风险的及时转移；金融市场提供了众多的金融商品，投资者可以根据自己的风险承受力择优选择，或对金融商品进行组合投资，以降低和分散风险。

任务二　探析货币市场

一、货币市场的概念

微课：货币市场

货币市场是融资期限在 1 年以内的短期资金交易市场，主要包括同业拆借市场、回购协议市场、商业票据市场、大额可转让定期存单市场。交易工具是短期金融工具，最短只有 1 天，一般以 3～6 个月者居多，主要金融工具有银行短期存贷款、短期证券、票据等。货币市场一般风险小，流动性强，参与者广泛，影响面较大，交易的目的主要是短期资金周转的需要，一般是为弥补流动资本的临时不足。

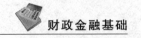

2022 年我国货币市场成交量持续提升

2022 年,银行间货币市场成交共计 1 527.0 万亿元,同比增长 31.2%。其中,质押式回购成交 1 374.6 万亿元,同比增长 32.1%;买断式回购成交 5.6 万亿元,同比增长 17.4%;同业拆借成交 146.8 万亿元,同比增长 23.6%。交易所标准券回购成交 403.6 万亿元,同比增长 15.2%。

2022 年,银行间债券市场现券成交 271.2 万亿元,日均成交 10 893 亿元;单笔成交量主要分布在 500 万~5 000 万元和 9 000 万元以上,单笔平均成交量 5 017 万元。交易所债券市场现券成交 38.1 万亿元,日均成交 1 574.9 亿元。柜台债券市场累计成交 168.4 万笔,成交金额 2 134.5 亿元。2022 年年末,开办柜台债券业务的商业银行共 28 家,较 2021 年同期增加 1 家。

2022 年,商业汇票承兑发生额 27.4 万亿元,贴现发生额 19.5 万亿元。截至 2022 年年末,商业汇票承兑余额 19.1 万亿元,同比增长 15.2%;贴现余额 13.0 万亿元,同比增长 29.1%。

2022 年,签发票据的中小微企业 21.3 万家,占全部签票企业的 94.5%,中小微企业签票发生额 17.8 万亿元,占全部签票发生额的 64.9%。贴现的中小微企业 32.7 万家,占全部贴现企业的 97.1%,贴现发生额 14.2 万亿元,占全部贴现发生额的 72.9%。

资料来源:http://www.pbc.gov.cn/jinrongshichangsi/147160/147171/147173/4773407/index.html.

二、同业拆借市场

1. 同业拆借市场的概念

狭义地理解,同业拆借市场是指金融机构之间进行临时性资金头寸调剂的市场,期限较短,多为隔夜融通。广义地理解,同业拆借市场是指金融机构之间进行短期资金融通的市场,这时所进行的资金融通已不仅是限于弥补或调剂资金头寸,而是已成为各金融机构特别是各商业银行弥补资金流动性不足和有效运用资金、减少资金闲置的市场。目前,同业拆借市场已成为国际和国内金融市场中非常活跃、规模巨大的一个市场。

同业拆借市场的形成与中央银行实行的存款准备金制度有关。商业银行都在中央银行存放一部分超额存款准备金,以随时弥补法定存款准备金的不足。由于商业银行的负债结构及余额每日都在发生变化,在同业资金清算过程中,会经常出现应收款大于应付款而形成资金头寸的盈余,或者出现应收款小于应付款而形成资金头寸的不足,表现在商业银行在中央银行的存款,有时不足以弥补法定存款准备金的不足,形成缺口;有时则大大超过法定存款准备金的要求,形成过多的超额储备存款。因此,各商业银行都非常需要有一个能够进行短期临时性资金融通的市场。同业拆借市场也就由此应运而生。

2. 同业拆借市场的运作方式

(1) 通过中介机构的同城同业拆借,多以支票作为媒介。

(2) 通过中介机构的异地同业拆借,交易程序大体与同城同业拆借程序相同,区别主要包括:拆借双方不需交换支票,仅通过中介机构以电话协商成交;成交后拆借双方各自通过所在地区中央银行的电子资金划拨系统划拨转账。

(3) 不通过中介机构的同业拆借,程序和前面大同小异,不同的是这里是双方直接洽谈协商,不通过专门的中介机构,成交后相互转账,增减各自账户上的存款。

3. 我国的同业拆借市场

我国同业拆借市场的发展主要经历了三个阶段:①1986 年,我国初步形成同业拆借网络;②1996 年,全国统一的银行间同业拆借市场正式建立运行;③2007 年,中国实行《同业拆借管理办法》,上海银行间同业拆放利率 Shibor 正式运行。自此,我国同业拆借市场进入 Shibor 时代,以 Shibor 为基础进行浮动,Shibor 利率由 16 家商业银行报价组成。

中国外汇交易中心及全国银行间同业拆借中心,按 1 天、7 天、14 天、21 天、1 个月、2 个月、3 个月、4 个月、6 个月、9 个月、1 年共 11 个品种计算和公布加权平均利率。其交易方式采取询价交易。

财政金融与国计民生

上海同业拆借(放)利率

新型中国货币市场基准利率——上海同业拆借(放)利率于 2006 年 10 月 8 日开始试运行。Shibor 的推出,意味着中国货币市场建立起了真正的价格中枢,其不仅是短期债券品种定价的参考基准,也是货币市场衍生金融工具(如利率互换、利率期权、利率期货等)发展的基础性指标。

Shibor 主要是 1 年以下 16 个品种:隔夜、1 周、2 周、1 个月、3 个月、6 个月、9 个月及 1 年共 8 个公布品种,以及 3 周、2 个月、4 个月、5 个月、7 个月、8 个月、10 个月、11 个月共 8 个参考品种。利率品种代码按期限长短排列为 O/N、1W、2W、3W、1M、2M、3M、4M、5M、6M、7M、8M、9M、10M、11M、1Y(O/N 代表隔夜,W 代表周,M 代表月,Y 代表年)。

Shibor 报价银行团现由 16 家商业银行组成。报价银行是公开市场一级交易商或外汇市场做市商,在中国货币市场上人民币交易相对活跃、信息披露比较充分的银行。中国人民银行成立 Shibor 工作小组,依据《上海银行间同业拆放利率(Shibor)实施准则》确定和调整报价银行团成员、监督和管理 Shibor 运行、规范报价行与指定发布人行为。

全国银行间同业拆借中心受权 Shibor 的报价计算和信息发布。每个交易日根据各报价行的报价,剔除最高、最低各 2 家报价,对其余报价进行算术平均计算后,得出每一期限品种的 Shibor,并于 11:30 对外发布。

上海银行间同业拆放利率也是中国的中期参考利率,可以反映投资者的即时成本以及金融市场的综合预期,在货币市场及中期金融市场中占据着重要位置。

资料来源:https://www.chinamoney.com.cn/chinese/llshibor/.

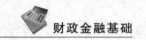

三、回购协议市场

1. 回购协议市场的概念

回购是指按照交易双方的协议,由卖方将一定数额的证券卖给买方,同时承诺一定时期后按约定价格将该种证券如数买回的一种交易方式。回购协议市场是指通过回购协议进行短期资金融通交易的市场,在形式上表现为附有条件的证券买卖市场。

回购协议的性质相当于证券卖方(即回购方)以证券为抵押获得证券买方(逆回购方)指定期限的贷款。前后两次买卖价格之差称为回购利息,其利率即回购利率,是回购方的抵押贷款成本。回购市场的特点是回购交易的证券大多是短期国库券或商业票据等高安全性证券。大多数回购期限极短,期限最短的只有一天,称为隔夜回购,最长也不超过6个月。

> **知识拓展**
>
> ### 正回购和逆回购
>
> 正回购是一方以一定规模的债券作质押融入资金,并承诺在日后再购回所质押债券的交易行为。逆回购是从买方的角度来看,同一笔回购协议,则是买方按协议买入证券,并承诺在日后按约定价格将该证券卖给资金融入方,即买入证券借出资金的过程。每一笔回购协议交易由一方(即资金融入方)的正向回购协议和另一方(即资金融出方)的反向回购协议组成。

2. 回购协议市场的参与者

回购协议市场的参与者比较广泛,包括中央银行、商业银行、证券交易商、非金融机构(主要是企业)。我国交易所回购市场仅允许券商、非金融企业和机构参与交易;全国银行间同业回购市场除商业银行外,我国允许证券机构等银行和非银行金融机构参与交易。

3. 我国国债回购协议交易

我国的国债回购协议市场始于20世纪90年代初。当时推出国债回购,主要是为了活跃国债交易,促进国债发行。目前,深交所推出的国债回购有3天、4天、7天、14天、28天、63天、91天、182天和273天期限的品种。上交所推出的国债回购有1天、3天、7天、14天、28天、91天和182天期限的品种。不同期限的回购利率与手续费不同,一般期限越短,手续费越低,年收益率也越低。

四、票据市场

票据是具有法定格式,表明债权债务关系的一种有价证券,是货币市场上主要的交易工具之一。商业票据分为本票和汇票两种。本票是指在商业信用中,由债务人(出票人、付款人)签发,承诺自己在见票时无条件支付确定金额给债权人(持票人、收款人)的支付承诺书。按出票人的身份,可分为银行本票(即期本票)和商业本票,我国只有银行本票。汇票是指在商业信用中,由出票人签发,委托汇票付款人在见票时或者在指定日期向收款人或者持票人无条件支付确定金额的支付命令。按出票人的不同,汇票可以分为商业汇票和银行汇票(即期汇票)。

票据市场是以票据作为交易对象,通过票据的承兑、贴现、转让和抵押进行融资活动的货币市场。票据市场包括票据承兑市场和票据贴现市场。

财经史话:商业票据的产生与发展

1. 票据承兑市场

票据承兑就是付款人在票据上签名盖章,写明"承兑"字样,承诺汇票到期时保证付款的一种手续。远期商业汇票只有经过承兑,付款人或承兑人才具有法律效力,才能在金融市场上流通转让。商业汇票由付款人自己承兑的,称为商业承兑汇票;由付款人委托其开户银行承兑的,称为银行承兑汇票。银行承兑汇票最常见的期限有 30 天、60 天、90 天、180 天和 270 天五种,因为银行承兑,风险较低。在我国,银行承兑汇票市场占比远超过商业承兑汇票。

《中华人民共和国票据法》规定:见票即付的汇票无须提示承兑。定日付款或者出票后定期付款的汇票,持票人应当在汇票到期日前向付款人提示承兑;见票后定期付款的汇票,持票人应当自出票日起一个月内向付款人提示承兑。付款人承兑汇票后,应当承担到期付款的责任。

2. 票据贴现市场

贴现是指商业票据持有人以未到期票据向银行兑取现金的行为。贴现的实质是一种融资,是出票人以贴付一定利息为代价将票据卖给银行,从而获取银行贷款。票据金额的折扣率,即为贴现率,也就是贷款利率。贴现的作用也正是以银行信用支持商业信用,使企业将未到期的商业承兑汇票或银行承兑汇票得以变现,解决了短期资金需求。

票据贴现市场是专门从事票据贴现、转贴现和再贴现的市场。票据贴现市场分为三部分:一是银行和客户之间的贴现市场,它是票据市场发展的根基;二是银行等金融机构之间的转贴现市场;三是银行等金融机构和中央银行之间的再贴现市场。

五、大额可转让定期存单市场

大额可转让定期存单(large-denomination negotiable certificates of time deposit,CDs)是银行接受客户大额定期存款后出具的凭证,该凭证可在二级市场转让。

知识拓展

大额可转让定期存单的产生

大额可转让定期存单的产生源于 20 世纪 50 年代末的美国,当时美国的市场利率上升,定期存款利率受 Q 条例限制(Q 条例是指美联储禁止会员银行向活期储户支付利息,同时规定定期存款支付利息的最高限额的条例),导致银行存款额明显下降。这种背景下,纽约花旗银行首先于 1961 年 2 月宣布开始对大公司和其他客户发行大面额存单,存单统一面额,统一期限,利率高于同期限的定期存款,并允许持有人在存单到期前将其转让。

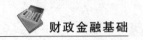

1. 大额可转让定期存单的特点

CDs 作为一种定期存款创新工具,主要的特点是扬弃原有定期存款利率固定、不能流通的缺陷,赋予存单以流通性和投资性,即建立存单的二级市场。具体表现在以下几个方面:①CDs 具有自由流通的能力,可以自由转让流通;②CDs 存款面额固定且一般金额较大;③CDs 不记名,不能提前支取,但可以流通转让,其实质是证券化的定期存款;④存款期限为 3～12 个月不等,以 3 个月居多,最短的 14 天。

正因为 CDs 具有上述特点,也就使其具有两个明显优点:一是提高了存款的市场收益率;二是使存款具有很强的流动性。

对于投资者来说,持有 CDs,一方面可以获取定期存款的收益,另一方面又具有近似于活期存款的流动性。拥有大额短期资金的部门如企业、退休基金、政府部门等投资于 CDs,可获得短期高收益,并在需要资金时,可以及时在二级市场转让。

2. 我国的大额可转让定期存单市场

与国外的 CDs 市场相比,根据《大额可转让定期存单管理办法》的规定,我国的大额可转让定期存单市场具有明显的特点。

(1) 发行主体只能是各商业银行,其他金融机构不得发行;认购主体为城乡居民、企业和事业单位。

(2) 大额可转让定期存单的期限为 3 个月、6 个月、12 个月。

(3) 大额可转让定期存单在存期内按照存单开户日银行挂牌公布的利率水平浮动幅度计付利息,不分段计息。

(4) 大额可转让定期存单采用背书转让方式,转让次数不限,背书应当连续。其转让采取自营买卖和代理买卖两种交易方式。

(5) 经中国人民银行批准,经营证券交易业务的金融机构可以办理大额可转让定期存单的转让业务。发行银行只能办理代理买卖转让业务,不得办理自营买卖转让业务。企业、事业单位持有的大额可转让定期存单,只能在经营证券业务的金融机构办理转让。

任务三 探析资本市场

一、资本市场概述

微课:资本市场

资本市场是期限在一年以上各种资金借贷和证券交易的场所,通常由长期资金借贷市场、股票市场、债券市场和投资基金市场组成。因为在长期金融活动中,涉及资金期限长、风险大,具有长期稳定收入,类似于资本投入,故称为资本市场。

资本市场的资金供应者为商业银行、人寿保险公司、投资公司、信托公司等金融机构,资金需求者主要为国际金融机构、各国政府机构、工商企业、房地产经营商等。

我国的资本市场从 1990 年沪、深两市开办至今,已经形成了主板、中小板、创业板、三板(含新三板)市场、产权交易市场、股权交易市场等多种股份交易平台,具备了发展多层次资本市场的基础。我国具有典型代表意义的资本市场包括四部分:①国债市场,主要是指期限在一年以上、以国家信用为保证的国家重点建设债券、财政债券、基本建设债券、保值公债、特种国债的发行与交易市场;②股票市场,包括股票的发行市场和股票交易市场;③企业中长期债券市场;④中长期放款市场,该市场的资金供应者主要是不动产银行、动产银行,其资金投向主要是工商企业固定资产更新、扩建和新建,资金借贷一般都需要以固定资产、土地、建筑物等作为担保品。

二、股票市场

(一)股票

股票是股份公司发行的用来证明股东投资入股并因此享受一定权益的,可以转让、流通的所有权凭证。股票收益的形式包括股利和资本利得。股利包括股息和红利。股息是股份公司从利润中按股票份额的一定比例分配给股东的收益;红利是指股东在获得股息后,从公司剩余利润中分得的收益。资本利得是低价买入高价卖出的交易差价收益。

知识拓展

衡量股票价值的相关概念

(1)票面价值。票面价值也称股票的面值,是指股份公司在所发行的股票票面上所标明的票面金额。在中国,票面金额是以"元/股"为单位,其作用是用来表明每一只股票所包含的资本数额。

(2)账面价值。股票的账面价值称为股票净值,又称每股净资产,即每股股票所包含的资产净值,是反映股票质量的一个重要指标,也是股票投资者评估和分析上市公司经营实力的重要依据之一。其中,净资产是指剔除了一切债务后的资产,包括注册资本、法定盈余公积、任意盈余公积、未分配利润等。

(3)内在价值。内在价值也称股票的理论价值,即股票未来收益的现值,取决于股票收入和市场收益率。股票的内在价值是股息资本化的表现,也是股票的投资价值,是为获得股息、红利收入的请求权而必须投入的资本数量。股票的内在价值决定股票的市场价格,但又不等于市场价格。股票的市场价格受多种因素的影响,并围绕股票的内在价值上下波动。

(4)市场价值。市场价值包括股票的发行价格和交易价格。发行价格决定公司筹集资金数量的多少。交易价格影响公司的市场形象,由股票市场的供求关系决定。

(5)清算价值。清算价值是指当股份公司进入破产清算程序时,每股股票所代表的实际价值。从理论上讲,股票的每股清算价格应当与股票的账面价值一致,但实际上两者通常不相等。股票清算价格的应用比较有限,仅在公司破产或者其他原因丧失法人资格进行清算时,才能作为确定股票价格的依据。

股票按股东权益可分为普通股与优先股。普通股是代表着股东享有平等权利,并随公司利润大小而分取相应股息的股票。普通股股东的主要权利有经营决策权、盈余分配权、剩余资产的索取权、优先认股权等。优先股是相对于普通股而言,在分取公司收益和剩余资产上具有优先权的股票。其特征是按照规定的方式优先领取股息,优先按面额清偿,限制参与公司经营决策。

股票按发行与交易范围可分为 A 股、B 股、H 股、N 股、S 股等。A 股即人民币普通股票,由境内公司发行,供境内机构或个人以人民币认购和交易的普通股股票。B 股即人民币特种股票,由境内公司发行,以人民币标明面值,在境内证券交易所上市,由境外居民或机构以外币认购和买卖的股票。H 股、N 股和 S 股是由境内公司发行,用人民币标明面值,分别在中国香港、美国纽约和新加坡上市,用港币、美元和新加坡元进行交易的股票。

（二）股票发行市场

股票发行市场也叫初级市场、一级市场,是指筹集资金的公司直接或通过中介机构将其新发行的股票出售给投资者所形成的市场。股份公司新发行股票、增资发行股票,都要通过发行市场,使资金从供给者手中转入需求者手中,也就是把居民储蓄、企业和社会闲散资金转化为投资,从而创造新的实际资产和金融资产,增加社会总资本和生产能力,以促进社会经济的发展,这就是初级市场的作用。

财经素养:
我国股票发行
注册制改革

按发行决定权归属的不同,股票发行分为核准制和注册制。核准制是指股票发行人在发行股票时,要充分公开企业真实情况,遵守和符合有关法律和证券监管机构的规定。证券监管机构对发行人申报文件的真实性、准确性、完整性和及时性,以及发行人的营业性质、财力、素质、发展前景、发行数量和发行价格等条件进行审查,有权否决不符合规定条件的发行申请。

注册制是市场化程度较高的成熟股票市场普遍采用的一种发行制度,证券监管部门公布股票发行的必要条件,只要达到条件要求的企业即可发行股票。注册制要求证券市场的发行方、投资方及中介机构具备高度的自律性和业务操作的规范性。2018 年 11 月起,我国在上海证券交易所设立科创板并试点注册制改革。2023 年 4 月,沪深交易所主板注册制首批 10 家企业正式上市。这标志着我国全面股票发行注册制改革正式落地,中国资本市场改革发展迎来又一个重要里程碑。

知识拓展

股票发行方式分类

按股票发行对象不同划分,股票发行方式可分为私募发行与公募发行。私募发行又称内部发行,是指仅向少数特定投资者发行股票的一种方式。发行对象一般是与发行者有特定关系的投资者。私募发行手续相对简单,可节省发行费用。但私募发行股票不能上市流通,流动性较差,不利于提高发行者的社会信誉。公募发行是指面向广泛的不特定的投资者公开发行股票的一种方式。公募发行的股票是可以上市流通的。公募发行还可以提高发行者在证券市场的知名度,扩大社会影响力,能够在较短时间内筹集大量资金。但其手续比较复杂,发行成本较高。

按股票发行过程划分,股票发行方式可分为直接发行与间接发行。直接发行是指发行人不通过证券承销机构而自己发行股票的一种方式。私募大多是采用直接发行方式。间接发行是指发行人委托一家或几家证券承销机构代为发行股票的一种方式。证券承销机构一般为投资银行、证券公司、信托公司等。

(三)股票流通市场

股票流通市场又称二级市场,是指已经发行的股票按市价进行转让、买卖和流通的市场。其目的在于为股票发行市场提供流动性,从而可以使股票持有者在需要的时候能尽快卖出股票,收回投资。

1. 股票流通市场的组织形式

(1)场内交易。场内交易是指在证券交易所内进行的交易。证券交易所作为进行证券交易的场所,不仅设有固定的场所,备有各种服务设施,还配备了必要的管理和服务人员。场内交易是股票流通市场的主要组织形式,而证券交易所则是场内交易的主要场所。

数说财金

我国的证券交易所

证券交易所是为证券集中交易提供场所和设施,组织和监督证券交易,实行自律管理的法人。目前,我国主要有以下证券交易所。

上海证券交易所(简称"上交所")成立于1990年11月26日,1990年12月19日开业。目前,上交所已发展成为拥有股票、债券、基金、衍生品4大类证券交易品种、市场结构较为完整的证券交易所,是全球第三大证券交易所和全球最活跃的证券交易所之一。截至2022年年末,沪市上市公司达2174家,总市值46.4万亿元;2022年全年股票累计成交金额96.3万亿元,股票市场筹资总额8477亿元;债券市场挂牌2.68万只,托管量15.9万亿元;基金市场上市只数达614只,累计成交18.8万亿元;股票期权市场全年累计成交6475亿元;基础设施公募REITs产品共16个,全年新增9个项目,募集资金342亿元。上交所股票总市值、IPO筹资额分别位居全球第三位、第一位。

深圳证券交易所(以下简称"深交所")成立于1990年12月1日,是经国务院批准设立的全国性证券交易场所,现有121家会员和2家特别会员。2022年年底,深市股票成交金额、融资金额、IPO公司家数和股票市价总值分别位列世界第三位、第二位、第一位和第六位,在联合国可持续交易所倡议对G20主要交易所碳排放量统计排名中,深交所表现最优。

北京证券交易所(简称"北交所")成立于2021年9月3日,是经国务院批准设立的中国第一家公司制证券交易所。2023年2月13日,北京证券交易所融资融券交易业务正式上线。2023年2月20日,北京证券交易所正式启动股票做市交易业务。2023年

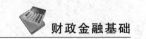

12月1日,北交所正式启动公司债券(含企业债券)发行备案、簿记建档等发行承销业务。2024年1月15日,北交所公司和企业债券市场正式开市。

香港证券交易所全称为香港交易及结算所有限公司,主要经营股票交易、期货交易以及有关的结算,市值仅次于东京证券交易所和上海证券交易所,是亚洲第三大股票市场,也是全球第四大单一股票市场。

台湾证券交易所全称台湾证券交易所股份有限公司,简称"台证所"或"台交所",位于我国台湾省台北市,是中国台湾唯一的证券交易所。1961年10月23日正式成立,1962年2月9日正式对外营业。

资料来源:根据上海证券交易所官网、深圳证券交易所官网、北京证券交易所官网等资料整理。

(2)场外交易。场外交易是相对于证券交易所交易而言的,是指在证券交易所之外进行的证券交易。这种交易最早是在各券商的柜台进行的,又称柜台交易。与场内交易相比,场外交易没有固定的交易场所,其交易价格是通过买卖双方协议达成的,也没有标准化的合约以及严格的监管。场外交易的优点:管制少,比较灵活,能够为有潜力的,尤其是高科技公司提供便利的融资渠道。但场外交易缺乏统一的组织,信息不灵便,风险也较大。

2.股票流通市场的交易主体

股票流通市场的交易主体主要分为个人投资者和机构投资者。个人投资者即"散户",是一个与机构投资者相对应的概念,一般是指以自身所拥有的有限资金投资于股票等有价证券的投资者。机构投资者是指以其所运用的资金在资本市场中进行各类证券投资的法人机构。机构投资者往往资金实力雄厚、信息面广、拥有专业的高级金融技术人才以及先进的投资管理水平。机构投资者的资金量大,一般都是通过组织投资的方式来进行投资操作,以规避和分散风险,实现稳定的收益。

3.股票交易的过程

股票交易的过程是指投资者从开户、买卖股票到股票与资金交易完毕的全过程。在我国,股票交易过程包括开户、委托、竞价与成交、清算和交割五个阶段。

(1)开户。投资者进入股市交易之前,首先需要开立委托买卖股票的账户。开户包括开立股票账户和资金账户。股票账户相当于投资者的股票存折,用于记录投资者所持有的股票种类和数量。资金账户是投资者开设的资金专用账户,用于存放投资人买入股票所需资金和卖出股票所得价款。

(2)委托。委托是指投资者或股东委托券商代理股票买卖的行为。在委托中,股东将所委托卖出的股票或委托购买股票的资金交付给券商。委托是进行股票买卖的关键行为。

从买卖证券的数量来看,有整数委托和零数委托之分。整数委托是指投资者委托经纪人买进或卖出的证券数量是以一个交易单位为起点或是一个交易单位的整数倍。一个交易单位称为"一手"。例如,上海、深圳交易所规定:A股、B股、基金的标准手就是每100股或1 000基金单位为一手;债券以100元面值为一张,10张即1 000元为一标准手。零股委托是指委托买卖的证券数量不足一个交易单位,零股必须由经纪人凑齐为整数股后,才能进行交易。

从委托的价格看,有市价委托和限价委托之分。市价委托是指投资者向经纪人发出委托指令时,只规定某种证券的名称、数量,对价格由经纪人随行就市,不作限定。限价委托即由投资者发出委托指令时,提出买入或卖出某种证券的价格范围,经纪人在执行时必须按限定的最低价格或高于最低价格卖出,或按限定的最高价格或低于最高价格买进。

从委托方式来看,在电子化交易方式下,可分为柜台递单委托、电话自动委托、电脑自动委托和远程终端委托。

(3)竞价与成交。经纪人在接受投资者委托后,即按投资者指令进行申报竞价,然后拍板成交。申报竞价的方式一般有口头竞价、牌板竞价、书面竞价和电脑竞价等几种。成交是指股票买卖双方达成交易契约的行为。股票一旦成交,买卖双方不可违约。

(4)清算。清算是指股票成交后买卖各方通过证券交易所的系统所进行的股票和资金的轧差和结算。

(5)交割。交割是指股票买卖双方相互交付资金和股份的行为。在交割中,买方将购买股票的资金交付给卖方,即资金过户;而卖方将售出的股份交付给买方,即股票过户。

4. 我国股票交易市场

我国股票交易市场作为中国金融市场的重要组成部分,经历了多年的发展与变革,已经形成了包括主板、创业板、中小板和科创板等多个层次的市场体系。截至2023年12月,中国股票交易市场共有上市公司超过5 000家,其中主板、创业板、中小板和科创板分别有超过300家、1 000家、200家和200家上市公司。总市值方面,截至2023年12月,上交所总市值为657 839亿元;深交所总市值为594 954亿元;A股总市值为1 277 374亿元;B股总市值为3 561亿元;北交所总市值为2 189亿元;港股市值为568 948亿元;全球股市总市值为1 165 837亿美元。

【自主探究】人们经常把股票市场称为国民经济的“晴雨表”,为什么?

中国股票交易市场具有多层次的市场体系、严格的上市审核制度、庞大的市场规模、复杂的投资者结构、政策影响较大、高度市场化与监管干预并存、跨境上市与外资参与逐渐增加以及技术创新不断推动市场发展等特点。这些特点共同构成了中国股票交易市场的现状和未来发展趋势。

知识拓展

沪港通和深港通

沪港通和深港通是中国内地与香港股票市场互联互通的机制,允许两地投资者通过当地的证券公司或交易所进行跨境交易,实现了资金的跨境流动。沪港通包括沪股通和港股通两部分,深港通包括深股通和港股通两部分。中国结算、香港结算相互成为对方的结算参与人,为沪港通提供相应的结算服务。投资门槛方面:对于沪港通,在上交所上市的股票,满足沪股通要求的股票会被纳入“沪股通标的股”,这样香港投资者就可以直接购买上交所的股票。对于深港通,如果投资者想开通港股通账户,需要满足在深交所、港交所上市的A+H股公司股票的条件。港股要满足在上交所、港交所上市的A+H股公司股票的条件。沪港通和深港通的互联互通机制,促进了内地与香港市场的融合,为两地投资者提供了更多的投资机会。

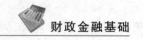
三、债券市场

（一）债券的特征

债券是一种有价证券，是社会各类经济主体为筹措资金而向债券投资者发行的，并且承诺按一定利率定期支付利息和到期偿还本金的债权债务凭证。债券是债的证明书，具有法律效力。它反映了购买者与发行者之间是一种债权债务关系。债券主要包括票面价值、到期期限、票面利率、发行者名称等基本要素。

债券作为一种债权债务凭证，具有以下基本特征：①收益性。体现在两个方面：一是债券可以给投资者带来定期或不定期的利息收入；二是资本利得，即债券低买高卖的价差。②流动性。即债券可以迅速地以较合理的价格（接近市场价格）变现的能力。③偿还性。债券在发行时必须明确其还本付息日期，并在到期日按约定条件偿还本金并支付利息。④安全性。与股票相比，债券通常规定固定利率，与企业经营绩效没有直接联系，收益比较稳定，风险较小。

财经素养：
债券的分类

（二）债券的发行市场

债券的发行市场是债券发行人向债券投资人发行债券的市场。通过债券发行市场，发行者将其新发行的债券第一次销售给投资者。由于债券的发行活动可以没有固定的场所、统一的时间，所以债券发行市场是一个无形的市场、抽象的市场。

债券的发行按其发行方式和认购对象，可分为私募发行和公募发行；按其有无中介机构协助发行，可分为直接发行和间接发行；按定价方式，又可分为平价发行、溢价发行和折价发行。

1. 私募发行和公募发行

私募发行是指面向少数特定投资者的债券发行方式。一般来说，私募发行的对象主要有两类：一类是有所限定的个人投资者。一般情况是限于发行单位内部或有紧密联系的单位内部的职工或股东。另一类是指定的机构投资者，如专业性基金（包括养老退休基金、人寿保险基金等），或与发行单位有密切业务往来的企业公司等。公募发行是指公开向社会非特定投资者的发行，充分体现公开、公正的原则。

2. 直接发行和间接发行

直接发行是指债券发行人直接向投资人推销债券，不需要中介机构进行承销的债券发行方式。这种方式可节省中介机构的承销、包销费用，但要花费大量的人力和时间。间接发行是委托中介机构进行承购推销的发行方式。间接发行可以节省人力、时间，降低发行风险，但会增加发行成本。

3. 平价发行、溢价发行和折价发行

平价发行价格与票面金额相一致，溢价发行价格高于票面金额，折价发行价格低于票面金额。

（三）债券的流通市场

债券流通市场也叫债券交易市场、二级市场、次级市场或转让市场,是指已发行的债券在投资者之间交易的市场。

债券流通市场一般包括场内交易市场(证券交易所市场)和场外交易市场。

1. 场内交易市场(证券交易所市场)

债券的场内交易是指债券在证券交易所上市并进行集中交易。各类债券进入证券交易所挂牌公开交易或上市交易,首先必须经过证券上市管理部门的审核、批准。

2. 场外交易市场

场外交易也叫柜台交易,是指在交易所以外的场所进行买卖交易的统称。在通常情况下,场外交易是由证券公司之间或证券公司与顾客之间面对面进行的交易。场外交易市场是债券二级市场的主要形态。

3. 我国债券流通市场

我国债券流通市场的类型主要分为银行间债券市场和场内交易市场。

1997年6月,我国成立银行间债券市场,目前已成为我国债券市场的主体部分。银行间债券市场是依托于中国外汇交易中心(全国银行间同业拆借中心)和中央国债登记结算有限责任公司,进行买卖和回购的市场。银行间债券市场主要参与者包括商业银行、农村信用联社、保险公司、证券公司等金融机构。

我国的场内交易市场是交易所债券市场,上海证券交易所是我国最早开办债券交易的场所。场内交易市场的参与者主要是个人和资金规模不大的法人机构,交易对象主要是低评级债券,低评级债券由于个体规模普遍不大,且投资群体更加多样化,在交易所市场反而更加活跃。

数说财金

2023 年我国债券市场运行情况

2023年,债券市场规模稳定增长,国债收益率整体震荡下行;债券市场高水平对外开放稳步推进,投资者结构保持多元化;货币市场交易量持续增加,银行间衍生品市场成交量保持增长;股票市场主要股指回落。

1. 债券市场规模稳定增长

2023年,债券市场共发行各类债券71.0万亿元,同比增长14.8%。其中,银行间债券市场发行债券61.4万亿元,交易所市场发行债券9.6万亿元。2023年,国债发行11.0万亿元,地方政府债券发行9.3万亿元,金融债券发行10.2万亿元,公司信用类债券发行14.0万亿元,信贷资产支持证券发行3 485.2亿元,同业存单发行25.8万亿元。

截至2023年年末,债券市场托管余额157.9万亿元,同比增长9.1%,其中银行间债券市场托管余额137.0万亿元,交易所市场托管余额20.9万亿元。商业银行柜台债券托管余额577.5亿元。

2. 债券市场对外开放平稳有序

截至 2023 年年末,境外机构在中国债券市场的托管余额为 3.72 万亿元,占中国债券市场托管余额的比重为 2.4%。其中,境外机构在银行间债券市场的托管余额为 3.67 万亿元。分券种看,境外机构持有国债 2.29 万亿元、占比 62.4%,政策性金融债 0.80 万亿元、占比 21.8%。

3. 债券市场投资者结构保持多元化

2023 年年末,按法人机构(管理人维度)统计,非金融企业债务融资工具持有人共计 2 162 家。从持债规模看,前 50 名投资者持债占比 50.6%,主要集中在公募基金、国有大型商业银行、股份制商业银行等;前 200 名投资者持债占比 82.1%。单只非金融企业债务融资工具持有人数量最大值、最小值、平均值和中位值分别为 57、1、13、12 家,持有人 20 家以内的非金融企业债务融资工具只数占比为 88%。从交易规模看,2023 年,非金融企业债务融资工具前 50 名投资者交易占比 62.4%,主要集中在证券公司、基金公司和股份制商业银行;前 200 名投资者交易占比 89.8%。

资料来源:https://www.gov.cn/lianbo/bumen/202401/content_6929047.htm.

任务四　了解国际金融市场

一、国际金融市场概述

广义的国际金融市场是指在国际范围内,运用各种现代化的技术手段与通信工具,进行资金融通、证券买卖及相关金融业务活动的场所或网络。包括国际货币市场、国际资本市场、国际外汇市场、国际黄金市场及金融衍生工具市场等。从整体上看,国际金融市场是一种抽象的市场,即无形的市场,它没有一个固定的营业场所,而是由各种银行及其他各种金融机构组成营业主体,以各种现代化的通信工具相互联络,昼夜运转,开展各种国际金融业务活动。

微课:国际金融体系

国际金融市场大体上可以分为传统的国际金融市场和新型的国际金融市场。

1. 传统的国际金融市场

传统的国际金融市场又称在岸金融市场(onshore financial market),是从事市场所在国货币的国际借贷,并受市场所在国政府政策与法令管辖的金融市场。

传统的国际金融市场是在各国国内金融市场的基础上形成和发展起来的,是国内金融市场的对外延伸。一般以市场所在国雄厚的综合经济实力为后盾,依靠国内优良的金融服务和较完善的银行制度发展起来的。

2. 新型的国际金融市场

新型的国际金融市场又称离岸金融市场(offshore financial market)、境外市场(external market),是指非居民的境外货币存贷市场。新型的国际金融市场的主要特点如下:以市场所在国以外国家的货币即境外货币为交易对象;交易活动一般是在市场所在国的非居民与非居民之间进行;资金

财经史话:国际金融市场的形成与发展

融通业务基本不受市场所在国及其他国家法律、法规和税收的管辖。

二、欧洲货币市场

欧洲货币市场中的"欧洲"不局限于地理范围的欧洲,即欧洲货币市场并不限于欧洲各金融中心。"货币市场"也不局限于市场经营的业务范围,即欧洲货币市场并不仅限于货币市场业务。欧洲货币又称离岸货币、境外货币,是在货币发行国境外被存储和借贷的各种货币的总称。欧洲货币市场是指在某种货币发行国境外从事该种货币借贷的市场,世界各地离岸金融市场的总体,该市场以欧洲货币为交易货币,各项交易在货币发行国境外进行,或在货币发行国境内通过设立"国际银行业务设施"进行,是一种新型的国际金融市场。

欧洲货币市场经营自由,很少受市场所在国金融政策、法规以及外汇管制的限制;交易货币是境外货币,币种较多、大部分可完全自由兑换,交易规模大。

三、国际资本市场

国际资本市场是指在国际范围内进行各种期限在一年以上的中长期资金交易活动的场所。国际资本市场主要由国际银行中长期信贷市场、国际债券市场和国际股票市场构成。

1. 国际银行中长期信贷市场

国际银行中长期贷款是指由一国的一家商业银行或一国(多国)的多家商业银行组成的贷款银团,向另一国银行、政府或企业等借款人提供的期限在一年以上的贷款。国际银行中长期贷款的主要形式:①双边贷款,又称独家银行贷款,是一国的一家银行向另一国的政府、银行、企业发放的贷款。②银团贷款,又称辛迪加贷款,是由一国或几国的若干家银行组成的银团,按共同的条件向另一国借款人提供的长期巨额贷款。

2. 国际债券市场

国际债券是指一国政府、企业、金融机构等为筹措外币资金在国外发行的以外币计值的债券。按照是否以发行地所在国货币为面值划分,国际债券可分为外国债券、欧洲债券及全球债券。外国债券是发行人在某外国资本市场上发行的以市场所在国货币为标价货币的国际债券,如中国的熊猫债券、英国的猛犬债券、美国的扬基债券、日本的武士债券。欧洲债券是指发行人在债券票面货币发行国以外的国家发行的、以欧洲货币为标价货币的国际债券。全球债券是指可以同时在几个国家的资本市场上发行的欧洲债券。

知 识 拓 展

国 际 债 券

熊猫债券是指国际多边金融机构在中国发行的人民币债券。根据国际惯例,国外金融机构在一国发行债券时,一般以该国最具特征的吉祥物命名。据此,财政部前部长金人庆将国际多边金融机构首次在华发行的人民币债券命名为"熊猫债券"。

猛犬债券是指由非英国本国企业在伦敦发行的英镑债券。

扬基债券是指其他国家债务人在美国发行的以美元为计值货币的债券。

武士债券是在日本债券市场上发行的日元债券,是日本以外的政府、金融机构、工商企业和国际组织在日本国内市场发行的以日元为计值货币的债券。

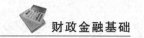

3. 国际股票市场

国际股票是指外国企业在本国发行的、以本币或境外货币为面值的、由本国投资人所持有的股权凭证。

国际股票市场分为发行市场和流通市场,发行市场包括股票首次发行和为增资扩股而发行。流通市场包括场内市场(第一市场)和场外市场。场内市场主要是指证券交易所市场。场外市场包括第二市场(柜台市场、店头交易),即在证券商的营业网点进行未上市股票的交易。第三市场,即在场外从事已上市股票或在交易所享有交易权而未上市的股票。第四市场,即机构投资者直接进行大额股票交易的市场。

四、国际黄金市场

黄金市场是专门集中进行黄金买卖的交易中心或场所。按市场的不同性质,黄金市场分为主导性市场与区域性市场。主导性市场是指国际性黄金交易相对集中的市场,其价格的形成及交易量的变化对其他市场影响很大,如英国伦敦,瑞士苏黎世,美国纽约、芝加哥和中国香港。区域性市场主要是指交易规模有限且集中在本地区,对其他交易市场影响不大的黄金市场,这类市场中具有代表性的有法国巴黎、德国法兰克福、比利时布鲁塞尔、卢森堡、黎巴嫩贝鲁特、新加坡、日本东京、巴西里约热内卢等。

1. 伦敦黄金市场

伦敦黄金市场的特点有三个方面:第一,属于黄金现货市场,具有每日两次的定价制度,该价格是观察黄金市场趋势的主要根据,是最具代表性的世界黄金行市。第二,黄金交易数量巨大,倾向于经营批发交易。伦敦作为世界黄金的集散地,产金国首先把黄金集中于伦敦,然后批发到世界其他地区,起到黄金中转地的作用。第三,黄金现货市场以美元计价,是唯一可成吨购买黄金的市场。

2. 苏黎世黄金市场

苏黎世黄金市场由瑞士三大银行即瑞士银行、瑞士信贷银行和瑞士联合银行组成。该市场的特点是:黄金交易与银行业务联系紧密;黄金零售业务为主,大宗交易不常见,金币交易量居世界之首。

3. 纽约黄金市场

目前,纽约黄金市场是世界上最大的黄金期货集散地。

学以致用

项目八即测即评

项目八问答题

项目九
风险与保险——社会保障与商业保险

【知识目标】

    1. 理解风险与保险的辩证关系,理解保险的含义、特征,掌握其分类。

    2. 理解社会保障制度的功能及特征,掌握我国社会保障体系的构成和社会保险制度的内容。

    3. 理解商业保险的原则,掌握商业保险合同的特征和内容。

【能力目标】

    1. 能描述风险与保险的辩证关系,识别保险的种类。

    2. 能根据经济现象准确判断我国社会保障体系的各层次,能准确判断违背社会保险制度的社会现象,并提出合理化建议。

    3. 能运用所学知识合理规划家庭商业保险。

    4. 能运用保险理论分析国家有关社会保险的改革趋势。

【素养目标】

    1. 树立正确的风险观念,增强保险责任意识。

    2. 学习我国社会保障制度,树立社会互助意识,形成底线思维,厚植家国情怀。

    3. 关注社会保障问题,增强社会责任感,积极参与社会建设。

    4. 思考社会保障的改革与创新问题,成为有担当、有社会责任的人。

【引导案例】

有了商业保险,还需要交社会保险吗

    王某因在工作中受伤被认定工伤,鉴定为七级伤残。公司投保的雇主责任险及时进行了理赔。后来王某向公司申请工伤保险待遇时,却被公司拒绝。公司认为,公司已投保雇主责任险,应免除其工伤保险责任,并且王某的损失已从保险公司得到了弥补。王某想知道,公司的理由成立吗?

    本案例中,雇主责任险是一种商业保险,由用人单位自愿选择是否投保。工伤保险是用人单位必须为职工缴纳的一种社会保险,带有强制性。用人单位投保雇主责任险,并不能免除其为职工参加工伤保险的责任。因此,公司的理由不成立。由于公司没有为王某参加工伤

保险,公司应根据《工伤保险条例》第六十二条第二款的规定,承担工伤保险责任。

资料来源:http://rsj. taian. gov. cn/art/2021/8/13/art_210297_10289866. html.

【知识导图】

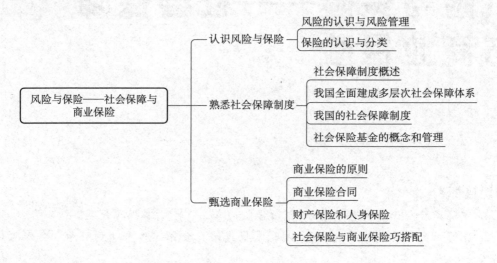

经济是肌体,金融是血液,银行、证券和保险被称为现代金融业的三驾马车,银行业务、股票债券等金融投资大家都会有所接触和了解,而对于保险,许多人只关心"五险一金",对社会保障不了解,对商业保险抱有成见。岂不知,当今社会,每个成员都或多或少享受着以"社保"、福利、救济等为主要内容的社会保障体系所带来的制度保障,同时,又可以通过对风险的认识了解、防范,以商业保险去转移风险,从而最大限度地让生活更加有保障,活得有尊严。当然社会保障是国家惠及民生而建立的社会保障制度,强调社会效益;商业保险是基于商业经营而建立的个别契约经济关系。这两方面都与个人的生存发展、社会的文明进步紧密联系,人们不仅要理解、享受、促进社会保障的优越制度,更应该具备风险意识、保险常识,特别是加强风险管理,因而提高合理规划人生财务、正确投保的基本素养和能力。

任务一 认识风险与保险

天有不测风云,人有旦夕祸福,指的就是风险无处不在、无时不在,任何经济单位和个人都面临着来自自然、社会和市场的各种不同的风险威胁。之所以要保险、求保障,正是因为有风险的存在,保险是最为典型的风险管理制度,是现代社会应对风险的最常用手段之一。

一、风险的认识与风险管理

1. 风险的概念及风险因素的客观性

风险是偶然事件的发生引起损失的不确定性。风险是不以人的主观意志为转移的客观存在,风险发生与否、损失多少、何时何地发生都是不确定的。随着科技进步和经营管理的改进,人们认识、管理和控制风险的能力不断增强,人们在社会经济活动中所面临的自然灾害、意外事故、决策失误等风险可以得到一定程度的有效控制,但是,从总体上说,风险是客观存在的,不可能完全消除。比如,人可以预测地震发生,但不能抑制它发生,虽不能控制其造成的损失,但可以通过投保等风险管理来补偿个体的损失。总之,风险及风险管理是一个永不褪色的话题。

风险的存在会给人们带来利益损害,这是所有保险产生的基础。任何事物如果没有任何风险,自然也就用不着保险。从人类生存和发展来看,导致风险产生的因素主要有自然风险、社会风险、政治风险、经济风险等。生活中的风险因素常常存在。

风险事件一旦发生,就会引起损失,也就是说,风险是通过风险事故的发生来导致损失的。而风险因素是引起或增加风险事故发生的机会或扩大损失幅度的原因和条件。风险因素引发风险事故,而风险事故导致损失,如图 9-1 所示。

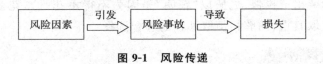

图 9-1　风险传递

2. 风险管理的概念

人类的发展史就是风险管理的历史。一定程度上说,为应对生存风险,群居与劳动工具的生产就是人类最原始的风险管理方式。人类面临种种风险,但可以不断地认识风险,管理风险,减少或降低风险生成的损失,并有可能使收益最大化。

风险管理就是每一个经济单位通过对风险的认识、衡量和分析,以最小的成本谋取最大安全保障的管理方法。这里的各个经济单位,可以是社会上的每一个人、家庭、企业以及其他法人团体。进行风险管理,就是在风险事故发生之前,识别面临的各种风险,以及分析风险事故发生的潜在原因,衡量风险的大小,例如测量风险导致损失的频率、损失大小情况等,对风险作出合理评价,进一步选择适当的风险管理方法,以达到降低风险损失。

人类面对多种风险,保险是个人和家庭的有效风险管理手段。但并不是所有的风险都可以通过保险的方式来转移。

3. 可保风险的概念与可保风险的条件

可保风险是指符合保险人(即通常所说的保险公司)承保条件的特定风险。尽管保险是人们管理风险的一种方式,它能为人们在遭受损失时提供经济补偿,但并不是所有破坏物质财富或威胁人身安全的风险,保险人都愿意承保。它必须符合一定的条件:①只能是纯粹风险。有损失的可能又有获利可能的风险叫投机风险,如炒股风险;只有损失的可能而无获利可能的风险叫纯粹风险,如人身意外风险。保险人可承保的风险都是纯粹风险。②风险的发生必须具有偶然性。③风险的发生纯属意外,不是人的主观故意行为所导致的,任何故意行为引起的风险都不可以通过保险来转移,如赌博、故意伤害等。④风险必须是大量同质(同样)的对象(标的)均有遭受损失的可能性。⑤风险的损失必须是可以用货币计量的,就是人身受到的伤害或死亡,也只能是医治等所引起的经济损失或按约定给予的经济补偿(保险金)。

二、保险的认识与分类

保险本意是稳妥可靠的保障,后来延伸成一种保障机制,成为用来规划人生财务的一种工具。市场经济条件下风险管理的基本手段,成为现代金融体系和社会保障体系的重要支柱。

(一)保险的含义

俗话说得好:"人在江湖漂,难保不挨刀,事先投有保,消灾化解了。"有人形象说保险是"晴天不借伞,雨天有伞撑"。既然许多风险是不可避免的,具有保险意识的人就可以通过事先交纳一定额度的保险费,来换取保险事故发生给自己带来的损失,哪怕这种损失是不确定的。交纳保险费就是投保,造成损失了保险公司进行赔偿就是理赔,这就是"精明人"的"笨"办法:之所以"笨"是因为要出资投保,之所以"精明"是因为不得不花呀,"花钱消灾""花小钱防大难",是两利相权取其重、两弊相衡取其轻的理智选择。

财经史话:
保险的起源

财政金融与国计民生

无时无处不在的风险

汶川大地震有赔偿。2008 年 5 月 12 日,四川汶川发生大地震,造成损失 8 000 亿元左右。据保监会发布的《"5·12"汶川特大地震保险理赔工作基本完成》显示,保险业合计支付地震赔款 16.6 亿元人民币;平安产险赔付汶川地震最大的一笔赔款 7.2 亿元人民币。

航天英雄有保障。中国人寿为杨利伟个人提供了 500 万元的人身保险,为所有入选的宇航员及其配偶和子女,以及宇航专家提供了高达 1 390.8 万元的人身保险,其中,宇航员训练期间 100 万元/人,执行任务期间 200 万元/人,飞行期间 500 万元/人,宇航员子女 10 万元/人,航天专家 100 万元/人。

资料来源:https://wenku.baidu.com/view/d6292a1fa7c30c22590102020740be1e650ecc04.html.

保险产生和发展的过程表明,保险是基于风险的存在和对因风险所引起的损失进行补偿的需要而产生和发展的。保险是指投保人根据合同约定,向保险人支付保险费,保险人对于合同约定的可能发生的事故因其发生所造成的财产损失承担赔偿保险金责任,或者被保险人死亡、伤残、疾病或者达到合同约定的年龄、期限等条件时承担给付保险金责任的商业保险行为。这里给保险做的定义是限于商业保险范围的,是狭义的保险,广义的保险应在此基础上加上政策性保险。

(二)保险的功能特性

保险从多个方面来看,都应该说是人类生存发展过程中,应对风险而创设出来的一种最具理性、最有亲情、最有高度,又有温度的管理方式。

财经素养:保险
——社会的减震器

1. 经济性

从经济角度看,保险是分摊意外事故损失的一种财务安排,通过事先交纳一定保险费而获得补偿损失或给付保险金的一种经济保障活动,当遭受保险责任范围内的损失和伤害时,可以领取大大超过保费支出的保险金,因而具有经济性。

2. 法律性

从法律角度看,保险是一种合同行为,是双方约定,在一定条件下,一方同意补偿另一方损失的一种合同安排,也为双方行使自身的权利和履行各自的义务提供了法律依据,具有明显的法律性。

3. 互助性

从社会角度看,保险在一定条件下分担了个别单位和个人所不能承担的风险,体现了"一人为众、众为一人"的互助特性,是社会经济保障制度的重要组成部分,是社会生产和社会生活"精巧的稳定器",具有主观上明确的"自助性"和客观上事实存在的"互助性"。

4. 科学性

从风险管理角度看,保险是风险管理的一种方法,现代保险经营是以概率论和大数法则等科学理论为基础的,保险费率的厘定、保险准备金的提取等都是以数理计算为基础的,具有一定的科学性,是一种相当科学合理的风险防控措施和手段。

(三)保险的分类

敲锣卖糖,各干一行。保险也因保险经营的性质、对象、目的、实现方式,以及保险法规规定、历史习惯等不同而划分不同的保险类别。

1. 按风险管理对象分类

(1)财产保险。财产保险是以财产及相关的经济利益(如运费、预期利润、信用等)和损害赔偿责任为保险标的的保险,主要有海上保险、货物运输保险、工程保险、航空保险、火灾保险、汽车保险、家庭财产保险、农业保险等。

(2)人身保险。人身保险是以人的寿命和身体健康为保险标的的保险,主要有人寿保险、健康保险、意外伤害保险等。

2. 按保险经营性质分类

(1)政策保险。政策保险是政府为维护社会秩序或促进特定部门发展按有关法令或政策规定开办的不以盈利为目的的保险,多为贯彻政府的某一项经济或社会政策服务。

(2)商业保险。商业保险是以盈利为目的的商业行为,由商业保险公司经营的保险。

3. 按保险实施方式分类

(1)自愿保险。自愿保险是投保人和保险人在平等互利和自愿协商的基础上,通过签订保险合同而建立的保险关系。

(2)法定保险。法定保险又称强制保险,是在法律规定的范围内,单位或个人都必须依法参加的保险,如旅客人身意外伤害险等。

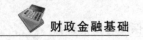

任务二　熟悉社会保障制度

恰逢盛世,阳光雨露,在改革开放的新时代,党和国家的各项惠民生政策如春风化雨惠及每个人。通过国家层面而制定的社会保险、救助、补贴等一系列制度的总称就是社会保障制度。社会保障制度首先是要解决人们的基本生活问题,看似是一个经济问题,但同时也肩负着缩小社会成员间的收入差距,实现公正平等的责任,因此也可以说它又是一个政治问题,是一项全社会建立起的一种保障制度体系。

一、社会保障制度概述

(一)社会保障制度的含义

"老有所养、壮有所用、幼有所育、病有所医、残有所抚、贫有所济"的社会生活状态是人们的向往,这就需要通过建立社会保障来实现。社会保障制度是现代国家最重要的社会经济制度之一,是国家和社会,为帮助社会成员,克服非理性风险,维持其基本生活条件,依法进行的国民收入再分配活动。其目的在于保障全社会成员基本生存与生活需要,特别是保障公民在年老、疾病、伤残、失业、生育、死亡、遭遇灾害、面临生活困难时的特殊需要。这种由国家通过立法、颁布政策而制定的有关社会保险、救助、补贴等一系列制度,统称为社会保障制度。

(二)社会保障制度的特征

1. 范围的广泛性

社会保障的实施主体是国家,目的是满足全体社会成员的基本生活需要,因此,社会保障的受益范围是广泛的,保障的辐射角度也是全方位的。完整的社会保障体系,犹如一张安全网覆盖着社会经济生活的各个层次、各个方面。

财经史话:
社会保障的产生

2. 参与强制性

如果社会保障不以国家法律的形式固定下来,一些社会成员可能会选择不参与社会保障,这显然不利于社会整体利益。因而,强制参与是必要的,并且应以法律形式加以确定。

3. 制度的立法性

在为全社会成员提供保障的同时,也要求全社会共同承担风险,这就牵扯到社会的各个方面,涉及各种社会关系。为了使社会保障具有权威性,正确地调整各阶层群体,以及个人社会保障利益关系,就必须把社会保障活动中所发生的各种社会关系,用法律形式固定下来。

4. 受益程度的约束性

社会保障只涉及基本生存方面的风险,它所直接带来的不是享受,而只是满足基本生活保障的需要。由于社会保障项目水平及制度的健全与否都受到社会化大生产发展程度的制约,因此保障项目过多或受益水平过高,会影响社会效率,也会影响社会成员的劳动积极性,从而不利于公平的兼顾,以及为社会成员创造相对平等的机会。

(三)社会保障制度的功能

1. 社会功能

在社会方面,社会保障具有社会稳定、社会补偿和社会公平三大功能。首先,社会成员的生存无保障是导致社会不安定的重要因素之一。通过保证劳动者,乃至全体国民的基本生存问题,从而实现整个社会的稳定。因此,各国都把社会保障视为社会震动的减震器和安全网。其次,社会救济的目的在于保障最低生活水平,具有鲜明的扶贫特征;社会保险也是对劳动者遭遇风险后的补偿,以保证其基本生活需要。最后,社会保障通过其资金的筹集和给付,把一部分高收入社会成员的收入,转移到生活陷入困境的社会成员手中,促进社会公平。

2. 经济功能

在经济方面,社会保障有四大功能:①维系劳动力再生产。社会保障给予劳动者及家庭必要的保障,以维系劳动力再生产的需要,使劳动力流动渠道通畅,调节和实现人力资源的高效配置。②调节收入分配。通过社会保障,对社会财富进行再分配,适当缩小各阶层社会成员之间的收入差距,如从高收入者向低收入阶层的收入转移,在劳动者与非劳动者、健康正常时与患病伤残时之间进行的所得转移等。③平衡社会需求。社会保障对社会总需求具有自动调节作用,实现其自动稳定器的功能。在经济萧条时期,一方面由于失业增加,收入减少,用于社会保障的收入积累相应减少;另一方面由于失业或收入减少,而需要社会救济的人数增加,社会用于实施救济和其他社会保障方面的支出也相应增加,这使得社会保障的同期支出大于收入,从而刺激了消费需求,增加社会总需求。而在经济高涨时,其作用正好相反,有力地起到了自动减震器的作用。④促进消费。人们往往在消费和储蓄之间举棋不定,当社会保障健全时,人们的生、老、病、死都有一定的保障,即使在收入一定时,仍可以大胆地消费,甚至是超前消费。相反,当社会保障不健全时,人们更多的是将收入储蓄起来。

3. 政治功能

社会保障的政治功能主要体现在巩固国家政权,维护现存的政治制度和经济制度,保证社会安定团结和有序发展。社会主义国家和资本主义国家的社会保障政治功能有所不同。资本主义国家更多的是用于维护现有制度,为政党的利益服务,而在社会主义国家,生产资料是全民所有制,社会保障也就是体现了这种所有权,保障了人民主人翁地位,维护了社会主义制度和人民的利益。

(四)社会保障中的政府责任

政府作为公共权力机关,一个很重要的职能就是提供公共产品和公共服务。社会保障作为保障和改善公民基本生活的制度设计,属于公共产品和公共服务的范畴,需要政府参与其中,发挥领导、引导、主导、监督等重要作用。

政府在社会保障中的责任主要体现在以下四方面:①制度设计,政府应对社会保障制度、标准、模式、主体的责任划分等做好顶层设计,从源头上体现社会公平。②健全法制,完善有关社会保障的立法、执法、司法体系,建立良好的法治环境,是社会保障顺利运行的基础。③财政支持,政府通过固定的财政机制支持社会保障项目运行,是社会保障资金的主要来源,专项支持以及转移支付,专门的社会保障基金都是具体的支持手段。④监督管理,监督管理是保证社会保障体系良性运行的必要条件,要有健全的监督机制和管理机制。⑤基金管理,选择合理的社会保障基金筹集模式和投资运营模式,以达到对基金良好高效的管理运用,从而确保基金的安全和保值增值。

政府应进行适度干预,但要有边界,过度干预会导致"政府失灵"。在社会保障中政府应当发挥主导作用,应当"有所为",正视自己的责任,积极承担自己的责任,扮演更为积极的角色;但同时也应当"有所不为",而不是"大包大揽"。

在社会保障体系中,政府部门、企事业单位、社会团体及个人都发挥着积极作用,政府起主导作用,重立法,整合资源,全社会其他主体积极参与,贯彻落实协调、开放、共建、共享的科学发展理念。

二、我国全面建成多层次社会保障体系

社会保障是一个由多个系统与项目组成的体系,不同的社会保障系统或项目承担着不同的社会保障责任,解决的是不同的民生与社会问题,也有着不同的财政来源、制度结构及运行机制。但有一点是共同的,那就是为满足社会成员的多层次需要,相应安排多层次的保障项目。目前我国的社会保障一般包括社会救助、社会保险、社会福利、社会优抚四个层次,如图9-2所示。

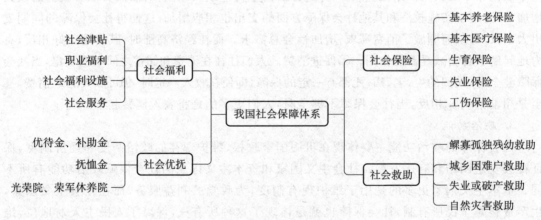

图 9-2 我国社会保障体系

1. 社会救助

社会保障体系的第一个层次是社会救助。社会救助是维护底线基础性保障制度,是社会保障安全网的最后一道防线。社会救助制度是政府通过国民收入再分配,对因自然灾害或者其他经济、社会原因而无法维持最低生活水平的社会成员给予救助的制度。社会救助由财政负责供款,是国家和社会面向低收入或贫困阶层,负责为符合条件者提供生活救助、灾害救助及其他专项救助,是政府责无旁贷的职责。社会救济具有两个显著特点:第一,由于社会救济的接受对象是社会弱者,所以社会救济不以接受者预先支付一定

费用作为受助前提,资金全部由财政拨款或由社会捐助;第二,受益人的选择性,即只有经过一定形式的经济情况调查,符合救济条件的个人或家庭才能得到救济。

目前,我国已初步形成以城乡最低生活保障制度为核心,临时应急救助补充,与医疗、教育、司法等分类专项救助制度配套的社会救助体系框架。社会救助主要包括鳏寡孤独残幼救助、城乡困难户救助、失业或破产救助、自然灾害救助等救助方式。①鳏寡孤独残幼救助,是指对农村中无劳动能力、无生活来源、无依无靠的老人、残疾人和孤儿,采取依靠集体供养、辅之以国家必要救济的办法,实行"五保",即保吃、保穿、保住、保医、保葬(孤儿保教),保证他们的生活达到当地一般群众的生活水平。供养的形式有集中供养和分散供养。②城乡困难户救助,主要包括针对城镇居民中无生活来源的孤、老、残、幼和收入不能维持基本生活的贫困户,以及农村中主要劳动力病残或死亡的家庭。③失业或破产救助,失业救助是指公民因失业而生计困难时,由国家和社会提供的维持最低生活水平的资金和物资的救助项目。它与失业保险配套实施,在失业保险期满,但仍未找到工作时,失业救助才发挥作用。④自然灾害救助,针对遭受严重自然灾害而陷入生活困境的城乡居民提供的救助。

财政金融与国计民生

最低生活保障制度

我国最低生活保障制度包括城市居民最低生活保障制度和农村居民最低生活保障制度。《国务院关于在全国建立城市居民最低生活保障制度的通知》(国发〔1997〕29 号)中要求把建立城市居民最低生活保障制度当作一项重要工作抓紧抓好。1999 年我国颁布《城市居民最低生活保障条例》,该条例规定持有非农业户口的城市居民,凡共同生活的家庭成员人均收入低于当地城市居民最低生活保障标准的,均有从当地人民政府获得基本生活物资帮助的权利。在城市最低生活保障制度建立起来之后,我国各地相继比照建立了农村最低生活保障制度;2007 年国务院发布《关于在全国建立农村最低生活保障制度的通知》(国发〔2007〕19 号),要求在全国建立农村最低生活保障制度。截至 2008 年年底,全国已有 1 982.2 万户、4 305.5 万人得到了农村最低生活保障,平均低保标准每人每月 82.3 元,全年共发放农村最低生活保障资金 228.7 亿元。2009 年,新型农村社会养老保险试点覆盖面为全国 10% 的县(市、区、旗),此后逐步扩大试点,在全国普遍实施,到 2020 年基本实现对农村适龄居民的全覆盖。

2016 年国务院办公厅转发有关部门《关于做好农村最低生活保障制度与扶贫开发政策有效衔接指导意见的通知》(国办发〔2016〕70 号),明确要求做好农村最低生活保障制度与扶贫开发政策有效衔接工作,确保到 2020 年现行扶贫标准下农村贫困人口实现脱贫。

另外,为保障特殊困难群体的生活权益,我国还先后颁布了《中华人民共和国老年人权益保障法》《中华人民共和国残疾人保障法》和《农村五保供养工作条例》等法律、法规,对城市孤寡老人、符合供养条件的残疾人和孤儿实行集中供养,对农村孤寡老人,符合供养条件的残疾人和孤儿实行集中供养与分散供养相结合;集中供养一般通过举办社会福利院、敬老院、疗养院、儿童福利院等福利机构进行;对于残疾人,通过政府的优惠来兴办多种形式的社会福利企业,为适合参加劳动的残疾人提供就业机会。

2. 社会保险

社会保障体系的第二个层次是社会保险。社会保险是指国家根据法律,强制由劳动者、企业、政府三方共同筹集基金,在劳动者面临生、老、病、伤、残、失业等风险时获得基本生活需要和健康保障的一种社会保障制度。社会保险是社会保障体系中保障风险最多、运用资金最多、影响最大的一项社会保障制度,是现代社会保障的核心内容。社会保险要求受保人和其就业单位缴纳一定的保险费用,具有风险分担互助互济的保险功能。社会保险与商业保险在二者体现的经济关系、资金来源、权利与义务以及保险原则等方面均有不同。

3. 社会福利

社会保障体系的第三个层次是社会福利。社会福利主要是改善和提高生活质量。广义的社会福利,是指国家为改善和提高全体社会成员的物质生活和精神生活所提供的福利津贴、福利设施和社会服务的总称。它表现为国家、社会组织举办的以全社会成员为对象的福利事业,如教育、科学、环保、文化、体育、卫生设施,以及为城乡居民提供的各项补贴。狭义的社会福利,是指国家向老人、儿童、残疾人等社会中需要给予特殊关心的人群提供必要的生活保障。社会福利又被称为高层次的社会保障措施。

4. 社会优抚

社会保障体系的第四个层次是社会优抚,这是一定意义上的特殊保障。社会优抚是社会保障的特殊构成部分,是国家依法定的形式和政府行为,对有特殊贡献的军人及其眷属实行的具有褒扬和优待赈恤性质的社会保障制度。

财经素养:社会优抚对象有哪些

社会优抚具有以下特点:①优抚对象具有特定性。优抚的对象是为革命事业和保卫国家安全做出牺牲和贡献的特殊社会群体,由国家对他们的牺牲和贡献给予补偿和褒扬。②优抚保障的标准较高。由于优抚具有补偿和褒扬性质,因此优抚待遇高于一般的社会保障标准,优抚对象能够优先优惠地享受国家和社会提供的各种优待、抚恤、服务和政策扶持。③优抚内容具有综合性的特点。社会优抚与社会保险、社会救助和社会福利不同,它是特别针对某一特殊身份的人所设立的,内容涉及社会保险、社会救助和社会福利等,包括抚恤、优待、养老、就业安置等多方面的内容,是一种综合性的项目。

社会保障是民生安全网、社会稳定器,与人民幸福安康息息相关,关系国家长治久安。全面建成多层次社会保障体系,就是要坚持全覆盖、保基本、多层次、可持续的基本方针,按照兜底线、织密网、建机制的基本要求,实现覆盖全民、城乡统筹、权责清晰、保障适度、可持续的目标,更好体现社会公平正义,努力满足人民群众差异化需求。

三、我国的社会保障制度

财经素养:主动放弃社保可以吗

我国社会保障制度的核心内容是社会保险,也就是日常所说的"社保"。社会保险的对象是劳动者及家属。在现代社会中,劳动者及家属面临的风险包括生、老、病、死、伤、残、失业和家庭困难等,对这些风险的经济保障,都是社会保险的范围。但由于各国经济发展水平不同,社会保险实施的范围和内容也有差别。我国的社会保险主要包括养老保险、医疗保险、失业保险、生育保险、工伤保险,合称为"五险"。其中,养老保险和医疗保险参保人数最多。

1. 养老保险

养老保险是社会保障制度的重要组成部分,是社会保险五大险种中最重要的险种之一。养老保险是国家和社会根据一定的法律、法规,为解决劳动者在达到国家规定解除劳动义务的劳动年龄界限,或因年老丧失劳动能力退出劳动岗位后,按规定每年获得一定收入的一种保障制度。这包括三层含义:第一,养老保险是在法定范围内的老年人完全或基本退出社会劳动后才自动发挥作用的;第二,养老保险的目的是为保障老年人的基本生活需要,为其提供稳定可靠的生活来源;第三,养老保险是以社会保险为手段来达到保障目的。

财经素养:企业职工基本养老保险全国统筹

1997 年 7 月,《国务院关于建立统一的企业职工基本养老保险制度的决定》,确立了我国现行的统账结合式养老保险制度,即社会统筹部分和个人账户部分共同组成我国城镇职工的基本养老保险制度。这一制度的特征:一是每个企业为职工向社会统筹基金缴纳基本养老保险费,同时还向职工的个人退休账户缴纳保险费,职工个人在就业期间,向自己的个人退休账户缴纳保险费;二是企业总的缴费比例最高为企业工资总额的 20%,职工自己向个人账户的缴费比例从 4% 开始,1998 年以后每 2 年提高 1%,最终达到 8%。企业向职工个人账户的缴费比例应随着职工个人缴费比例的提高而相应地下降,即由最初的 7% 下降到最终的 3%。企业和个人向个人账户的缴费比例之和应该达到 11%。职工退休后的基本养老金由两部分构成:从养老统筹基金领取的基础养老金和从个人账户领取的个人账户养老金。

2005 年 12 月,《国务院关于完善企业职工基本养老保险制度的决定》规定"城镇各类企业职工、个体工商户和灵活就业人员都要参加企业职工基本养老保险",扩大了基本养老保险覆盖范围。个体工商户和灵活就业人员的缴费基数为当地上年度在岗职工平均工资,缴费比例为 20%,其中 8% 计入个人账户,退休后按企业职工基本养老金计发办法计发基本养老金。同时改革了基本养老金计发办法,从 2006 年 1 月 1 日起,个人账户的规模统一由本人缴费工资的 11% 调整为 8%,全部由个人缴费形成,单位缴费不再划入个人账户。

总之,养老保险缴得越多,时间越长,发放得越多,而且每年会提高;基本养老金是终身发放的,个人账户发完后,政府兜底继续发放,个人账户余额还可以继承。养老保险关系也可以转移接续,跨省转移原参保地统筹金也要随同转移。参加城乡居民养老保险,除了个人缴费,政府也会给予一定补贴,花费不多,就能获得较高的养老保障。

数说财金

我国养老保险知多少

2023 年 12 月,民政部、全国老龄办发布《2022 年度国家老龄事业发展公报》。公报显示:截至 2023 年 2 月,全国参加基本养老保险人数 10.53 亿人,比 2021 年增加 2 436 万人,我国的养老保险参保率已达 90% 以上,其中有约 52.2% 的参保者选择了城乡居民基

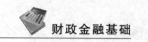

本养老保险。庞大的参保人群证明养老保险已成为我国的普惠性制度安排,为全社会尤其是全体老年人的基本生活提供了有效的制度保障。

庞大的参保人群必然带来社会养老保险资金的筹集和使用问题。全国社保基金从2000年建立以来,就不断接收财政部的划拨款项以及部分国企的权益。2022年我国职工基本养老保险基金收入为63 324亿元,支出为59 035亿元;居民养老保险基金收入为5 609亿元,支出为4 044亿元。根据《2022年度人力资源和社会保障事业发展统计公报》,我国职工基本养老保险基金累计结余达到了56 890亿元;居民基本养老保险基金累计结余达到了12 962亿元,两部分结余合计约7万亿元,占2022年国家财政收入(全国一般公共预算收入)的1/3左右,资金规模巨大,不仅对养老保险制度本身,而且对金融市场、对财政平衡、对整个经济发展都有举足轻重的影响。虽然有如此庞大的规模,但相对于我国的养老保险基金收支来说,积累还是不够。

2. 医疗保险

医疗保险是一种以职工和单位缴纳的税(费)及政府补助为经费来源的社会保险制度,这种保险负责支付患病职工及退休人员的医疗费用,职工的直系亲属也可享受一定的医疗补助。医疗保险具有社会保险的强制性、互济性、社会性等基本特征。因此,医疗保险制度通常由国家立法强制实施,建立基金制度,费用由用人单位和个人共同缴纳,医疗保险费由医疗保险机构支付,以解决劳动者因患病或受伤害带来的医疗风险。

根据国务院2009年3月下发通知实施的《医药卫生体制改革近期重点实施方案(2009—2011年)》,我国目前的基本医疗保险制度包含三大类,即城镇职工基本医疗保险、城镇居民基本医疗保险、新型农村合作医疗。三者都属于国家建立的具有社会公益性的医疗保险,共同构成了覆盖城乡所有居民的医疗保障制度网。

3. 失业保险

失业保险是国家通过立法强制实行的,由社会集中建立基金,对由于各种原因中断工作,暂时失去生活来源的劳动者提供一定时期物质帮助,并通过转岗训练和生产自救,使其重新就业的社会保险制度。失业保险覆盖范围包括劳动力队伍中的大部分成员,具有普遍性;失业保险是国家法律、法规强制实施的失业保障,具有强制性;失业保险基金由单位、个人和国家三方共担,在统筹地区统一调度使用,以发挥互济功能。

我国的失业保险制度起步于1986年发布的《国营企业职工待业保险暂行规定》,1993年国务院颁布了《国有企业职工待业保险规定》,进一步完善了失业保险制度。1999年1月颁布并执行《失业保险条例》。

我国现行失业保险制度的基本规定:一是缴费比例,用人单位按照本单位工资总额的2‰缴纳,职工个人按照本人工资的1‰缴纳;二是失业保险金按当地社会救济金的120%~150%按月发放;三是失业者从社会保险机构领取失业保险金的最长期限2年,超过2年仍然没有重新就业的,可根据当地的具体规定转入社会救济。

财经素养:可以异地申领失业保险金吗

4. 生育保险

生育社保制度充满人情味,关爱母亲,就是关爱未来。我国生育保险待遇主要包括两项：一是生育津贴，用于保障女职工产假期间的基本生活需要；二是生育医疗待遇，用于保障女职工怀孕、分娩期间以及职工实施节育手术时的基本医疗保健需要。

我国的生育保险大致经历四个阶段：①1951年生育保险制度建立，随后通过一系列法律、法规和政策文件的发布，生育保障制度不断发展、完善，逐步形成了包括休假、保险、补助等内容的生育保障制度。②以1988年国务院出台的《女职工劳动保护规定》为起始标志，至2011年第一部《中华人民共和国社会保险法》实施为止，我国的生育保险制度完成了社会化转型，建立了多维度、多阶段的女性生育配套性保障制度。③2011年我国实施第一部保险法，以法律的形式对生育保险的相关内容予以明确，为生育保障制度的发展、改革与完善提供了法律依据。保险法明确规定，个人不缴纳生育保险费，用人单位为生育保险基金的单一来源主体。④2019年，国务院办公厅出台《关于全面推进生育保险和职工基本医疗保险合并实施的意见》，正式推动全国范围内的生育保险和医疗保险合并，虽然合并后的生育保险内容并未改变，但是对扩大生育保险基金的覆盖面、提高保险基金的运营效率、降低运营成本有较为明显的作用。

【自主探究】 男职工需要缴生育保险吗？

5. 工伤保险

工伤保险是指国家和社会为在生产、工作过程中遭受意外事故和患职业性疾病的劳动者，如受伤、残疾而暂时或永久丧失劳动能力的，失去正常工资收入来源时，生活难以为继，享受工资、医疗救治、伤残补助、生活保障和职业康复等物质帮助的一种社会保障制度。

财经素养：工伤
申请有时效吗

四、社会保险基金的概念和管理

1. 社会保险基金的概念

社会保险基金是为了保障保险对象的社会保险待遇，按照国家法律、法规，由缴费单位和缴费个人分别按缴费基数的一定比例缴纳，以及通过其他合法方式筹集起来的专项资金。按照保险项目，我国的社会保险基金一般由基本养老保险基金、基本医疗保险基金、失业保险基金、工伤保险基金和生育保险基金等项目构成，各项社会保险基金分别单独核算。社会保险基金按照保险类型确定资金来源，逐步实行社会统筹，基本养老保险基金逐步实行全国统筹，其他保险基金则逐步实行省级统筹。用人单位和劳动者必须依法参加社会保险，缴纳社会保险费。按照《社会保险费征缴暂行条例》规定，社会保险基金不计征税、费。

2. 社会保险基金的管理

社会保险基金管理是为实现社会保险基本目标和制度的稳定运行，对社会保险基金的征收、运行、投资、监督进行全面规划和系统管理的总称，也是社会保险基金制度安全运行的核心环节。世界范围内，各国因不同的政治、经济、社会背景和历史传统，社会保险管理体制模式差异很大。例如，英国、新加坡等国家实施集中统一社会保险管理模式，即把养老、失业、医疗、工伤及其他社会保险项目全部归在统一的社会保险管理机构，集中对社会保险的各项险种基金运营、监督实施统一管理。德国等实行的是分散管理模式，即不同社会保险项目由不同政府部门管理，各自建立起一套保险执行机构、资金营运机构及监督

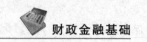

机构,各个保险项目相互独立,呈现出较大的自主性。美国、加拿大、日本等国家采取集散结合的模式管理,即将社会保险共性较强的项目集中起来,实行统一管理,如把养老保险、医疗保险等集中起来,由某一专门部门管理,而将特殊性较强的若干项目单列,由相关部门进行分散管理,如将失业保险、工伤保险交由劳动部管理。

我国社会保险的组织管理模式也属于集中管理模式,由人力资源和社会保障部门统一管理,可以更好地发挥制度优势和政府部门管理服务职能。其中,除企业养老保险外,其他保险基本是由县级、市级、省级等进行逐层管理。

任务三　甄选商业保险

改革开放以来,我国的商业保险业得到了前所未有的快速发展,已经和银行业、证券业并驾齐驱。从风险管理角度看,保险是风险管理的一种方法;从经济角度看,保险是以收取保费的方式,集聚众人财力,给遭受损失的被保险人提供补偿,其实是将少数人的损失分摊给多数人的财务安排;从法律角度看,保险是一种合同行为,是一方同意补偿另一方损失的合同安排;从社会角度看,保险是社会经济保障制度的重要组成部分,是社会生产和社会生活"精巧的稳定器"。

一、商业保险的原则

(一)最大诚信原则

诚信是社会主义核心价值观的重要内容,人无诚信不立。商业保险有一个金科玉律就是最大诚信原则,即"保险应绝对恪守诚实"。最大诚信原则的内容主要包括告知、保证、弃权与禁止反言。其中,告知与保证主要是对投保人、被保险人和保险人进行约束的规定,弃权与禁止反言则主要是约束保险人的。

1. 告知

订立保险合同时,双方都有告知等义务,投保人应对保险公司提出的有关保险标的或保险人的情况,如实答复,否则一旦发生保险事故,保险人可以此为由不承担赔偿责任,并且不退还保险费。当然,对于保险人来说,保险公司的告知义务要求在合同订立时,应主动向投保人说明保险合同条款内容,特别是对免责条款内容须明确说明,否则就要承担相应的责任。

【自主探究】带病投保该不该理赔?

2. 保证

保证是指投保人或被保险人根据合同要求,在保险期限内对某种特定事项的作为或不作为或者某种状态的存在与不存在作出的承诺。例如,某投保人在投保货物运输险时,在合同中承诺不运载危险货物,这个承诺就是保证。

3. 弃权与禁止反言

弃权是指保险人放弃其在保险合同中可以主张的权利。如投保人未按期缴纳保险费或违反其他约定义务时,保险人原本应解除合同,但是如果保险人已知此种情况却仍然收受投保人补缴的保险费,这表明保险人有继续维持合同的意愿,可以视为保险人放弃了其应享有的合同解除权、终止权以及其他抗辩权。禁止反言是指保险人既已放弃其在合同中的某种权利,将来不得再向对方主张这种权利。

（二）可保利益原则

可保利益是指投保人或被保险人对保险标的具有的法律上承认的利益,它体现了投保人或被保险人与保险标的之间的经济利害关系。可保利益一定是合法的、确定的经济利益,是保险合同成立的前提。一般情况下,人身保险合同的可保利益有一定的特殊性,要求投保人与被保险人具有利害关系或者被保险人同意投保人为其订立合同,就认为投保人对被保险人具有可保利益。

可保利益原则是指在签订保险合同时或履行保险合同过程中,投保人和被保险人对保险标的必须具有保险利益的规定。如果投保人对保险标的不具有保险利益,签订的保险合同无效;保险合同生效后,除人身保险合同外,如果投保人和被保险人失去了对保险标的的保险利益,保险合同随之失效。可保利益原则为投保人确定保险保障的最高限度的同时为保险人进行保险赔付提供了科学依据。

（三）近因原则

造成保险标的损失的原因多种多样,有时事故原因还不止一个,且事故的结果和原因之间的因果关系也可能有持续和中断等多种情况,因此,对于事故原因的认定就成为保险人确定责任和赔偿的一个重要而复杂的问题。目前各国大多采用近因原则来处理赔案、判定责任归属。近因原则是判明风险事故与保险标的损失之间因果关系以确定保险责任的一项基本原则。这里所讲的近因是指造成保险损失事件的最直接起决定作用的原因,而不是指在时间上或空间上最接近的原因。

（四）损失补偿原则

损失补偿原则是指保险合同生效之后,当保险标的发生保险责任范围内的损失时,保险人给予被保险人的经济赔偿数额,恰好弥补其因保险事故所造成的经济损失,但不能因损失而获得额外收益。损失补偿原则只适用于非寿险,不适用寿险。因为人寿保险的标的是人的生命和身体,而生命和身体是不能用金钱来衡量的。因此,人寿保险只能以保险金额为限,而不能以实际损失为限。

二、商业保险合同

保险合同是投保人与保险人约定保险权利义务关系的协议。根据保险合同的约定,收取保险费是保险人的基本权利,赔偿或给付保险金是保险人的基本义务;与此相对应,交付保险费是投保人的基本义务,请求赔偿或给付保险金是被保险人的基本权利。

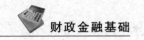

（一）保险合同的主体

保险合同的主体是保险合同订立、履行过程中的参与者，也就是根据保险合同的约定，享有相关权利并承担相应义务的人。根据参与者在保险合同订立、履行过程中所发挥的作用不同，通常又将保险合同的主体分为当事人、关系人和辅助人三类。

1. 保险合同的当事人

保险合同的当事人是指依法订立保险合同并享有相关权利和承担相应义务的利害关系人，包括保险人和投保人。

（1）《中华人民共和国保险法》第十条对保险人做出如下法律界定："保险人是指与投保人订立保险合同，并按照合同约定承担赔偿或者给付保险金责任的保险公司。"

（2）投保人又称要保人，是指向保险人申请订立保险合同，并按照合同约定负担缴纳保险费义务的组织或个人。投保人是保险合同的一方当事人，既可以是自然人，也可以是法人。投保人必须具有法律规定的行为能力，对保险标的必须具有保险利益，有缴纳保险费的能力。

2. 保险合同的关系人

保险合同的关系人是指未参与保险合同的订立，但是享有合同约定利益并承担相应义务的人，包括被保险人和受益人。

（1）被保险人是指其财产和人身受保险合同保障，享有保险金请求权的人。在不同的情况下，被保险人在保险合同中所处的法律地位有所不同：当投保人为自己的利益而订立保险合同时，投保人与被保险人是同一的，被保险人为保险合同的当事人。当投保人为第三人的利益而订立保险合同时，投保人与被保险人是分离的，这时被保险人则是保险合同的关系人。但无论被保险人与投保人在保险合同中所处的地位如何，二者关系如何，被保险人都必须是财产或人身受保险合同保障的人，享有保险金请求权。

（2）受益人又称保险金受领人，是指在保险事故发生后直接向保险人行使赔偿请求权的人。受益人仅存在于人身保险合同中。在人身保险合同中，受益人是由被保险人或者投保人指定的享有保险金请求权的人，既可以是一人，也可以是数人。投保人、被保险人都可以为受益人。

3. 保险合同的辅助人

保险合同的订立和履行通常比一般的民事合同更为复杂，除了保险合同当事人、关系人外，还需要保险代理人、保险经纪人以及保险公估人等保险合同辅助人的协助和服务。

保险代理人是指根据保险人的委托，向保险人收取代理手续费并在保险人授权的范围内代为办理保险业务的单位或者个人。保险经纪人是指基于投保人的利益，为其提供投保、缴费、索赔等中介服务，并向承保的保险人收取佣金的单位。保险公估人是指经保险当事人的委托，为其办理保险标的的勘查、鉴定、估价和保险赔偿的清算洽谈等业务并予以证明的人。

（二）保险合同的特征

1. 诺成性

诺成合同是指当事人双方意思表示一致时即能产生法律效果的合同，即"一诺即成"的合同。保险合同是诺成性合同。如果你有意投保，保险人同意，保险合同就可成立，也就是只要你和保险公司之间就合同条款达成一致意见，即使没有及时签订正式的书面合同（即保单）、投保费缴纳与否，实际上都不影响合同的成立。所以，作为诺成合同，要慎重承诺，更要信守承诺。

2. 附和性

附和合同又称格式合同，是指合同的条款事先由当事人的一方拟定，另一方只有接受或不接受该条款的选择，没有商议变更合同条款的余地。保险合同，看似复杂，其实也简单，简单到只有投保人对保险人所提供的格式合同的认可与否，是典型的附合合同。保险人根据保险标的的性质和风险状况对不同的险种分别拟定了不同的保险条款，供投保人选择。投保人只能依照保险条款，表示投保或不投保，一般无权修改某些通用的条款，如果确有必要修改或变更保单的某项内容，也只能够采用保险人事先准备的附加条款或附属保单，而不能完全依照投保人的意思自由地作出规定。当然保险人为了拓展市场，也会对投保人的需求进行调研，制定符合投保人需要的保险产品。

3. 射幸性

射幸合同是指当事人义务履行与否取决于机会或不确定事件的发生或不发生。当事人一方的付出，既可能会得到大大超过所付代价的利益，也可能一无所获。对于投保人来说，交了保费，但一直平安无事，保险人是不会做出保险理赔的，也就是说，投保人根据保险合同支付保险费的义务是确定的，而保险人仅在保险事故发生时承担赔偿或给付义务，而这种约定的保险事故发生与否，是随机的，不确定的，带有一定的射幸性。这不是对投保人的不公，而恰好是保险的魅力所在。投了保而不出险，没有获得理赔，所交保费用作其他出险人的理赔，这不是不幸，是万幸，也体现了保险救济的社会意义。投保不是怕一万，而是怕万一，那个"万一"就是风险发生的随机概率事件。

4. 双务性

双务合同是指当事人双方都享有权利并承担义务的合同。保险合同是双务合同，合同一经成立，保险双方当事人就必须履行各自承担的义务。投保人履行了缴纳保险费的义务后，义务就转化为按保险条款享有请求保险赔款的权利；保险人收取保险费后，权利就转化为履行承担保险责任的义务。当然，保险合同与一般双务合同有所不同。例如，在买卖合同中，买方支付价款之后，卖方应按合同规定给付标的物。但在保险合同中，投保人缴纳保险费之后，只有在约定的风险事故发生并造成损失后，保险人才能履行保险赔偿或给付义务。

5. 最大诚信性

在涉保事务中，投保人和保险人双方从合同签订时就要信守最大诚信原则，投保人按时足额缴纳保费，保险人提供保险保障，一旦发生保险合同约定的保险事故，要及时进行

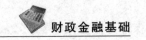

理赔或给付保险金。那些形形色色的骗保案,或不按约定赔付的,都是自毁长城。

(三)保险合同的形式

保险合同的形式是指订立保险合同的书面证明,包括订立正式合同之前的预备文件。依照保险合同订立的程序,大致可以分为投保单、暂保单、保险单、保险凭证和批单。

1. 投保单

投保单是投保人向保险人申请订立保险合同的书面要约。一经保险人做出承诺,投保单即成为保险合同的组成部分。投保人在投保单上需要填写的主要内容包括投保人、被保险人和受益人的有关情况,保险标的的名称及存放地点,保险险别,保险责任的起讫,保险价值和保险金额等。

2. 暂保单

暂保单是临时保单,效力与保单相同,但有效期较短,一般仅为 30 天,通常在财产保险中使用。暂保单与正式保险具有同等法律效力。

3. 保险单

保险单简称保单,是保险合同成立后,保险人向投保人或被保险人签发的保险合同的正式书面凭证。保险单是根据投保人的申请,由保险人签发给投保人的,保险单上完整地记载了合同双方当事人的权利和义务,一旦发生保险事故,保险单是被保险人向保险人索赔的主要凭证,也是保险人理赔的主要依据。

4. 保险凭证

保险凭证又称小保单,是保险人向投保人签发的证明保险已经成立的书面凭证,是一种简化的保险单,与保险单具有同等的效力。凡是保险凭证上没有列明的,均以同类的保险单为准,如果正式保险单与保险凭证的内容有抵触或保险凭证另有特定条款时,则以保险凭证为准。

5. 批单

批单又称背书,是保险双方当事人协商修改和变更保险单内容的一种单证,是保险合同变更时最常用的书面单证。批单可以在原保险单或保险凭证上批注(背书),也可以另外出立一张变更合同内容的附贴便条。凡经过批改的内容,以批单为准;多次批改的,应以最后批改为准。

(四)保险合同的订立与履行

保险合同的订立是指投保人和保险人在意思表示一致的情况下,设立保险合同的行为。保险合同的成立一般是经过投保人的要约和保险人的承诺来完成的。保险合同的要约通常由投保人提出,投保人提出要约一般是以填具投保单的形式来表示。保险人承保的基本形式也表现为书面形式。当保险人收到投保人如实填写的投保单后,经必要的审核并与投保人协商后接受全部保险条件,在投保单上签字盖章,即构成承诺,保险合同随之成立。

保险合同一经成立,投保人及保险人都必须各自承担义务,如表 9-1 所示。

表 9-1 投保人和保险人的义务

投保人的义务	保险人的义务
如实告知义务	说明义务
缴纳保险费的义务	承担保险责任
通知义务	及时签单义务
防灾防损义务	保密义务
提供证明和资料的义务	

三、财产保险和人身保险

财经素养:
"万能险"真的
"万能"吗

1. 财产保险

财产保险有广义和狭义之分。凡是以物质财产或有关利益作为标的的各种保险均属于广义财产保险。这里的财产是指建筑物、货物运输工具、农作物等有形资产,有关利益是指运费、预期利益、权益责任、信用等无形财产。狭义的财产保险是指以物质财产为标的的各种保险,如企业财产、家庭财产、运输货物、运输工具等保险。它不包含责任保险、保证保险、信用保险等以责任、利益为保险标的的各种保险。

2. 人身保险

人身保险是指以人的生命或身体作为保险标的,当被保险人在保险期限内发生约定的保险事故,如死亡、伤残、疾病或生存至规定时点时,由保险人给付被保险人或者受益人保险金的保险。

人身保险按保障范围分为人寿保险、意外伤害保险和健康保险三大类。人寿保险是以人的寿命为保险标的的人身保险。传统人寿保险有三种基本形式:定期寿险、终身寿险和两全保险。意外伤害保险是以被保险人的身体为保险标的,保险人对被保险人因遭受意外伤害事故造成的死亡或伤残,给付保险金的保险。健康保险是以人的身体为标的,对被保险人因疾病或意外伤害所发生的医疗费用,或因此失去劳动能力导致收入损失以及因年老、疾病或伤残需要长期或短期护理而产生的护理支出提供保障的保险。

四、社会保险与商业保险巧搭配

社会保险是一个覆盖全社会的低水平的福利制度,采取的是"保",而不是"包"的形式。只有社会保险和商业保险相互配合,互相弥补,才可以为人们的生活保驾护航。

(一)为什么有了社保还需要商业保险

一提起商业保险,很多人都会说:"我已经有社保,不用再买保险了!"那么,有了社保后,到底还用不用购买商业保险呢?其实商业保险和社会保险并不是对立的,社会保险是基础,提供的是基本的医疗和生活保障,但社会保险并非万能的,有比较多的限制。如社保没有生命保额,没有豁免保费的功能,社保只报销国家医保药品目录中的药品,并且起

付线比较高、报销比例高低不等、最高限额有限等。因此对于社保不承担报销责任的医疗费用,参保者仍需自费。"社保能保小,却保不了大"。商业保险则是在社会保险之外发挥着多支柱补充,甚至有时候发挥着重要的支撑作用。商业保险能够对社保无法报销的费用以及无法保障的部分进行补充,从而更大力度地帮助人们减轻经济压力。所以,购买商业保险很有必要。

当资金有限时,要先满足社会保险,因为它的性价比较高。在经济条件许可的情况下,还可以通过商业保险进行补充。不论社会保险还是商业保险,都是抵御风险的一个手段,二者不分好坏,彼此之间注重的方面不一样,一个完备的家庭保险计划,社保和商保一个都不能少。

(二)社会保险与商业保险有什么不一样

社会保险是国家通过立法对社会劳动者丧失劳动能力或因疾病失业带来收入减少时提供一定的物质帮助,是国家多层次社会保障体系中的主体;商业保险则作为社会保险的有益补充,是多层次社会保障体系的一个组成部分。二者有着本质区别。

1. 性质不同

社会保险属于政府行为,运用的是强制手段,经过立法程序,即通过《中华人民共和国社会保险法》,强制每个用人单位和劳动者参加社会保险,拒不参保是违法行径,要受到法律惩处。商业保险是一种商业行为,属于金融活动,保险人与被保险人之间完全是一种自愿的契约关系,贯彻买卖自由的原则,愿不愿意投保,以及多投少投,只需遵从个人的选择。

2. 目的不同

社会保险不以盈利为目的,以保障公民生活为目标,其出发点是保障人们平安度过收入损失的危险,通过消除后顾之忧让人们产生一种安全感,从而有助于社会安定。商业保险的根本目的则是获取利润,在此前提下,为投保人提供风险担保或做出风险赔偿。

3. 参保条件不同

社会保险强调"社会公平"原则,以"全民保障"为目标,设置整体宽松的参保条件,让全体人民覆盖在完善的社会保障体系之下。商业保险以盈利为目的,出于风险成本考虑,参保条件相对较为严格。以医疗保险为例,社会保险统一缴费,仅需连续2个月的参保储备期,即可在门诊和住院方面获得保障,对参保人本身健康情况并无要求;商业保险缴费与年龄挂钩,年龄大的缴费高,有病史的缴费也会提高,出于赔付风险考虑,有些病人甚至会被拒绝参保。

4. 享受保障不同

社会保险的保障程度是由政府确定的,随着经济发展水平、消费物价水平上涨,政府会及时调高待遇水平,例如,养老金已连续上涨、工伤死亡的一次性补助金待遇近73万元等。商业保险是商业金融活动,在激烈的市场竞争中,受价值法则制约,遵循"买"与"卖"的对等和"多投多保,少投少保"的原则,要想获得更高保障,就需要提高缴费。

(三)投保的选择顺序:家庭保障,社保先行,商保垫后

随着人们保险意识的加强,购买保险的人越来越多,保险正在成为家庭必需品,是大

部分家庭规划财务、预防风险的有力工具。人要天天吃饭,但不一定要顿顿加鸡腿,社会保险作为政府强制性提供的最基本的社会保障,是每个家庭必备的,是要首先购买的,其次再考虑商业保险。而商业保险种类繁多,在选择时要有先后顺序。人们买保险是为保障"生老病死",而"生老病死"四个字反过来就是"死病老生",恰恰就是买保险的正确选择顺序。

人们永远不知道明天和意外哪个先来,所以放在第一位的就是身价保障高,但是保费又比较低的意外险,几百元的保费就能拥有几十万元的身价保障。

其次是健康险,人的一生中患重大疾病的概率达 72.18%,随着医疗水平的提高,也意味着要花更多的钱来看病,所以准备一份健康险刻不容缓。

人不一定会发生意外,也不一定会得重大疾病,但一定逃避不掉衰老,再加上现在社会老龄化严重,所以提前规划自己和家人的养老问题是减轻养老负担的有效途径。

随着现在的生活水平和消费水平提高,孩子的教育问题成为许多家庭的一件大事,家长们都希望自己的孩子成人成才,只有提前做好准备,才能完美地契合孩子的成长历程。

学以致用

项目九即测即评

项目九问答题

项目十
经济稳压器——财政政策
与货币政策

【知识目标】

1. 了解财政政策和货币政策的目标,掌握财政政策工具和货币政策工具的特点。

2. 明确不同财政政策和货币政策的经济背景,掌握不同政策工具的操作对经济的不同影响。

3. 明确财政政策和货币政策的不同组合,掌握每种组合的适用情况和对经济的影响。

【能力目标】

1. 能运用财政政策和货币政策的基本原理解读宏观调控政策。

2. 能分析财政政策和货币政策对宏观经济以及微观主体经济行为的影响。

【素养目标】

1. 关注身边的财经新闻,关心国家经济形势,思考如何运用相应的财政政策和货币政策解决实际问题。

2. 在了解我国财政政策与货币政策的基础上,运用相应的政策工具为我国经济的发展出谋划策,贡献一己之力。

3. 充分就业也是我国重要的财政政策目标之一。树立正确的就业观念,保持平实之心,客观看待个人条件和社会需求,从实际出发选择职业和工作岗位。

【引导案例】

强化宏观政策同向发力

2023年中央经济工作会议提出:"要增强宏观政策取向一致性。加强财政、货币、就业、产业、区域、科技、环保等政策协调配合,把非经济性政策纳入宏观政策取向一致性评估,强化政策统筹,确保同向发力、形成合力。"因此,必须加大宏观政策调控力度,搞好逆周期和跨周期调节,更好发挥货币政策工具的总量和结构双重功能,着力扩大内需、提振信心,加快经济良性循环,为实体经济提供更有力支持。

逆周期调节,就是依靠财政货币政策,显著增加有效需求,进而扭转需求收缩趋势。增加有效需求必须加强财政与货币政策的配合,提高财政与货币政策的一致性。因为仅依靠货币政策或财政政策,很难达到目标。例如,货币政策尽管可以不断加大货币投放量,但在居民预期不好、增加储蓄防范风险,企业预期不好、谨慎安排生产和投资时,投放的货币并不会被使用,而会变为定期存款流回央行。因此,加大财政政策力度,支持政府有效投资显著增长,就成为必不可少的选项。只有如此,投放的货币才能被使用,既包括政府投资对货币的使用,也包括政府投资推动企业订单增加之后,企业恢复生产、扩大投资对货币的使用,还包括企业生产恢复支持就业形势好转,居民收入增加,居民增加消费对货币的使用等。当然,仅依靠财政支出扩大而没有货币政策配合,受货币总量和投向的抑制,扩大需求的效果也会大大降低。为此,必须按照中央经济工作会议的要求:积极的财政政策要适度加力、提质增效;稳健的货币政策要灵活适度、精准有效;要增强宏观政策取向一致性,确保同向发力、形成合力。

宏观政策不能搞强刺激,宏观调控的力度取决于经济总量失衡的程度,必须该弱则弱,当强必强。当前,加强宏观政策逆周期调节,必须显著增强政府投资力度,来刺激消费水平,扩大就业人数,以稳定来之不易的经济回升向好趋势。

资料来源:https://theory.gmw.cn/2024-02/10/content_37143311.htm.

【知识导图】

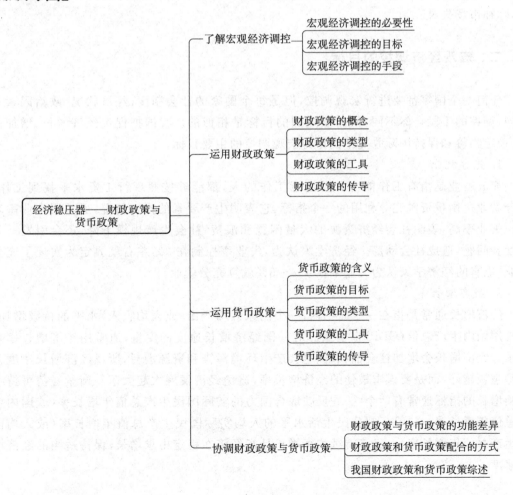

<h1 style="text-align:center">任务一　了解宏观经济调控</h1>

一、宏观经济调控的必要性

市场这只"无形的手"在经济发展和资源配置中起决定性作用,是市场经济的本质要求。市场的作用主要体现在,以利润为导向引导生产要素流向,以竞争为手段决定商品价格,以价格为杠杆调节供求关系,使社会总供给和总需求达到总体平衡,生产要素的价格、生产要素的投向、产品消费、利润实现、利益分配主要依靠市场交换来完成。

市场经济有其自身的缺点,存在"市场失灵"的现象。无论是市场经济发达的国家,还是市场经济不发达的国家,完全依靠市场的自发作用都不可能达到资源配置的最优状态。发挥政府在经济发展和资源配置中的调控作用,是社会主义市场经济的必然要求。

宏观经济调控主要是通过财政政策和货币政策等手段,保持宏观经济稳定,加强和优化公共服务保障公平竞争,加强市场监管,维护市场秩序,推动可持续发展,促进共同富裕,弥补市场失灵。

二、宏观经济调控的目标

任何一个国家都要进行宏观调控,但是每个国家的社会制度、经济状况、政治因素等不同,调控的手段自然不同,但希望达到的目标是相似的。我国把促进经济增长、增加就业、稳定物价和保持国际收支平衡作为宏观调控的主要目标。

1. 充分就业

充分就业是指有工作能力并且愿意工作的人,都能够按照现行工资水平找到工作。充分就业是衡量资源充分利用的一个指标,它表明生产要素的投入情况,通常用失业率表示。失业率高,表明社会经济资源的大量闲置和浪费,社会生产规模下降,还会引发一系列社会问题,造成社会动荡。经济学家认为,失业率控制在3%左右就界定为实现了充分就业;也有的经济学家认为失业率在4%～5%就算充分就业。

2. 经济增长

经济增长通常是指在一定时期内,一个国家人均产出(或人均收入)水平的持续增加,通常用国内生产总值(GDP)来衡量。对一国经济增长速度的度量,通常用经济增长率来表示。经济增长会增加社会福利,但也会产生环境污染和资源消耗,所以经济增长速度并不是越快越好,而是要谋求最佳的经济增长率,避免经济发展大起大落。衡量经济可持续均衡增长的指标通常有两个:一是反映综合国力的实际国民生产总值年增长率(或国内生产总值年增长率);二是反映公民生活水平的人均实际国民生产总值年增长率(或人均国内生产总值年增长率)。经济持续均衡增长是指经济在稳定中求增长,保持适当的经济增长速度。

知识拓展

如何正确理解经济增长

经济的实际增长有以下几层含义：①经济增长是指国民经济总量的增长，而不是指某单个指标如粮食产量、家用电器产值等增长；②经济增长是指扣除价格影响因素的实际增长，特别是在物价上涨幅度较大的年份，更需要扣除物价的影响因素；③经济增长应该是扣除人为的浮夸虚增因素后的实际增长；④经济增长应考虑人口增长因素。只有在人口增长速度低于经济总量增长速度时，才能说明经济有了真正的增长；⑤经济增长应该是可持续的增长。在现代社会，人们越来越重视环境污染、社会不公等问题，认为经济增长速度快，并不表示人们的生活质量提高。如果环境污染加重了，社会分配更加不公平，那么这种经济增长是以牺牲人们的生活质量来获得的。因此越来越多的经济学家认为，应该考虑用更多的指标来衡量经济增长。

3. 物价稳定

物价稳定是指物价总水平保持基本稳定或相对稳定状态，这是宏观调控稳定经济的基本要求。但物价稳定并不是冻结物价，而是把物价总水平的波动约束在经济稳定发展可容纳的空间，避免过度的通货膨胀或通货紧缩。在产品市场和货币市场均衡状态下，随着商品比价的不断调整，通常物价水平具有缓慢上升的刚性趋势，只要物价上涨的幅度是在经济发展可容忍的范围之内（如年上涨幅度在3%左右），即可视为物价水平基本稳定。

4. 国际收支平衡

国际收支平衡是指一国在一定时期（通常为一年）的国际收支中经常项目与资本项目的收支合计大体上保持平衡，从而使一国外汇储备处于适度状态。在开放经济体制下，国际收支状况会影响国内就业、物价水平和经济增长，国际收支基本平衡是经济稳定的一个重要内容。

【自主探究】上述四种宏观经济调控目标一致吗？彼此是否会发生矛盾？

三、宏观经济调控的手段

为实现宏观经济调控目标，需要综合运用多种手段进行调控。宏观调控常用手段包括经济手段、法律手段、行政手段等。

1. 经济手段

经济手段是指政府在自觉依据和运用价值规律的基础上借助于经济杠杆的调节作用，对国民经济进行宏观调控。经济杠杆是对社会经济活动进行宏观调控的价值形式和价值工具，主要包括价格、税收、信贷、工资等。常见的经济手段包括税收政策、信贷政策、利率政策、汇率政策、产品购销政策、价格政策、扶贫政策、产业政策等。

2. 法律手段

法律手段是指政府依靠法制力量，通过经济立法和司法，运用经济法规来调节经济关系和经济活动，以达到宏观调控目标的一种手段。通过法律手段可以有效保护公有财产、

个人财产,维护各种所有制经济、各个经济组织和社会成员的合法权益,以保证经济运行的正常秩序。法律手段主要由立法机关制定各种经济法规,保护市场主体权益;由司法机关按照法律规定的制度、程序,对经济案件进行检察和审理的活动,维护市场秩序,惩罚和制裁经济犯罪。

3. 行政手段

行政手段是依靠行政机构,采取强制性的命令、指示、规定等行政方式来调节经济活动,以达到宏观调控目标的一种手段。行政手段具有权威性、纵向性、无偿性及速效性等特点。当国民经济重大比例关系失调或社会经济某一领域失控时,运用行政手段调节将能更迅速地扭转失控,更快地恢复正常的经济秩序。但行政手段是短期的、非常规的手段,不可滥用,必须在尊重客观经济规律的基础上,从实际出发加以运用。

国家宏观调控,应该以经济手段和法律手段为主,辅之以必要的行政手段,形成有利于经济社会发展的宏观调控体系,充分发挥宏观调控手段的总体功能。

任务二　运用财政政策

财政政策作为财政工作的指导原则,是政府为达到预期的经济社会发展目标,干预经济的宏观调控政策之一,是国家经济政策的重要组成部分,代表统治阶级的意志和利益。财政政策目标同国家宏观调控目标是一致的,即充分就业、物价稳定、经济持续均衡增长、国际收支基本平衡四个方面。

一、财政政策的概念

财政政策有广义和狭义之分。广义的财政政策是政府依据客观经济规律并结合社会经济发展需要,制定的指导财政工作和处理财政、经济关系的基本方针和基本准则;狭义的财政政策则是政府为了实现既定的宏观经济目标调整财政收支和预算平衡状态的指导原则及其相应的措施。前者可表现为各级政府或国家机关制定的有关财政的各种法律、法规。后者则主要表现为旨在调控宏观经济运行的财政预算安排和税收制度安排。

本书所讲的财政政策通常是指狭义的财政政策,是指运用预算、税收、财政补贴等财政政策工具来影响和调节总需求,进而影响就业和国民收入的政策。财政政策包括政策目标、政策手段和政策效应等一系列内容,它们紧密相连,不可分割。在市场经济条件下,财政职能的正常发挥主要取决于财政政策的适当运用。财政政策运用得当,就可以保证经济的持续、稳定、协调发展;反之,财政政策运用失当,就会引起经济的失衡和波动。

二、财政政策的类型

(一)自动稳定的财政政策和相机抉择的财政政策

根据财政政策调节经济周期的作用不同,可把财政政策划分为自动稳定的财政政策和相机抉择的财政政策。

1. 自动稳定的财政政策

自动稳定的财政政策是财政制度本身存在的一种内在的,不需要政府采取其他干预行为就可以随着经济社会的发展,自动调节经济运行的机制。这种机制也被称为财政自动稳定器。主要表现在两方面:一方面是包括个人所得税和个人所得税的累进所得税自动稳定作用。在经济萧条时,个人和企业利润降低,符合纳税条件的个人和企业数量减少,因而税基相对缩小,使用的累进税率相对下降,税收自动减少。因税收的减少幅度大于个人收入和企业利润的下降幅度,税收便会产生一种推力,防止个人消费和企业投资的过度下降,从而起到反经济衰退的作用。在经济过热时期,其作用机理正好相反。另一方面是政府福利支出的自动稳定作用。如果经济出现衰退,符合领取失业救济和各种福利标准的人数增加,失业救济和各种福利的发放趋于自动增加,从而有利于抑制消费支出的持续下降,防止经济的进一步衰退。在经济繁荣时期,其作用机理正好相反。

2. 相机抉择的财政政策

相机抉择的财政政策是指政府根据一定时期的经济社会状况,主动灵活地选择不同类型的反经济周期的财政政策工具干预经济运行,以实现财政政策目标。在 20 世纪 30 年代的世界经济危机中,美国实施的罗斯福－霍普金斯计划(1929—1933 年)、日本实施的时局匡救政策(1932 年)等都是相机决策财政政策选择的范例。

相机抉择财政政策具体包括汲水政策和补偿政策。

汲水政策是指经济萧条时期进行公共投资,以增加社会有效需求,使经济恢复活力的政策。

汲水政策具有以下特点:①它是以市场经济所具有的自发机制为前提,是一种诱导经济恢复的政策;②它以扩大公共投资规模为手段,启动和活跃社会投资;③财政投资规模具有有限性,即只要社会投资恢复活力,经济实现自主增长,政府就不再投资或缩小投资规模。

补偿政策是指政府有意识地从当时经济状况反方向上调节经济变动的财政政策,以实现稳定经济波动的目的。在经济萧条时期,为缓解通货紧缩影响,政府通过增加支出、减少收入政策来增加投资和消费需求,增加社会有效需求,刺激经济增长;反之,在经济繁荣时期,为抑制通货膨胀,政府通过财政增加收入、减少支出等政策来抑制和减少社会过剩需求,稳定经济波动。

（二）扩张性、紧缩性和中性财政政策

根据财政政策在调节经济总量中的不同功能,可把财政政策划分为扩张性、紧缩性和中性财政政策,简称松的、紧的、中的财政政策。这三类财政政策总体上是对国民经济总量发生作用,因而称为总量财政政策,通常称为宏观财政政策。

1. 扩张性财政政策

扩张性财政政策又称积极的财政政策,是指通过减少财政收入或增加财政支出以刺激社会总需求增长的政策。这种减收增支的结果集中表现为财政赤字,因而扩张性财政政策也称赤字型财政政策。

2. 紧缩性财政政策

紧缩性财政政策又称稳健的财政政策,紧缩性财政政策是指通过增加财政收入或减

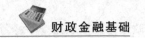

少财政支出以抑制社会总需求增长的政策。这种增收减支的结果集中表现为财政盈余，因而紧缩性财政政策也称盈余性财政政策。

3. 中性财政政策

中性财政政策是指通过保持财政收支平衡以实现社会总需求与总供给平衡的政策。

财政金融与国计民生

增强信心、保持定力，牢牢把握积极财政政策的基调和内涵

2023年12月，中央经济工作会议强调，要强化宏观政策逆周期和跨周期调节，继续实施积极的财政政策；积极的财政政策要适度加力、提质增效。财政部门要深刻领会中央经济工作会议精神，认真落实党的二十大政府工作报告具体部署，用好财政政策空间，巩固和增强经济回升向好态势。

"适度加力"方面，主要是加强财政资源统筹，组合使用赤字、专项债、超长期特别国债、税费优惠、财政补助等政策工具，保持适当支出规模。一是优化政策工具组合，加大财政支出强度。新增地方政府专项债务限额3.9万亿元，合理扩大专项债券投向领域和用作项目资本金范围，额度分配向项目准备充分、投资效率较高的地区倾斜；发行1万亿元超长期特别国债，专项用于国家重大战略实施和重点领域安全能力建设，同时用好2023年增发国债资金中结转2024年使用的部分；赤字率按3%安排，继续保持较高水平，全国财政赤字规模达到4.06万亿元；中央预算内投资安排7 000亿元，要优化结构、提高效能。二是优化对地方转移支付，加强地方财力保障。中央对地方转移支付保持一定规模，安排10.2万亿元，剔除2023年和2024年一次性因素后同口径增长4.1%；结合推进省以下财政体制改革，优化省以下财力分布，推动财力下沉，增强地方高质量发展能力。三是优化税费政策，提高针对性和有效性。统筹宏观调控、财政可持续和优化税制的需要，落实好结构性减税降费政策，重点支持科技创新和制造业发展；继续规范非税收入管理，严禁乱收费、乱罚款、乱摊派等。

"提质增效"方面，主要是推进财政管理法治化、科学化、规范化，把同样的钱花出更大成效，放大政策组合效应。2024年全国一般公共预算支出安排28.55万亿元，这么大的资金规模，管理好一点，效率就会进一步提高。落实党政机关要习惯过紧日子的要求，优化财政支出结构，既用好有限的增量资金，更下大力气盘活、调整存量资金，强化国家重大战略任务和基本民生财力保障。深入开展财政承受能力评估，加强财政政策与货币、就业、产业、区域、科技、环保等政策协调配合，增强宏观政策取向一致性。

资料来源：http://czt. gd. gov. cn/czxw/content/post_4392359. html.

三、财政政策的工具

财政政策工具是指国家政府所选择的用来实现财政政策目标的各种财政分配和调节手段。构成财政政策的工具必须具备以下两个条件：第一，既然财政政策工具是为实现财政政策目标服务的，那么构成财政政策工具的分配和调节手段必须是财政政策目标所需要的；第二，既然财政政策主体是国家，那么构成财政政策工具的分配和调节手段必须是

国家政府能够直接控制的。根据这两个条件,财政政策的工具主要包括选择性政策工具和非选择性政策工具。

(一)选择性政策工具

所谓选择性政策工具,是指为实现一定的政策目标,可供政府选择操作的备选工具,主要有国家预算、税收、财政支出、公债等。

1. 国家预算

国家预算是政府掌握的最直接有力的宏观调控手段。在市场经济宏观调控体系中,国家预算起着总量、结构调控和主导调控的作用。

(1)调节社会供求的总量平衡。通过预算收支总规模的变动调节社会供求的总量平衡。国家预算收支的规模,从根本上说取决于经济发展状况,并与国家财政分配体制相关,它直接反映财政参与国民收入分配和再分配的总规模。当社会总需求大于社会总供给时,通过收缩国家预算支出,实行国家预算收入大于国家预算支出的国家预算结余政策进行调节以降低社会总需求;而当社会总需求小于社会总供给时,通过扩大国家预算支出,实行国家预算收入小于国家预算支出的赤字预算政策进行调节,以刺激社会总需求,在社会总需求与社会总供给平衡时,国家预算则实行预算平衡政策与之配合。

(2)调整社会供求的结构平衡。通过国家预算分配结构的调整,可以有效地调节国民收入的分配结构,进而调节国民经济结构,以促进社会总需求与社会总供给的结构平衡。财政在分配中处于主导地位,通过国家预算分配结构的调整,尤其是支出结构的调整,直接制约着社会总需求的结构。因为国家预算资金的集中与使用直接影响着国民经济各部门的收入,增加对某部门的资金供应,就能促进该部门的发展;相反,就能限制该部门的发展。通过对国民经济各部门资金增减的控制,即正确处理国家预算分配中积累与消费的比例,生产性与非生产性的比例,农、轻、重的比例等,就能起到调节国民经济中的有关比例关系和经济结构,进而促进社会总需求与社会总供给的结构平衡。

(3)国家预算是其他财政政策手段的集中反映,起着主导调控作用。财政政策的其他手段,诸如财政支出、税收、财政补贴和公债等手段,既要完成各自的调控任务和目标,又要服从于国家预算的总任务和总目标,国家预算在很大程度上制约着其他财政政策手段。

2. 税收

税收是政府组织财政收入的基本形式,税收对供求总量的调控,通过调整税负直接影响企业和居民的税后可支配收入来实现。政府通过增加或减轻税负来减少或增加企业和居民的税后可支配收入,在预算支出规模不变的情况下,一方面可以调节社会总需求,起到限制或刺激社会总需求的作用;另一方面也可以影响企业与居民的储蓄投资能力,从而对社会总供给产生效应,起到刺激增加或限制减少社会总供给的作用。税收政策手段的运用还可对供求结构发挥调控作用,主要表现在对地区间经济结构的调控和对产业结构的调控等方面。

税收是作为财政实施宏观调控的重要政策手段,对国家宏观经济的调节作用主要有以下三方面。

（1）税收能够有效地调节社会总供给与社会总需求。从调节社会总供给看，主要是通过流转税制实现。提高流转税税率就可以限制产品供给的扩大；反之，降低流转税税率就可以增加产品的供给。从调节社会总需求看，则主要是通过所得税制实现。如果经济发展过热，企业和个人收入增加较快，所得税通过累进税率的作用，不仅在绝对量上，而且在相对量上都是增加的，从而限制了总需求的进一步膨胀；反之，如果经济出现萧条，企业和个人的收入增长缓慢甚至下降，那么，累进所得税不仅在绝对量上，而且在相对量上都是下降的，从而相应地增加了社会总需求。这在理论上称为累进所得税的"内在稳定器"功能。

（2）税收能够有效地调节产业结构，从而优化资源配置。通过调整税率、税收减免、加成等措施，可以有效地调整国民经济结构。国家为支持某些产业的发展，可以降低税率和减免税措施予以鼓励；相反，国家为限制某些产业的发展，可以提高税率和加征消费税等措施实现。这在理论上被称为税收的"相机抉择"功能。

（3）税收能够有效地调节各种收入，实现收入的公平分配。国家通过征收企业所得税和个人所得税，对企业收入和个人收入进行直接的、最终的调节。通过制定适当的税率，一方面使收入分配体现按劳分配为主体、多种分配形式并存的制度，坚持效率优先原则；另一方面社会收入分配差距不能过分悬殊，要兼顾社会公平，防止贫富两极分化，影响社会稳定。实践证明，税收在调节收入分配方面的功能强于其他经济调节手段。

3. 财政支出

财政支出政策工具包括购买性支出和转移性支出，通过以下方式发挥对宏观经济的调控作用。

（1）购买性支出。购买性支出主要用于政府投资和政府消费，购买性支出的增加会直接影响社会总需求。政府投资性支出主要用于非生产性投资项目和部分生产性投资项目，通过投资政策，可以扩大或缩小总需求，调节资源配置结构，改善投资环境，刺激私人投资行为。政府消费性支出主要用于国防、行政和文教、科研、卫生事业等方面，通过消费性支出政策可以直接增加或减少社会总需求，调节经济周期波动。

（2）转移性支出。转移性支出主要包括财政补贴和社会保障支出。转移性支出主要通过社会福利、财政补贴等项目，将财政资金转移到社会经济部门、居民以及其他各级政府手中。通过社会保障和社会福利支出，政府将高收入阶层的一部分收入转移到低收入阶层，从而实现收入的再分配，缩小收入差距，实现收入公平分配的目标。

财政补贴可分为消费性补贴与生产性补贴两大类。消费性补贴的增减一般仅影响需求总量。生产性补贴，从短期看具有扩张需求的效应，从长远看可以增加产出，从而增加供给。此外，政府通过调整生产性补贴或消费性补贴占整个财政补贴的比例，可影响财政支出中积累与消费的比例，从而影响整个积累与消费的比例关系。同样，政府根据产业政策，有选择地发放生产性补贴可引导企业更多地向短期项目投资，从而达到调整产业结构的目的，这也是我国财政补贴的发展方向。例如，根据我国现行相关规定，企业每售出一辆新能源汽车，国家会给予生产企业一定比例的生产性补贴，这会引导资本流入新能源汽车行业，并快速推动我国新能源汽车行业的发展。

中央财政下达资金100亿元向实际种粮农民
发放一次性补贴支持春耕生产

近日，根据党中央、国务院决策部署，统筹考虑农资市场价格走势和农业生产形势，中央财政下达资金100亿元，向实际种粮农民发放一次性补贴，统筹支持春耕生产，进一步调动农民种粮积极性。

此次补贴对象为实际种粮者，包括利用自有承包地种粮的农民，流转土地种粮的大户、家庭农场、农民合作社、农业企业等新型农业经营主体，以及开展粮食耕种收全程社会化服务的个人和组织，确保补贴资金落实到实际种粮的生产者手中。各地区结合有关情况综合确定补贴标准，充分运用现代化信息技术手段，继续采取"一卡（折）通"等方式，及时足额将补贴资金发放到位。

资料来源：https://nys.mof.gov.cn/bgtGongZuoDongTai_1_1_1_1_3/202304/t20230417_3879141.htm.

在社会保障制度健全的国家，社会保障支出是一项具有法律效力的支出，一般不能根据财政收支状况人为地变动。因此，社会保障支出具有自动维持社会总供求平衡的功能。当经济处于不景气（即总供给大于总需求）时，失业人口增加，社会保障支出就会依据既定的社会保障法规自动增加，起到抑制个人消费需求的作用，从而防止经济进一步衰退。反之，当经济处于繁荣时期（即总需求大于总供给）时，失业人数减少，人们收入水平上升，社会保障支出就会自动减少，加之此时税收收入增加，就可能形成财政盈余，从而限制社会总需求的进一步增加。

4. 公债

公债是国家组织财政收入的一种补充形式，能使国家财政收入具有一定的弹性，同时也能增强政府运用财政政策进行宏观调控的能力。随着社会信用制度的发展，国债逐渐成为政府实行相机抉择的主要政策工具。①在经济衰退时期，无论是增加公共支出，还是减轻投资者和消费者的税收负担，在预算上表现为赤字，最终需要通过发行国债来弥补。政府可以通过调整国债规模，选择购买对象，区分国债偿还期限，制定不同国债利率等手段实现政策目标。②政府发行公债主要由个人和各经济单位认购，这可以改变国民收入的使用结构，使消费基金转化为积累基金，从而调节供求结构。③国债可以调节货币供给和货币流通。在信用经济条件下，国债的市场操作是沟通财政政策与货币政策的主要载体，可以增加中央银行灵活调节货币供应的能力。通过国债的市场操作，可以协调财政政策和货币政策体系。

（二）非选择性政策工具

非选择性政策工具是指通过制度设计，内置于国民经济运行机制中，并对国民经济运行状况做出自动反应的政策工具。

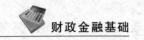

1. 累进税制

以个人所得税为代表的累进税制,在萧条时期会自动降税,从而使企业和居民税后收入增加,带动企业投资和居民消费的增加,起到扩大内需、推动经济增长和增加就业的政策效应。而在经济过热、通货膨胀时期,累进税制自动的增税,使企业和居民税后收入减少,带来企业投资和居民消费的下降,从而起到抑制内需,给过热的经济、过高的物价降温的政策效应。

2. 社会保障制度

在萧条时期,由于居民收入下降,失业人数增加,社会保险基金中的失业救济金以及其他各种福利支出都自动增加,它们起着抵消个人收入下降的作用,减轻了经济的萧条程度或加快了经济复苏的进程。反之,经济过热时,发挥相反效应,从而对过热的经济和过高的物价起到降温作用。

非选择性政策工具内置于国民经济之中,随着国民经济周期性波动而适时地做出反应,无须对当前经济形势做出判断,省略了漫长的决策过程,避免了选择性政策工具的内部时滞;它自动的反经济周期,避免了政府对政策选择的失误,也解决了对政策力度难以把握的困难;它与经济一体,避免了政策经常性变化带来的经济震动,以及因政策性原因带来的经济波动。

但一国启动非选择性政策工具需要具备一定的前提条件。首先,需要有较高的财政管理水平和完善的财政制度并保证政策工具的质量。其次,需要有完善的市场机制,这样才能保证经济对政策工具变化的感知灵敏度和对应的反应能力,如果市场对政策工具反应迟钝,则政策效应很难表现出来。

四、财政政策的传导

财政政策目标的实现是由众多的财政政策工具借助于中介媒体的传导,最终作用于经济而完成的。传导财政政策的媒介主要有收入、货币供应量和价格等。

1. 收入

收入是财政政策的主要传导媒介,主要表现为对企业收入和家庭部门收入的影响。政府支出政策特别是消费性支出和投资性支出,都会最终增加企业收入,税率的调整也会直接影响企业的税后利润水平。财政政策对家庭部门收入的影响主要体现在改变家庭部门实际支配收入的变化上。调高或调低税率,增加或减少消费性补贴,最终会带来家庭部门实际支配收入的增减。居民个人收入的变化会影响其消费行为和储蓄行为,引起消费需求的变化。

收入传导媒介具有非对称性特征。当财政减税,扩大支出,增加企业和家庭部门收入,政策力度可以顺利地通过收入媒介传导到国民经济中;当财政增税、压缩支出减少企业和家庭部门收入时,则阻力大,政策力度较难传导。这就使财政政策在治理通货紧缩时的作用大于治理通货膨胀。

2. 货币供应量

财政采取的扩张性政策通常具有货币扩张效应,采取紧缩性政策则会引起货币紧缩的效应,从而最终对社会供求总量平衡和经济的发展产生影响。财政政策如果通过货币供应量传导,必须取得货币政策的配合,否则,会带来物价水平的波动。

3. 价格

价格是市场经济条件下引导资源配置最为灵活的杠杆,财政支出政策和税收政策所引起的某些商品价格变动,以及扩张性财政政策所产生的货币扩张效应最终都会引起价格的变动,从而对市场供求状况产生影响,以实现财政政策的目标。

任务三　运用货币政策

一、货币政策的含义

货币政策是国家为实现其宏观经济目标所采取的调节和控制货币供应量的策略和措施的总称,包括狭义货币政策和广义货币政策。

狭义货币政策是指中央银行为实现既定的经济目标(稳定物价、促进经济增长、实现充分就业和平衡国际收支),运用各种工具调节货币供给和利率,进而影响宏观经济的方针和措施的总和。广义货币政策是指政府、中央银行和其他相关部门有关货币方面的规定和采取的影响金融变量的一切措施的总和,如金融体制改革等。

我国的货币政策的制定和执行,是由国务院领导下的中央银行,即中国人民银行负责的。

二、货币政策的目标

货币政策是国家宏观经济政策的重要组成部分,是为国家宏观经济管理服务的,从根本上来讲,货币政策目标是以保持社会总需求与社会总供给的平衡为最终目标。所以,国家宏观经济目标、财政政策目标和货币政策目标都是一致的,所不同的是调节社会总需求和社会总供给的侧重点不同。一般来说,货币政策目标重点突出两个方面:一是保持货币币值稳定;二是促进经济增长。

从根本上说,保持币值稳定可以为企业投资提供相对稳定的核算标准,为人们的未来计划提供一个可靠的计量尺度,为经济稳定增长提供良好的环境秩序。货币币值稳定和经济增长之间是一致的,但两者有时会存在矛盾。例如,为了刺激经济增长和减少失业,政府常采取货币扩张政策,易带来通货膨胀;反之,为了抑制通货膨胀,政府常采取紧缩银根的政策,其结果往往以牺牲经济增长为代价。这就使政府面临两难的选择,是选择刺激经济增长还是稳定物价和币值。在处理这些矛盾中,经济学家们提出了一些可供选择的办法。

1. 相机抉择

凯恩斯主义认为,经济经常处于波动之中,并且是不可预测的,政府只能根据当前的经济形势进行判断,选择某个目标作为重点,或是以稳定物价为优先目标,或是以促进经

济增长为优先目标,同时操作政策工具,掌握政策力度,以解决当前国民经济中主要的问题。

2. 单一规则行事

新货币学派认为,货币需求量是可测的,为避免货币供应不稳定,引起经济大起大落的情况,提出"单一规则行事"的选择办法,即主张根据一段时期经济发展的要求,确定某一货币供应量增长率,在上下浮动不大的范围内具体掌握,从而把货币供应量的增长率控制在一定范围内,以促使经济增长。

上述可选择的办法各有特点,"相机抉择"办法实行的最大难题是由于人们对宏观事物的认识受主客观因素制约,在经济发展过程中,很难确定当前的经济是处于经济周期的哪个阶段。作为对过去经验的总结,人们可以判断出过去经济周期的大体概况,但就当前的状况而言,是难以准确辨别的。"单一规则行事"倒是可以避免相机抉择所出现的问题,但在一段时期内以单一既定的货币增长率将货币供应量控制在一定范围以内的办法,会使经济错过好的发展机会,事实上它是以牺牲经济增长为代价的。

3. 我国的货币政策目标

在高度集中的计划经济时代,我国没有严格意义上的货币政策最终目标,经济计划目标就是货币政策目标。自 1984 年中国人民银行单独行使中央银行职能以后,才有了货币政策目标的概念和选择。

1986 年 1 月,国务院发布的《中华人民共和国银行管理暂行条例》中规定,中央银行、专业银行和其他金融机构的金融业务活动,都应当以发展经济、稳定货币、提高社会经济效益为目标。1995 年颁布、2003 年 12 月修订的《中华人民共和国中国人民银行法》第三条明确规定:"货币政策目标是保持货币币值的稳定,并以此促进经济增长。"实践证明,保持货币币值的稳定,是促进增长的基本条件,这无疑是我国货币政策目标选择实践的一大进步。

三、货币政策的类型

货币政策调节的对象是货币供应量,即全社会总的购买力,具体表现形式为流通中的现金和个人、企事业单位在银行的存款。流通中的现金与消费物价水平变动密切相关,是最活跃的货币,一直是中央银行关注和调节的重要目标。根据货币政策效果增加或减少流通中的货币供应量,货币政策可分为扩张性、紧缩性和中性三种。

1. 扩张性货币政策

扩张性货币政策是通过增加货币供应量,提高货币供应增长速度来刺激总需求。在这种政策下,取得信贷更为容易,利率会降低。因此,当总需求与经济的生产能力相比很低时,使用扩张性的货币政策最合适。

2. 紧缩性货币政策

紧缩性货币政策是通过减少货币供应量,削减货币供应的增长率来降低总需求水平。在这种政策下,取得信贷较为困难,利率也随之提高。因此,在通货膨胀较严重时,采用紧缩性的货币政策较合适。

3. 中性货币政策

中性货币政策是指通过货币供应量与经济发展所需货币量相适应，以保持社会总需求与社会总供给平衡的政策。

四、货币政策的工具

货币政策工具是指中央银行为实现货币政策目标所运用的策略手段。分为一般性政策工具、选择性政策工具和补充性货币政策工具等。

（一）一般性政策工具

1. 法定存款准备金

为保证商业银行资产的流动性，降低银行流动性风险，中央银行规定商业银行等金融机构必须按照规定的比率，将所吸收存款的一部分缴存中央银行，这种按规定比率缴存央行的资金就是法定存款准备金。金融机构应交存的存款数量占其存款总额的比率称为法定存款准备金率。

作为政策工具，它必须建立在实行法定存款准备金制度的基础上。实行法定存款准备金制度的初衷是确保商业银行对存款提取有充足的清偿能力。20 世纪 30 年代经济危机后，各国普遍实行了法定存款准备金制度。中央银行可以通过调高或调低法定存款准备金率，来增加或减少商业银行应交存到中央银行的存款准备金，从而影响商业银行的贷款能力和派生存款能力，以达到调节货币供应量的目的。如果中央银行调低法定存款准备率，商业银行可以减少其上交存款准备金的数量，相应地增强其贷款能力和扩大贷款规模，通过货币乘数效应扩大货币供应量；反之，则会缩减货币供应量。

存款准备金率作为货币政策工具的优点：①中央银行具有完全的自主权，它是三大货币政策工具中最容易实施的一个工具。②对货币供应量作用迅速，一旦确定，各商业银行及其他金融机构必须立即执行。③松紧信用较公平，一旦变动，能同时影响所有的金融机构。

存款准备金率作为货币政策工具也存在缺点：①作用猛烈，缺乏弹性，不宜作为中央银行日常调控货币供给的工具。②其政策效果在很大程度上受超额准备金数量的影响。如果商业银行有大量超额准备金，当中央银行提高法定存款准备金率时，商业银行可将部分超额准备金充抵法定准备金，

财经素养：
我国的存款准备
金政策与制度

而不必收缩信贷。③调整法定存款准备金率对货币供应量和信贷量的影响要通过存款货币银行的辗转存、贷，逐级递推而实现，成效较慢、时滞较长。因此，法定存款准备金政策往往是作为货币政策的一种自动稳定机制，而不将其当作适时调整的经常性政策工具来使用。

【自主探究】我国当前法定存款准备金率调整方向是什么？

2. 再贴现政策

再贴现政策是指中央银行通过制定或调整商业银行的再贴现融资方式，进而干预和影响市场利率、调节市场货币供应量来实现货币政策目标。对中央银行而言，再贴现就是

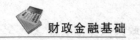

买进票据,让渡资金;对商业银行而言,再贴现是卖出票据,获得资金。再贴现是中央银行最早拥有的并一直采用的主要货币政策工具。

再贴现政策主要内容有两方面:①再贴现率的确定与调整。中央银行可以通过调高或调低贴现率的办法来影响商业银行的贷款规模。如果中央银行调低再贴现率,降低商业银行向中央银行借入资金的成本,这样商业银行也可以调低其贷款利率,从而起到刺激企业贷款需求、扩大商业银行贷款规模和扩大货币供应量的作用;反之,则会通过调高再贴现率的办法缩减商业银行贷款规模,从而减少货币供应量。②再贴现资格的规定与调整。中央银行在遵循产业政策前提下,调整再贴现资格内容,对不同票据种类、不同申请机构采取灵活政策。例如,对新能源产业的票据再贴现予以支持,那么商业银行也会放开对新能源产业票据贴现,新能源产业能够获得充分融资并加快发展速度,与国家产业发展蓝图逐步吻合。

再贴现政策的优点:①有利于中央银行发挥最后贷款人的作用;②比存款准备金率的调整更机动、灵活,不仅可以调节总量,还可以调节结构;③通过票据融资,风险较小。缺点是再贴现的主动权在商业银行,而不在中央银行。如果商业银行可通过其他途径筹资而不依赖于再贴现,则中央银行就不能用再贴现控制货币供应总量及结构。

财政金融与国计民生

内蒙古包头:积极运用再贴现政策工具精准滴灌钢铁支柱产业

近日,内蒙古包钢财务公司将一面写着"精准施策助实体经济,再贴现业务强包钢发展"的锦旗送到人民银行包头市中心支行,感谢该行多年来给予包钢集团的金融支持,特别是该行因地制宜创新央行货币政策工具运用方面,充分运用再贴现工具,四两拨千斤,撬动更多的信贷资金助力钢铁企业稳步发展。

据统计,人民银行包头市中心支行利用再贴现业务间接支持包钢集团的资金逐年增加,2019 年、2020 年、2021 年分别支持 2 100 万元、1.06 亿元、2.52 亿元,2022 年已支持 2.49 亿元。2019—2021 年,人民银行包头市中心支行再贴现业务快速增长,同比分别增长 150%、181% 和 167%,2021 年累计办理再贴现突破 50 亿元,为全区各盟市之首,办理再贴现的金融机构也增加到 10 家。

人民银行包头市中心支行聚焦重点领域,精准支持钢铁支柱产业。人民银行包头市中心支行紧紧抓住钢铁产业这一"牛鼻子",加强重点产业资金倾斜,加大金融支持,对于符合政策要求的制造业票据在再贴现限额上予以优先支持,确保央行政策红利精准传递至重点领域。2018—2019 年,人民银行包头市中心支行累计办理再贴现 336 笔,合计金额 126.18 亿元,其中为包钢财务公司办理 88 笔,合计金额 31.04 亿元,再贴现的增量扩面与精准投放充分契合了政策导向,进一步引导资金向实体经济倾斜,有效地支持地方支柱产业发展。

同时,人民银行包头市中心支行还积极向民营小微企业倾斜,将涉农、小微和民营、制造业企业纳入再贴现政策支持重点,加大窗口指导力度,引导资金向民营、小微企业倾斜,进一步降低了实体经济的综合融资成本,助力民营小微企业稳健发展。2021 年以来,该行累计为民营企业发放再贴现 60.58 亿元,占比 58.57%,共惠及 2 322 户民营企业、1 017 户小微企业,共为企业节约融资成本 1.91 亿元。

资料来源:http://huhehaote.pbc.gov.cn/huhehaote/129766/4637950/index.html.

3. 公开市场业务

公开市场业务是指中央银行通过在金融市场上买卖有价证券(主要是政府债券),从而影响金融机构的准备金和基础货币,进而调节货币供应量和市场利率的行为。当金融市场资金缺乏时,中央银行通过公开市场业务买进有价证券,从而投放了基础货币,最终引起货币供应量的增加和利率的下降;当金融市场上资金过多时,中央银行通过公开市场业务卖出有价证券,从而收回基础货币,引起货币供应量的减少和利率的提高。中央银行正是以公开市场业务操作来扩张或收缩信用,以调节货币供应量。它是目前西方国家运用得最多的货币政策工具。

公开市场业务作用于经济的途径主要有两个:①通过影响利率来影响经济。中央银行在公开市场上买进证券,形成多头市场,证券价格上升。随之,货币供应量扩大,利率下降,刺激投资增加,对经济产生扩张性影响。相反,卖出证券,形成空头市场,证券价格下降,货币供应量缩小,利率上升,抑制投资,对经济产生收缩性影响。②通过影响银行存款准备金来影响经济。如果中央银行买进了商业银行的证券,则直接增加商业银行在中央银行的超额准备金,若商业银行运用这些超额准备金,则使货币供应量按乘数扩张,刺激经济增长;相反,货币供应量按乘数收缩,抑制经济增长。

公开市场业务由于对买卖证券的时间、地点、种类、数量及对象可以自主、灵活地选择,所以它具有以下优点:①主动权在中央银行,不像调整再贴现率那样被动;②富有弹性,既可对货币进行微调,也可大调,不会像存款准备金政策那样作用猛烈;③中央银行买卖证券可同时交叉进行,容易逆向修正货币政策,也可以连续进行,能补充存款准备金、再贴现这两个非连续性政策工具实施前后的效果不足;④根据证券市场供求波动,主动买卖证券,可以起稳定证券市场的作用。缺点主要是从政策实施到影响最终目标,时滞较长;干扰其实施效果的因素多,往往带来政策效果的不确定性。

(二)选择性政策工具

选择性政策工具是针对某些特殊的经济领域或特殊用途的信贷而采用的信用调节工具。在不影响货币供应总量的情况下,对某些具体用途的信贷数量产生影响,故又称"质的管理",包括消费者信用控制、证券市场的信用控制、不动产信用控制等。

1. 消费者信用控制

消费者信用控制是指对不动产以外的各种耐用消费品的销售融资予以控制。例如,规定用消费信贷购买各种耐用消费品时首期付款额,分期付款的最长期限以及适合于消费信贷的耐用消费品的种类等。

当中央银行提高首期付款额时,就等于降低了金融机构的最大放款额,势必减少社会公众对此类商品的需求。缩短偿还期则增大了每期支付额,也会减少社会公众对此类商品的需求。若要刺激消费信用,则应降低首期付款额。

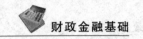

2. 证券市场的信用控制

证券市场的信用控制通过规定贷款额占证券交易额的百分比率——法定保证金比率来调节或限制证券市场的活跃程度。它既能遏制过度的证券投机活动，又不贸然采取紧缩或放松货币供应量的政策，有助于避免金融市场的剧烈波动和促进信贷资金的合理运用。

3. 不动产信用控制

不动产信用控制的主要目的是阻止地产投机，防止银行对建筑业过度贷款，以减轻通货膨胀压力，同时降低商业银行风险，实现稳健经营。其措施一般包括对不动产贷款最高额度的限制、对不动产贷款首期支付额度的规定、对不动产贷款分期支付的最长年限的规定等。

（三）补充性货币政策工具

除上述一般性、选择性货币政策工具外，中央银行有时还运用一些补充性货币政策工具，对信用进行直接控制和间接控制，包括直接信用控制和间接信用指导。

1. 直接信用控制

直接信用控制是中央银行根据有关法令，对银行系统创造信用的活动施以各种直接的干预。具体包括：①贷款额度限制。中央银行根据金融市场形势及经济发展的需要，以行政命令的方式直接规定各商业银行信贷的最高限额和最大增长幅度，强制地控制商业银行的信贷规模。②利率最高限额。中央银行为维护金融市场秩序，防止商业银行用抬高利率的办法竞相吸收存款，或为谋取高额利润而进行高风险贷款所采取的强制性措施。③规定流动性比率。为限制商业银行的信用扩张和保护存款人的安全，中央银行对商业银行全部资产中的流动性资产的比重做出规定。

2. 间接信用指导

除上述货币政策调控手段外，中央银行还可辅以间接信用指导，如道义劝告、直接干预、流动性比率和金融检查等。①道义劝告也称窗口指导，是指中央银行采取书面或口头方式，以说服或政策指导的方法，引导各金融机构扩大或收缩贷款规模。②直接干预是指中央银行以"银行的银行"身份，直接对商业银行的信贷业务加以合理的干预。其干预方式主要有对各商业银行规定最高贷款限额、限制存贷款最高利率，对业务经营不当的银行拒绝再贴现，或采取高于一般利率的惩罚性税率等。③流动性比率是指流动资产与存款的比率。中央银行为了限制商业银行扩张信用，可以规定这一比率。为了保持中央银行规定的流动性比率，商业银行要缩减长期性放款，扩大短期放款，还必须保持部分应付提现的资产。④金融检查。中央银行有权随时对商业银行的业务活动进行金融监督与检查。这种检查包括检查业务经营范围、大额贷款的安全状况、银行的资本比率和流动资产比率等。

五、货币政策的传导

货币政策的传导机制是指货币管理当局确定货币政策之后，从选用一定的货币政策工具进行操作开始到实现货币政策最终目标之间,所经过的各种中间环节,以及相互之间的有机联系及因果关系的总和。

1. 中介目标

货币政策调节措施要经过一定时期后才能显示其政策目标能否实现,如提高存款准备金率后,经济增长率和物价水平不一定就能及时作出反应。若需检测政策手段是否能实现政策目标以及能实现到何种程度,需要设置一些中介目标作为参照。由于不同时期、不同国家的背景及理论差异,各国在不同时期往往会选择不同的指标作为中介目标。一般来说,利率和货币供应量是最为常用的中介目标。

财经素养:
工具箱丰富精准
滴灌实体经济

知识拓展

中介目标的选择标准

(1) 可测性。中央银行能迅速而准确地获得有关变量指标的资料数据并做出分析和判断。

(2) 可控性。中央银行通过各种货币政策工具的运用,能较准确地控制该金融变量的变动状况及变动趋势。

(3) 相关性。中介目标必须与最终目标有极为密切的联系。它们可以是正相关,也可以是负相关,但相关系数越高越好。

(4) 抗干扰性。货币政策在实施过程中会遇到许多外来因素或非政策因素的干扰,只有选取那些受干扰程度低的中介目标,才能通过货币政策工具的操作达到最终目标。

2. 货币政策的传导过程

货币政策从运用货币政策调节手段到实现政策最终目标之间,要经历一个传导过程,这种传导过程一般包括两个层次:第一个层次是中央银行操作各种货币政策工具,以影响商业银行的行为。商业银行对中央银行的行为做出反应,相应调整其对企业、家庭部门的贷款规模,实现中介目标。第二个层次是企业、家庭部门对商业银行的行为做出反应,相应调整投资支出和消费支出,最终影响社会总需求,从而实现货币政策的最终目标。

微课:货币政
策的传导机制

数说财金

持续强化金融赋能 助力民营经济恢复发展

支持民营企业发展是金融供给侧结构性改革的重要内容。中国人民银行先后出台一系列政策举措,与金融机构共同努力,推动民营企业融资持续量增、面扩、价降,全力促进民营经济做大、做优、做强。

货币信贷政策不断提升支持民营企业质效。一是持续加大货币政策支持力度。增加支农支小再贷款、再贴现额度 2 350 亿元,将普惠小微贷款支持工具实施期限延长至2024 年年底,已累计提供激励资金 498 亿元,有效支持地方法人银行增加普惠小微贷

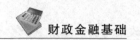

款。持续发挥贷款市场报价利率改革效能,推动企业融资成本降至历史低位。二是拓宽民营企业融资渠道。对民营企业债券融资支持工具延期扩容,为民营企业发行债券提供有效增信支持。鼓励商业银行发行小微企业专项金融债券,增加银行支小信贷资金来源。三是全面提升融资服务水平。引导金融机构完善内部资金转移定价、尽职免责、绩效考核等机制。

金融支持民营经济取得积极成效。2023年9月末,私人控股企业贷款余额41.3万亿元,同比增长10.9%,较2022年年末提高2.6%,前三季度新增私人控股企业贷款4.0万亿元,占全部新增企业贷款的21.6%,较2022年上升3.5%。对民营企业尤其是深度参与的新动能领域,金融资源投入明显加大,有力支持经济可持续发展和转型升级。一是普惠金融支持稳固。普惠小微贷款余额从2019年的1.6万亿元增至2023年9月末的28.7万亿元,年均增速超过25%。9月新发放普惠小微贷款加权平均利率4.62%,处于历史较低水平。二是科创融资多元推进。9月末,科技型中小企业贷款余额2.4万亿元,同比增长22.6%,科创票、科创公司债余额合计约4500亿元,超过1600家专精特新中小企业在A股上市。三是绿色贷款高速增长。9月末,金融机构绿色贷款余额28.6万亿元,同比增长36.8%,高于全部贷款增速26.6%,前三季度新增6.6万亿元。

资料来源:https://view.inews.qq.com/k/20231128A037IH00?no—redirect=1&web_channel=wap&openApp=false.

任务四　协调财政政策与货币政策

在我国,财政与银行信贷是国家从宏观上集中分配资金的两条不同的渠道,两者的目标从根本上说与国家宏观经济目标是一致的,所不同的是它们分别从各自的特殊性去实现宏观经济目标,因而财政政策与货币政策的功能存在一定的差异,有时会发生掣肘现象,仅靠财政政策或者仅靠货币政策都难以实现国家宏观经济目标,需要各种经济政策的相互配合,特别是需要财政政策与货币政策的密切配合。

一、财政政策与货币政策的功能差异

财政政策与货币政策的功能差异,主要表现在以下几个方面。

(一) 政策目标的侧重点不同

由于财政政策与货币政策各自的目标有所不同,因而实现社会总需求与社会总供给的侧重点也有所不同。

从总量上看,由于货币政策主要是调节货币供求总量,解决通货膨胀问题,通过银行贷款可以直接控制货币供给量;而财政政策由于主要是调节经济结构和社会分配,解决财政赤字问题,通过预算平衡、预算结余或预算赤字,再通过银行信贷收支反映到货币流通上,因而对货币总量的调节是间接的。同时,财政收支对货币流通的调节不一定是同向的。例如,财政发生赤字或盈余时,如果银行相应压缩或扩大信贷规模,完全可以抵消财政的扩张或紧缩效应;只有财政发生赤字或盈余,银行也同时扩大或收缩信贷规模,财政的扩张或紧缩效应才能真正发生。

从结构上看,财政通过国家预算对产业结构以及生产与非生产部门之间的结构调整起着重要的作用,而货币政策通过银行贷款,虽然可以起到调节产业结构的作用,但有一定的局限性,对国民经济中生产与非生产部门之间的结构,银行难以进行调节,对社会需要而又亏损或盈利水平低的行业,银行从企业效率出发也不愿涉足,而这正是财政投资的重点。

(二) 政策手段的传导不同

财政政策手段的实施与财政政策目标的实现是直接的,即可以由国家通过直接控制和调节来实现,因而财政政策具有较强的可控性。例如,要控制总需求,可以压缩国家投资,增加税收,减少社会公共消费,效果立竿见影。要调整经济结构,鼓励什么,限制什么,其针对性较强。

从运用货币政策手段到实现货币政策目标之间,要经历一个传导过程,因而货币政策手段与目标的实现是间接的。首先,中央银行通过调整存款准备金率、再贷款利率和再贴现率,以及进入金融市场买卖证券等手段,影响商业银行和政策性银行的信用行为。其次,商业银行和政策性银行对中央银行的行为做出反应,相应调整对企业和居民的贷款规模和投向,并通过派生机制影响货币供应量的变动。最后,企业和居民对商业银行和政策性银行做出反应,相应调整投资和消费支出,影响社会需求,从而实现货币政策目标。货币政策通过金融操作工具在传导过程中,可能出现偏离货币政策目标的情况。因此,货币政策的可控性差一些。

(三) 政策效应不同

政策效应即政策实施的最终反应和结果,主要表现在反应的时滞性和结果的透明度上。

1. 反应的时滞性

时滞性是指在制定和执行政策的过程中所出现的时间滞后现象。政策的时滞有三种:认识时滞、决策时滞和执行时滞。财政的认识时滞短、决策时滞长而执行时滞较短。这是由于财政政策中存在的问题通常能够被人们尽快地把握,但决策却需要花费相当长的时间,如税率的调整、公共支出的增减等问题,需要经过立法机构的审批或经过预算程序,还要考虑民众的意愿等,但财政政策一旦被决定下来,通常付诸执行实施的时间就比较快,自上而下,传导过程较短,漏损也较小。货币政策与财政政策正好相反,是认识时滞长、决策时滞短而执行时滞较长。这是因为货币现象的透明度较差,令人难以准确把握,一旦把握住实质,中央银行制定相应对策的时间较短,但是政策付诸行动后,传导过程较长,漏损也较大,可能会出现偏离目标现象,政策执行所需要的时间较长。

2. 结果的透明度

从结果的透明度看,财政政策的透明度高,而货币政策的透明度较差。财政一收一支是鼓励还是限制，是结余还是赤字，都是非常清楚的。例如，国家对个人征税，也就相应减少了个人的消费需求与投资需求。而银行信贷则不同，其透明度差。信贷资金是以有偿方式集中和使用的，主要是在资金盈余部门和资金短缺部门之间进行余缺的调剂。这就决定了信贷主要是通过信贷规模的伸缩影响消费需求与投资需求的形成。例如，当社会消费需求与投资需求过度时，银行采取各种措施多吸收企业、单位和个人的存款，这看起来是有利于紧缩需求的，但如果贷款的规模不做相应的压缩，就不可能起到紧缩需求的效果。信贷投放的合理规模、信贷差额和货币发行的合理界限都很难判断和掌握。

总之，财政政策与货币政策各自的内涵不同，各有特点和作用，存在着明显的功能差异，为了实现宏观经济目标，要将它们密切配合起来，相互补充，防止发生掣肘现象。

二、财政政策和货币政策配合的方式

财政政策与货币政策究竟采取何种组合方式，取决于不同国家以及同一国家不同时期的宏观经济环境和运行状态及其所要达到的政策目标，取决于财政与银行在国民经济中的地位、作用，以及各自的收支状况。一般来说，如果社会总需求明显小于社会总供给，就应采取松的政策措施，以扩大社会总需求；相反，如果社会总需求明显大于社会总供给，就应采取紧的政策措施，以抑制社会总需求的增长。具体来说，主要有以下几种组合方式。

1. 松的财政政策和松的货币政策，即"双松"政策

一般来说，实行"双松"政策组合的经济条件是经济发展处于比较缓慢，甚至萎缩状态，其措施包括财政采取减税让利或扩大财政支出、扩大财政信用规模等措施，实行赤字财政；中央银行则采取降低存款准备金率、再贴现率、再贷款利率，以及在金融市场上买进证券等措施。这种组合适于总需求严重不足、生产资源大量闲置、解决失业和刺激经济增长成为宏观调控首要目标时使用，否则可能导致严重的通货膨胀。因此，"双松"政策组合的实施时间不宜过长，一般在短时期内采用效果较好。

2. 紧的财政政策与紧的货币政策，即"双紧"政策

实行"双紧"的政策组合是在总需求极度膨胀，总供给严重不足，物价大幅攀升，抑制通货膨胀成为首要目标时采用。其措施正好与实行"双松"的政策组合相反，主要措施包括：财政采取增加税收，压缩财政支出，减少财政信用等措施，实现财政盈余；中央银行则采取提高存款准备金率、再贴现率、再贷款率，以及在金融市场上卖出证券等。这种双管齐下的措施使总需求迅速收缩，能够有效遏制恶性通货膨胀，但会导致经济增长缓慢，甚至陷于衰退的境地。因此，"双紧"的政策组合执行时间也不宜过长。

3. 紧的财政政策和松的货币政策

紧缩性的财政政策和扩张性的货币政策搭配，即"一紧一松"政策组合。在这种政策组合中，政府对财政支出严加控制，同时采用增税措施，抑制总需求；中央银行根据实际情况，采取适当放松银根的货币政策，促使利率下降，保持经济的适度增长。这种组合适用于财政赤字较大但经济处于轻度衰退时使用，它能在控制通货膨胀的同时，保持适度的经济增长。但货币政策过松，也难以制止通货膨胀。

4. 松的财政政策和紧的货币政策

扩张性的财政政策和紧缩性的货币政策搭配,即"一松一紧"政策组合。松的财政政策在于刺激需求,对克服经济萧条较为有效;紧的货币政策可以避免过高的通货膨胀率。因此,这种政策组合的效应是在保持经济适度增长的同时,尽可能地避免通货膨胀。这种组合主要在经济比较繁荣但公共投资不足时采用。但长期运用这种政策组合,会积累大量的财政赤字。

实行"一紧一松"(即紧的财政政策与松的货币政策,或者松的财政政策与紧的货币政策)的政策配合的经济条件是社会总需求与社会总供给在总量上基本平衡,主要解决经济结构问题。也就是说,这种政策配合是保持财政与信贷统一平衡的"中性"的财政货币政策,即在财政与信贷统一平衡的前提下,如果财政有赤字,银行就应抽紧银根,回笼货币,支持财政,即松的财政政策与紧的货币政策的配合;相反,如果银行信贷出现了逆差,导致多发货币,财政就应增加收入,紧缩开支,实行盈余性财政,支持银行,即紧的财政政策与松的货币政策的配合。这是经常采用的配合方式。

总之,应根据经济运行的实际情况,决定采用哪种政策组合方式。只有当财政政策与货币政策适当配合运用,并在合适的时机切入,才有可能达到最佳的政策效果。这一点已经为许多国家的实践所证实。

三、我国财政政策和货币政策综述

财经素养:
积极主动加强
货币政策与财
政政策协同

自改革开放以来,我国两大政策协调配合大致可总结为七个阶段。一是 1979—1992 年,这是我国从计划经济过渡到市场经济的重要时期,两大政策以"松"为主、协调搭配。二是 1993—1996 年,两大政策从"双松"到"双紧",对于实现经济的"软着陆"起到了较大作用。三是 1997—2004 年,我国开始采取积极的财政政策和稳健的货币政策。四是 2005—2007 年,我国实施了双稳健的财政政策和货币政策。五是 2008 年年初至 2008 年 11 月,我国实施了稳健的财政政策和从紧货币政策。六是 2008—2010 年,受美国次贷危机的影响,为防止经济严重下滑,我国实行积极的财政政策和适度宽松的货币政策。七是 2011 年至今,我国继续实施积极财政政策和稳健货币政策。

2017 年的中央经济工作会议强调,稳中求进工作总基调是治国理政的重要原则,要长期坚持。"稳"和"进"是辩证统一的,要作为一个整体来把握,把握好工作节奏和力度;要统筹各项政策,加强政策协同。在宏观调控政策取向上,继续采取"积极的财政政策加稳健的货币政策"这一组合。2017 年,在财政收支矛盾较大情况下,大幅减税降费,加强地方政府债务管理,调整财政支出结构,保障基本民生和重点项目。货币政策保持稳健中性,广义货币 M_2 增速呈下降趋势,信贷和社会融资规模适度增长;采取定向降准、专项再贷款等差别化政策,加强对重点领域和薄弱环节支持;规范金融市场秩序,防范化解重点领域风险,维护了国家经济金融安全。

2018 年,面对复杂严峻的外部环境和经济下行的内部压力,我国坚持不搞强刺激,保持宏观政策连续性、稳定性,在区间调控基础上加强定向、相机调控,主动预调、微调。坚持实施积极的财政政策,着力减税降费,下调增值税税率,扩大享受税收优惠的小微企业范围,出台鼓励研发创新等税收政策。坚持稳健的货币政策,引导金融支持实体经济,针对融资难、融资贵问题,先后四次降低存款准备金率,多措并举缓解民营和小微企业资金紧张状况。

2019 年,我国坚持供给侧结构性改革主线,打好"三大攻坚战",宏观政策强化逆周期调节,继续实施积极的财政政策和稳健的货币政策。积极的财政政策加力提效,实施更大规模的减税降费,较大幅度增加地方政府专项债券规模。稳健的货币政策松紧适度,保持流动性合理充裕,改善货币政策传导机制,提高直接融资比重,着力解决民营企业和小微企业融资难、融资贵问题,金融运行总体平稳。

2020 年,面对世界经济深度衰退等多重冲击,我国统筹推进疫情防控和经济社会发展,稳住了经济基本盘。财政政策实施阶段性大规模减税降费,与制度性安排相结合,全年为市场主体减负超过 2.6 万亿元,其中减免社保费 1.7 万亿元;创新宏观政策实施方式,对新增 2 万亿元中央财政资金建立直达机制,省级财政加大资金下沉力度,共同为市县基层落实惠企利民政策及时补充财力。货币政策方面,支持银行定向增加贷款并降低利率水平,对中小微企业贷款延期还本付息,大型商业银行普惠小微企业贷款增长 50% 以上,金融系统向实体经济让利 1.5 万亿元。对大企业复工复产加强"点对点"服务。

2021 年是"十四五"规划的开局之年,面对复杂严峻的国内外形势,积极的财政政策提质增效,保持适度支出强度,加强国家重大战略任务财力保障,在促进科技创新、加快经济结构调整、调节收入分配上主动作为,建立常态化财政资金直达机制,将 2.8 万亿元中央财政资金纳入直达范围。稳健的货币政策灵活精准、合理适度,两次全面降准,推动降低贷款利率,多渠道补充银行资本金,完善债券市场法制,加大对科技创新、小微企业、绿色发展的金融支持;深化利率汇率市场化改革,保持人民币汇率在合理均衡水平上的基本稳定。

2022 年,受新冠疫情反复、国际形势变化等超预期因素影响,经济下行压力加大,财政收入一度大幅下滑,财政工作难度加大。中国财政迎难而上,打出大规模增值税留抵退税、小规模纳税人免征增值税、阶段性缓缴社会保险费、缓缴部分行政事业性收费和保证金等政策"组合拳",全年新增减税降费及退税缓税缓费超过 4.2 万亿元;加快地方政府专项债券发行使用,依法盘活用好专项债务结存限额 5 000 多亿元;加大财力下沉力度,切实保障基层财政平稳运行。货币政策方面,加大稳健货币政策实施力度,发挥好货币政策工具的总量和结构双重功能,为实体经济提供更有力支持;进一步疏通货币政策传导机制,保持流动性合理充裕;政策性开发性金融工具,重点支持基础设施建设;结构性货币政策工具,强化对重点领域、薄弱环节的支持,支持金融机构发放制造业等重点领域设备更新改造贷款;深化金融供给侧结构性改革;完善市场化利率形成和传导机制;构建金融有效支持实体经济的体制机制,完善金融支持创新体系。

2023 年,全球经济增长放缓、通货膨胀高位运行,地缘政治冲突持续,外部环境更趋复杂严峻,国内经济总体延续恢复发展态势,但仍面临需求收缩、供给冲击、预期转弱三重压力。财政政策方面,继续实施积极的财政政策,适度加力、提质增效。"适度加力"主要是加强财政资源统筹,组合使用专项债、国债以及税费优惠、财政补贴、财政贴息、融资担保等多种政策工具,适度扩大财政支出规模,促进经济持续回升向好;"提质增效"主要是推进财政管理法治化、科学化、标准化、规范化,同时加强与其他宏观政策协同联动,着力提升支持高质量发展的效果。货币政策坚持稳字当头、稳中求进、精准有力,强化逆周期和跨周期调节,综合运用利率、准备金、再贷款等工具,切实服务实体经济,有效防控金融风险,为经济回升向好创造适宜的货币金融环境。贷款市场报价利率改革成效显著,存款利率市场化调整机制作用有效发挥,货币政策传导效率增强,社会融资成本明显下降。

【**自主探究**】本年度财政政策与货币政策是一种怎样的组合?为何这样选择?

学以致用

项目十即测即评　　　　　　项目十问答题

参 考 文 献

[1] 陈国胜. 财政与金融[M]. 4 版. 北京:清华大学出版社,2023.

[2] 赵立华. 财政与金融[M]. 2 版. 北京:清华大学出版社,2023.

[3] 郭福春,吴金旺. 金融基础[M]. 3 版. 北京:高等教育出版社,2023.

[4] 倪成伟,王敏. 财政与金融[M]. 5 版. 北京:高等教育出版社,2022.

[5] 杨宜. 财政与金融[M]. 北京:高等教育出版社,2022.

[6] 马春晓,彭明强. 财政与金融基础知识[M]. 4 版. 北京:高等教育出版社,2022.

[7] 黄吉秀,胡霞. 财政学基础[M]. 北京:中国人民大学出版社,2022.

[8] 戴国强. 金融学[M]. 5 版. 北京:高等教育出版社,2023.

[9] 陈学彬. 金融学[M]. 5 版. 北京:高等教育出版社,2023.

[10] 朱青,庄毓敏. 财政金融学教程[M]. 4 版. 北京:中国人民大学出版社,2020.

[11] 张亮,刘彩霞. 税法[M]. 4 版. 大连:东北财经大学出版社,2019.

[12] 邓雪莉. 金融科技概论[M]. 北京:中国人民大学出版社,2023.

[13] 李民,刘连生. 保险原理与实务[M]. 5 版. 北京:中国人民大学出版社,2023.

[14] 徐金霞,徐景泰. 财政金融基础知识[M]. 北京:中国财政经济出版社,2018.

[15] 苏艳丽,曾祁. 新编财政与金融[M]. 6 版. 大连:大连理工大学出版社,2018.

[16] 孙翊刚,王文素. 中国财政史[M]. 北京:中国社会科学出版社,2007.